謹以此獻給**農維格**（TROELS NØRAGER）

有好消息從遠方來，

就如拿涼水給口渴的人喝。

——**箴二十五 25**

實踐神學系列

二版

鮮活故事

教會裏的牧養輔導

甘東農 著
關瑞文 系列主編
李金好 譯

▼

實踐神學系列

鮮活故事

教會裏的牧養輔導

Living Stories

Pastoral Counseling in Congregational Context

作者
甘東農 Donald Capps

系列主編
關瑞文

譯者
李金好

責任編輯
李慧儀

內文設計
莫可雅

封面設計
胡立強

■

出版／發行
基道出版社
香港沙田火炭坳背灣街 26 號富騰工業中心 10 樓 1011 室
LOGOS PUBLISHERS
Unit 1011, 10/F, Fo Tan Ind. Centre, 26 Au Pui Wan St., Shatin, Hong Kong
電話：(852) 2687-0331　傳真：(852) 2687-0281
網址：https://www.logos.com.hk

承印
Cre8 Corp

●

6/2006 初版　1/2021 二版 POD 版
Cat. No. LP230-2
ISBN-10: 962-457-303-4
ISBN-13: 978-962-457-303-9
Original Edition "Living Stories: Pastoral Counseling in Congregational Context"
Published by Fortress Press

刷次	10	9	8	7	6	5	4	3	2	1
年份	2030	2029	2028	2027	2026	2025	2024	2023	2022	2021

目錄

系列主編序

關瑞文

古語云：「序以建言，首引情本。」在書之開端，我想我也該入鄉隨俗，以我個人的「鮮活故事」來寫這篇序。

一九九〇年，使我懷念不已。當時，我仍未進入神學世界，還在理工學院（即現在的理工大學）當教師。值得懷念，是因為認識了一羣同事，他們都是輔導高手。當年的教學生涯，悠哉悠哉，空間十足，遂常與這羣高手討論切磋，由理論至實踐，從哲理到經驗，無所不談。他們都是家庭治療的專家。來來往往，我開始對家庭治療產生極大的興趣。就在這些新鮮的刺激之中，我潛心閱讀了不少相關著作，遊走於不同治療模型之間。因恐只能紙上談兵，後來便開始與他們組成團隊，在那設備齊全的實踐中心（practice center），透過輔導轉介之個案，深入探討這些模型之神妙。在這些年間，我認識了甘東農在本書中提到的幾個重要人物。先是萬人迷催眠大師艾力遜（Milton H. Erickson），然後是揚名於短期治療重鎮「心智研究學院（Mental Research Institute）」的互茲拉威克（Paul Watzlawick），再後來是構解治療(Solution Focused Therapy)之原創者狄世沙（Steve de Shazer）。他們的新發明，既有內功心法，又有外功招式，使人大開眼界，功力倍增。在實踐研究過程中，體會到其治療實效驚人，過往以為已走到絕路的人間問題，大多能在十次輔導會談後迎刃而解。

體會了這個新的治療世界，心中當然興奮，卻又同時生了一點悲哀。心想：「為何如此神妙之輔導，沒有在教會圈中發揚？」常問：「這些俗世的治療模型，是否可以與牧養神學整合？」就是這樣，我帶著這滿腦子問題，開始進入神學世界。在神學院那七年進修生涯中，我主要研究了處境神學，但同時亦接見個案，在實踐中繼續反省整合的可能性。

本書正是這種整合的成功例子。甘東農指出，艾力遜、亘茲拉威克、狄世沙等人所提倡的，其實在教會牧養輔導的職事上，可大派用場。他以「鮮活故事」的概念，統合了三人的輔導理論，並且有洞見地提出，教會牧養輔導者根本就是常常聆聽以致重新詮釋會眾的故事，以協助他們在主內成長，大步跨過死蔭幽谷；若牧養者能把握啟發故事 (inspirational story)、弔詭故事 (paradoxical story) 和神蹟故事 (miracle story) 的竅門，教會的輔導工作，必然事半功倍。本書不是寫給專家或牧養神學家看，而是專為牧養者而寫的。讀者不必有深厚的輔導基礎，也能掌握書中所談。幾年前讀這書時，已經想要把它翻譯成華語，引入本地教會。感謝上主，今天夢想成真。求主使用。

當年在理工與要好的同事討論切磋時，已堅稱神學工作者必能做如此的整合。可是，當年智慧有限，又未有神學基礎，未能於當時提出具體方案，一切只是空口白話。今天這種整合已是有根有據，我也落力在我任教的神學院向學生推介，在不同講座講解，現在也向你／妳推薦。可惜，當年同事現已各散東西，其中一位更因肝癌已英年早逝。人雖已去，音容笑貌仍在，願以主編這書的功夫，獻給上主，也獻給這羣良師益友，謝過他們的啟蒙。

我當年的體會讓我肯定，這書必能使讀者大有裨益。

作者中文版序

我被邀請為我一本著作的中譯本《鮮活故事》撰寫中文版序言。這書原於一九九八年出版，原意為我於一九九〇年出版的一本著作《易構》之續篇。現在兩本書都交由基道出版社出版中文譯本。

如果有人問我：你會推薦哪一本個人著作給中文讀者？我的答案必定是《易構》無疑。在《易構》的第一章，我用了一個古代中國的道家故事，以及大家耳熟能詳的所羅門王與兩個妓女的聖經故事，去展示易構的藝術。這兩個故事說明了，易構的藝術由來已久，且能於各文化傳統之中找到。我認為易構是牧養關顧的新方法，皆因它結合了好幾種技巧，讓牧養關顧者可用以將易構的藝術轉化為一個機制，以致那些經歷嚴重和困難問題的人，其生命能作出有效的改變。就正如一個藝術家需要使用技巧來創作一幅油畫，牧者也需要技巧輔助，將易構帶進別人的生命。耶穌所說的故事，以及祂所施行的醫治，展示了一個事實：每一次的易構都必須有意識地注意那獨特的處境。耶穌不是只說一個故事，然後期望它能適用於所有處於不同處境的人。相反，祂說了很多不同的故事，將之切合祂有意觸及的獨特處境。對於耶穌的醫治方式，這說法也是正確的。祂用了不同的醫治方式去切合祂所面對的不同境況，而這不同之處，不僅僅在於一個是瞎子，而另一個是癱子。兩個瞎子可能透過非常不同的方式而獲得醫治。有些讀者告訴我，《易構》對他們的牧養很有幫助。他們告訴我，他們想到講道也是易構的其中一種方式。我的回應是：我很高興聽到這情況，因為牧者透過講道所能激發的個人生命改變，與他們透過輔導所能達致的一樣多。

我寫本書作為《易構》的續篇，因為我關注到那些被一大羣專業牧養輔導專家所嚇著，而避免提供牧養輔導的堂會牧者。這些牧者可能會對我告白說：「因為我沒有受過作牧養輔導員的特別訓練，在輔導上我可以作的不多。如果我堂會的會友來尋求我的忠告，我可跟他們談一談，但之後，我會轉介他們去見專業的牧養輔導專家。」這些告白令我很是不安。原因有好幾個。首先，那些牧者並不認為「跟他們談一談」實際上就是輔導，然而，實情卻是如此。其次，建議他們自己的會友去尋求其他輔導人員的幫助，這舉動忽視了他們所擁有的一個重要資源。事實上，他們透過很多輔導以外的個人接觸去認識這些來尋求忠告的人，他們可以利用這些認識和資料來幫助這些人處理他們的問題。第三，如果他們的會友選擇前來跟牧者討論他們的個人問題，那即是說，他們相信他們的牧者能幫助他們，這份非常的信任，將會是他們克服問題的重要資源。

我的問題是如何說服堂會的牧者相信他們也會是忠實的好輔導員。我相信說服他們的最佳方法，莫如指出牧養輔導簡單來說不過是講故事的一個面貌，它在會眾的生命中，以很多不同的方法發生。在正常的人類溝通裏，我們講故事，關於我們自己的、關於其他人的、別人轉告我們的、我們在報紙讀到的，以及從電視看到的等等故事。在講道裏，牧者經常都講聖經人物的故事，並且將這些故事與今天的生活連繫起來。因為牧養輔導也牽涉講故事，它只是發生在會眾生活溝通裏面的一個部分。我想起這兩者惟一的分別，就是牧養輔導裏面所說的故事，是在**有建設性的框架**下發生的。這牽涉到為框架提供預先的想法和持續的注意力，讓講故事在這樣的框架下進行，以致人們能夠了解到講故事的真正益處。牧養輔導就是參與講説故事的行列，當牧者開始這樣想的時候，他們會從容一些，並且開始相信，他們最終可以成為一個輔導者。

在這本書裏，我識別出三類在牧養輔導課程中會學到的故事，它們是：啟發故事 (inspirational story)、弔詭故事 (paradoxical story) 以及神蹟故事 (miracle story)。很多讀者告訴我，他們尤其喜歡啟發故事那一章。那些曾讀過我的前作《易構》的人，説啟發故事這一章讓他們想起很多前作裏的易構故事。我的回應是，我自己也很喜歡這一章，而且也要坦白承認，這也許是因為，我在這一章裏呈了一個我自己的故事，那就是我如何輕易地減磅！

另一方面，我認為弔詭故事尤其反思了耶穌的言訓和故事；而神蹟故事最反映福音書作者所寫有關耶穌醫治事工的故事。因此，這兩章亦都是十分重要的。

我有個個人偏愛，那就是關於社交閒談和牧養輔導那一章。因為那證明了，在堂會裏發生的閒聊並不盡都是壞事。它亦指出耶穌名揚加利利，靠著「鄉下人不脛而走的謠言」，將祂所作的當作故事，在村落之間傳來傳去。我喜歡將牧養輔導設想成為「高層次的閒談」，因為它避免閒談那懷有惡意的形式，而使用了福音那更大的開放性。有些讀者告訴我，在他們讀這本書之前，並沒有想過閒談和福音書兩者之間的關係。

我曾為本書另外寫了一章，是介紹第四種故事的，那就是未萌故事 (futuristic story) [1]和協同想像的藝術 (art of collaborative visioning)。然而，因為原出版社認為這一章會令本書的篇幅變得太長，因而沒有收入本書之中。這是我的一個遺憾。這一章的內容，是基於兩位芬蘭臨床心理學家弗曼 (Ben

Furman) 和哈拉 (Tapani Ahola) ，在他們合著的《構解傾談：主持治療會談之道》(*Solution Talk: Hosting Therapeutic Conversations*〔New York: W. W. Norton & Company, 1992〕) 所引介的輔導方法。因為他們不是美國人，這章便更能突出，講故事是一個普世的現象。在所有文化裏的人都講故事，這個絕對的事實，令我確信這本書會適合中國人文化處境及其中的讀者。我們的故事或許不同，不過，改變的潛力還是埋藏在我們所講説的故事裏。我建議同學們養成一個習慣，那就是求神賜智慧給他們，讓他們在別人告訴他們的個人故事裏，辨認出那改變生命的特性。而且，我也提出，反思耶穌所説的故事以及福音書作者所述説的耶穌故事，是發展這種洞察力的最佳方法。

註釋

1. 譯按：此譯法取自《戰國策》，〈趙策二〉：「愚者闇於成事，智者見於未萌。」

原書序

我們現處於下一個世紀來臨的邊緣，所以，我們傾向於思想事物將會如何改變，過於它們會如何保留原貌。當我想到現今教牧輔導的面貌，以及它未來會有的樣貌時，我預期它在未來的年間將有重大改變；在今天實踐教牧輔導的人眼中，它將會變得幾乎面目全非。我這樣預計，部分原因是基於一個事實，就如人們說的，貝拉 (Yogi Berra) 曾說過：「未來必定和它慣常的面貌不一樣。」我們還可以補充一句：「從來都是如此。」單單預計事物在未來會有變化而不具體說明它們會有怎樣的變化，這是相當穩當的說法。不過除此之外，這樣預計也是基於另一個事實：說到教牧輔導，我們採用大致相同的範式 (paradigm；或譯範型) 已數十年了，其間只有少許變異；而我們從其他專業領域的經驗得知一個普遍現象，就是一個主流範式維持了數十年之後會被一個新範式取代，而新範式在維持了數十年之後，結果又會被另一個取代。我們有種種理由相信，教牧輔導會經歷一次類似的範式革新。事實上，我認為我們已身處這種革新之中；而展望新範式的嘗試，已蓋過了對現存範式作出修訂的努力。

基於上述的估計，本書肯定不是一本決定性的教牧輔導作品，但它無論如何都是一份努力，它就教牧輔導對教會生活的重要性，提出有力而令人信服的論證。對一些人來說，教牧輔導是他們的專職，而對另一些人來說，教牧輔導只是多重牧職之一；有關教牧輔導的成文資料或講授內容，大都比較適用於前者。而近數十年，教牧輔導中心紛紛成立，又培養了一批受過良好訓練的教牧輔導專才，就教牧輔導而論，這就多少把堂會的牧者置於一種尷尬的情況了。雖有縱橫美國各地、受人稱賞的傳道人在各個教會令會、教牧退修營等場合向廣大的羣眾講道，堂會牧者卻沒有因此放棄例常的講道職事，相反，這些受稱賞的傳道人成了堂會牧者的榜樣，叫他們領悟講道影響會眾生活的能力，激勵他們致力於講道藝術。但教牧輔導專才的產生，則對堂會牧者有著實際上完全相反的影響。教牧輔導成了一種有規模的專業，他們不但沒有從中得著啟發，反而覺得那是威脅，他們感到害怕；又或，他們發覺，那可為他們提供一個站得住腳的理由，讓他們得以避免負擔太多的教牧輔導，可以「把它留給專業人士，因他們(看來)曉得自己做的是甚麼事」。

如果你是一位牧者，一方面願意繼續承擔教牧輔導的職事，或者發覺那是不得不做的，另一方面，又不願意在教牧輔導上耗費太多，以至無法顧及堂會牧者該履行的其他許多職務，那麼，本書就是為你寫的。本書的基本論點是，教牧輔導於教會生活是不可或缺的，因它回應了人類的一種基本需要，即對於每一個人如何講述自己的人生故事，給予一種有系統而具建設性的關注，讓人得以建構一些更圓滿的人生故事。本書先介紹敘事進路 (narrative approach) 的輔導，然後集中討論三位出色的短期治療師，他們就「重新建構」當事人的人生故事，提出了三種不同而互相支持的進路。他們是：提倡啟發故事 (inspirational story) 的艾力遜 (Milton H. Erickson)、提倡弔詭故事 (paradoxical story) 的亙茲拉威克 (Paul Watzlawick)，以及提倡神蹟故事 (miracle story) 的狄世沙 (Steve de Shazer)。這幾個敘事進路範式採用牧者也都會用上的幾種輔導技巧，即運用暗示力量，解開癥結，以及識別例外這三種技巧。這幾種技巧萬古常新，可見於各個民間傳統，在福音書有關耶穌的教導和醫治的記載中，尤為明顯。它們是犀利的工具，在教牧聆聽會友為修正其人生觀尋求指導、講述他們的個人故事時，大可派上用場。

本書還論證一點：認真實施教牧輔導，將為教會生活的人際溝通豎立一個好榜樣。為了説明這點，我頗詳細探討「閒談」這個議題，因它無可否認是教會生活中的常見現象，而且可以是非常具破壞性的。雖然如此，我在此進一步提出，閒談卻不是一件絕對的惡，教牧輔導在教會生活所佔的位置可促進閒談的正面功能，把它的負面作用減至最低，這樣，它就成了一個模範，改進會眾的溝通藝術。

在整本書中，我都在尋找當代的心理治療和社會科學方面的著作與耶穌的事工之間的共通點。我這樣做的用意並非為主張當代著作本質上或基本上是基督教的，也不是為證明耶穌是一位心理治療師；我的用意無非是為鼓勵讀者開闊視野：他們可以如何把福音書裏面的「鮮活故事」，應用到教牧輔導的事工上。既然心理治療師也都倚重 *DSM-IV* (*Diagnostic and Statistical Manual of Mental Disorders*) 作為事業上的指導，我們只能盼望，教牧在促進豐盛人生的事業上會同樣地重視福音故事，以之為輔助工具。

我要感謝主編湯普遜女士 (Cynthia Thompson) 照管本書的整個校訂過程，又感謝她提出一些有用的編輯建議。又感謝堡壘出版社 (Fortress Press) 的魏士慈 (J. Michael West) 和富仁泉 (Henry French) 兩位編輯的工夫，讓本書得以及時面世。在製作方面，羅迪 (David Lott) 做得很出色。白來芙－羅維 (Joan Blyth-Lovell) 完成最後定稿的打字工作，效率非凡。妻嘉蓮 (Karen Capps) 給我適量的支持和鼓勵；在我們所謂「渾渾噩扁三十年」的婚姻中，她一直是我的忠心伴侶。我謹將此書獻給在丹麥阿爾路斯的阿爾路斯大學 (Aarhus University) 擔任宗教心理學及牧養神學教授的農維格先生 (Troels Nørager)。我們曾就隱喻、敘事文體和信息傳播的問題有多次談話，那幫助我澄清了自己對這些問題的看法，特別是因為它們對本書所處理的問題影響重大。

最後，還須向幾位前輩提名致謝，我從他們的著作獲益不淺：艾力遜 (尤其見於魯桑〔Sidney Rosen〕為他所編訂的故事集：《催眠之聲伴隨你》〔*My Voice Will Go with You: The Teaching Tales of Milton H. Erickson*〕，其中幾個故事被收入本書內)、狄世沙及亘茲拉威克。沒有這幾位短期療法大師的研究，本書就不可能寫成。我期盼在本書內提出的進路，不但尊重他們本人的敘事範式，更提高讀者們進一步思考原著的興趣。

導論

會眾處境裏的輔導

說到故事 (narrative；或譯敍事體) 於神學反省上的重要性，目下著述甚多，採用故事的講道仍大為流行，在牧養關顧與輔導的圈子裏，也開始研究故事這個課題了。有關故事在牧養輔導方面的運用，已有幾本著作寫成；[1]很多在重要的牧養關顧與輔導期刊上發表的文章，都以個人故事開始，譬如先談及作者的分娩經驗，或是作者與慢性病搏鬥或被性侵犯的經驗。

與此同時，又出現另一條發展路線，有幾本書寫成，專論短期療法在牧養輔導上的價值。[2]短期療法是家庭治療的一個重要趨勢；這幾本書的作者說明，它可以怎樣作為牧養輔導會友的有效工具。

大體上說，在牧養關顧圈子中的這兩大發展路線，是彼此獨立開展的。這背後有多個原因，其中最明顯的原因是，很多以故事為文的作者，是採用心理分析學派的客體關係理論 (object relations theory) 的。該理論側重於我們如何把傳自父母及文化的模式和形像內化和投射，對於這些作者，它是有效的心理學工具，因它讓他們得以探討諸如宗教傳統之類的問題，特別是它所描畫的神，是如何被個人內化，而又如何以基本上是父權的宗教制度形式外化的。這些作者的論調當然不是反對家庭治療。說實在，當寫到個人、家庭、教會、社會、國家及自然世界之間的關係時，有幾位採用了系統理論的語言(systemic language)。但總的來說，這類作品還沒有直接處理牧養輔導的事情，特別是這一件：對於如何在會眾處境中進行牧養輔導的問題，一個敍事模式可怎樣引發新的見解。

以短期療法為題的著作則有處理這個問題，因它們主要是為牧者寫的，目的是為說明，牧者可如何在會眾處境中，以負責的態度進行牧養輔導，為輔導的長短及其目標設定合宜的限制。但這些書並沒有充分顧及短期治療師本身對故事的取向，又或顧及短期療法是家庭治療一個更大的趨勢的一部分，即是趨向於給予故事一個優越地位的事實。

本書的其中一個目的，是要把牧養輔導這兩條可謂是互不相關的發展路線拉近，期望從中產生一種嶄新的見解：牧養輔導可如何在會眾的處境中進行？堂會牧者長久以來抱怨一點：論牧會的書籍經常無法反映牧會的實況。伊弗蘭 (Jay S. Efran) 等人在《語言、結構與改變》(*Language, Structure, and Change*) 一書中，披露他們與一位同僚的對話，這同僚曾以如何讀書為題寫了些書。他們其中一人問他，有沒有照著自己的建議去做(那就是，他有沒有正襟危坐在椅子上，將書本平放在桌面，燈光從身後右側射來，諸如此類？)，他說沒有，他在床上看書，開著電視機，身旁還有一盤小甜餅。[3] 幾位作者承認，他們也像那位同僚一樣，當實際進行治療之時，自己的治療模式屢屢派不上用場。從某種意義說，任何一本論牧會的書或多或少總會搔不著癢處，只因牧會的事奉本身就是如此的變化多端，適用於某個堂會的東西，對另一個堂會而言會是不大或全不管用的。然而，牧養輔導和講道不一樣，在所有堂會都恆常有講道進行，無一例外，但在部分堂會，牧養輔導則不常實施，即或有實施的，其手法也跟那些論此題目的書本一般主張的大不相同。

我教過的學生之中，有很多在返回神學院的時候表示，說到牧養輔導，他們根本做的不多。他們會說：「我做很多牧養關懷」，「但很少牧養輔導」。他們說他們做的「輔導」——其語調暗示他們認為那並非真正的輔導——通常都是在堂委會前後的聚談或小休時間進行的，有時候是透過電話進行。一位母親想知道，牧師對女兒最近在大學裏參加的一個宗教組織有甚麼看法，又或，一位丈夫剛收到妻子患了癌病的消息，他希望牧師知道此事，並在禱告中記念他。在這等例子裏，牧者沒有多大理由去推斷，這些需要的背後還有一個沒說出來的需要，那就是輔導。有可能，該母親表面是詢問大學裏一個宗教組織的資料，底下則埋藏了她與女兒在關係上的複雜感受。丈夫請牧師為妻子的康復禱告，底下也可能隱藏了他對婚姻的一些極複雜感受，這些感受因妻子的生命遇上危難就浮現出來。可是，牧者可有充分的理由，為這些假設性的推斷有所行動？

絕大部分的牧者會說，他們是沒有權這樣子推斷的。要是提出，該位母親自己「需要」輔導，或者說，該位丈夫會不會想到牧師的辦公室，可以「在一個較自由的氣氛下談談他所遇到的災殃」，那就未免有點兒不客氣，更有冒犯之嫌。負責任的牧者會把該位母親所需的資料告訴她，如果他心中有答案的話，會當場告訴她，如果沒有，就會答應她要查個明白；其後他會作出跟進，問她女兒情況如何，女兒還在參加那個教派嗎，諸如此類。負責任的牧者會答應為那位男士的太太禱告，並詢問他太太當時的病情，何時有進一步的消息，以及其他不同的問題，好讓自己能以恰當的態度去關懷該位男士，回應他的通知。

牧養關懷是做了，但牧養輔導呢？沒有。至少沒有按時下的定義做。採用短期療法的書本中所描述的釐定原則、步驟、進展，牧者可如何輔導一對有婚姻問題的夫婦或是一個因青春期的兒子濫用藥物的問題而致分裂的家庭，這些都與牧者所做的相去甚遠。牧者所做之事與提倡敍事進路的書本中的個案，也相去甚遠；在該等個案中，輔導員(經常是作者)約見一位抑鬱的當事人數星期或數月之久，這期間二人探討一些問題，諸如當事人心目中神的形像，以及這個形像的改變如何帶來當事人自我形像的相應改變之類。這類個案對牧者會有很大的間接助益，它們會影響牧者如何講道和主持禮拜，又或者會影響牧者如何回應教會的迫切需要，為會眾提供機會，談一下他們的神學如何影響其日常生活的問題。然而，這些個案即或有利於牧者的事奉，卻往往加深了書本中的牧養輔導(一個深入而持續的過程)與牧者切身經驗之間的鴻溝。在現實中，他們的關顧工作大多是非正式的，而且只聚焦在一個單一的問題或議題上。

我擔任神學院教授二十年，足以認識一點：當學生為個人問題求見的時候，我的典型反應為何。多年來，我也跟許多堂會牧者交談過，從這些談話之中，我想我是很清楚這一點的：他們對那些為個人問題要求約見的會眾，有怎樣的一種典型反應。較之與那些從事全職輔導或治療的人，在我看來，身為神學院教師的我對這類情形所作的回應，與堂會牧者的回應，是有著更多共通地方的。事實多半是，我們(神學院教師和堂會牧者)跟某人會談只一兩次，假如我們建議增加會談次數，就會有這個顧慮：學生或會友以為我們閒著沒事幹，又或以為我們別有用心，我們是要滿足自己本身一些不正當的需要。我們的角色似乎是相當非正式的，提供一些道德上的支援，譬如對一個問題或議題加以澄清。反過來說，某個學生或會友所期望於我們的，大底也不外如是。

一般來說，全職輔導員有一個更複雜的議題；就尋求輔導之人來說，也是普遍如此。事實上，人們之所以容易抗拒見輔導員或心理治療師，其中一個原因是，他們相信自己要開始處理一件費時的事，他們將免不了要對他們的日常作息作出重大調整。甚少有人相信，輔導員會在一兩次面談之後就宣佈他們痊癒了，又或說，問題已經解決了。

當然，心理治療師跟當事人只進行一兩次的面談，這樣的例子也是有的。紐約市有一位治療師擅長於「一節輔導」(one-session counseling)。他採用這個「一節輔導」的模式，是因為他發現，那些只談了一次，沒有按所預約的日期前來進行第二次面談的當事人(因此被列為「失敗」個案)之中，有三份之二其實是感到頭一次面談已足以澄清他們的問題，他們不再需要輔導了。然而，大體上說，全職的專業人士所從事的輔導，無論就其範圍、就其所花費的時間和精力而言，都與堂會牧者和神學院教師普遍從事的輔導很不一樣。我的意思很簡單：就這一方面而言，神學院教師和堂會牧者是相同多於相異的。由是，我在本書所提出的問題——「牧養輔導於堂會牧養上是否不可或缺？」——跟我反問自己的這個問題：「牧養輔導於神學教育上是否不可或缺？」兩者是大同小異的。我給兩個問題的答案都是肯定的；只是，肯定某事是必須的，並不一定意味著天天都要做，也不意味每個禮拜得花上許多小時在這事上。

本書針對的問題是，牧養輔導於堂會內的存活力。牧養輔導(有別於牧養關懷)是堂會事奉生命力的表徵嗎？我曉得對部分牧者而言，這問題的答案簡單得很。有人會說，他們一向認為自己不應該承擔牧養輔導之職，於是他們學會一套高明的轉介技巧。另一方面，有人會說，會眾處境裏的牧養輔導當然必須存在，事實上，他們作的不少呢。這些答案固然並非無關重要，但是它們對於我在這裏所提出的問題，沒有提供所需的答案，因為它們基本上是對一個更深層、更實質的問題，給予一個從經驗——而且是從個人經驗——出發的回答。我問牧養輔導的存活力，意思不是問堂會裏到底有沒有實踐輔導的牧者，而是，牧養輔導是不是堂會職事的一個組成部分，缺少了它，教會生活就會受虧損。問題一經如此界定，我就提出了一個富挑戰性的問題，是那些批評牧養輔導者一向迴避的；他們說，牧養輔導不過是一個表徵，顯明這凡俗世界已找著門徑進入教會了。再者，問題一經如此界定，我就表明了一點：一個肯定的答案意味著我們必須發掘一些有效方法，讓堂會牧者得以履行牧養輔導之職。既然牧養輔導是教會不可或缺的事工，那麼，許多牧者沒有(或相信自己沒有)參與其中的這個事實，就是一個嚴重的問題。反過來說，如果牧養輔導並非教會事工不可或缺的一環，那麼，我們就應該認真質疑時下的這個信念，那就是論牧養輔導的書是為堂會牧者寫的。這些書還是可以寫，但應該要說明一點：它們是為那些專職從事牧養輔導的人寫的。

上述問題的答案並非顯而易見，這叫我們覺悟到，牧養輔導在教會生活所佔的位置可說是一直無名無分。我們從來連提都沒提這個問題：假如沒有講道，教會生活會嚴重受損嗎？這種「理所當然」的態度卻不適用於牧養輔導。儘管牧養輔導早在半個世紀以來已成了教會生活的一環，它並起源自多種傳統牧養手法，即告解、督責違規者之類，但是它在堂會事工中的合法地位依然受人質疑。無論在牧者或平信徒之間，對於牧養輔導是不是教會事工不可少或重要的一項，都很難有一致的共識。可是，即使牧養輔導是比較新興的事工，這一點卻不足以質疑其合法性，因為在當代教會生活裏，許多做法的背後也沒有悠久傳統作為支持。譬如說，主日學是直到十九世紀下半葉才成為美國教會生活的例常事工，而在主流的新教中，採納主日學的動力是出於防禦性的，因為該時獨立教會的主日學揚言要把孩子們(連同父母)抽離國教教會。一個世紀之後，主日學已成為教會生活「理所當然」的一環，人們已廣泛認同它是教會事工不可分割的一部分。由此可見，即使牧養輔導的確是姍姍來遲，這個理由本身並不足以反對它是不可少的教會事工這個看法，何況它更取代了早期的牧養輔導形式呢。

雖然現在美國國內牧養輔導中心林立，聘用全職的專業輔導員，其中不少跟堂會只維持著勉強的關係，這一點也不足以反對牧養輔導是堂會的必須事工的看法。儘管現已有足夠的理據認定，牧養輔導可以有效地在堂會處境之外進行，但這不一定意味著，牧養輔導因而在堂會事工中變成了可廢棄的。即使講道在形形式式的非堂會處境下進行——體育館、護老院、監獄、街頭——誰也不曾嚴肅地提議說：這樣看來，會眾再也不需要講道了。

我在此論證一點：牧養輔導於教會生活的確是不可或缺的，哪裏的教會事工少了它，該教會的生活就因此受虧損。但我更願意從中引申一點：我們概念中的牧養輔導到底是甚麼或包含了甚麼，這是需要由它的操作語境，就是它的會眾處境來建構的。在許多人看來，牧養輔導在教會生活中一直似是可有可無的，主要原因大概是，會眾處境幾乎從來沒有影響它如何成形、如何建構。太多時候，在別的社會處境下產生的方法，差不多依樣畫葫蘆地移植到會眾的處境來。很多人覺得牧養輔導是「外來的東西」，認為那不過是教會生活世俗化的徵狀，這樣的抱怨有甚麼希奇呢？由此看來，我們需要的，以及我在此呈予讀者眼前的，是經認真思索的一個提案，那就是：真正由會眾處境所建構的牧養輔導可以變成甚麼樣子。我鋪陳自己的觀點，説明會眾處境下的牧養輔導會是怎樣的，而我也準備維護這個觀點。不過最重要的是，我們是針對問題本身。堂會處境下的牧養輔導可以變成甚麼樣子？它與牧養輔導中心的牧養輔導相比，如何能保持自己的獨特形式？對這些問題的構想，至今差不多仍是一片空白。

我所提出、由堂會處境建構的牧養輔導概念，其實是把現時的牧養神學著作中的重要主題——故事，及由短期療法發展出來的新興輔導模式，二者結合一起。我這個構思是借用了短期療法裏一些尤其關注故事的技巧；但我也申明我的立場：牧者不像輔導中心的全職輔導員，不能就此把短期療法的模式套用到堂會的牧養輔導事工上，因堂會事工所需的輔導模式，是需要由會眾處境來建構的。故此，在我構思中的牧者所從事的牧養輔導，其面貌會與我們一般所理解的「牧養輔導」不一樣，更會與牧養輔導中心所進行的牧養輔導大有分別。它跟我們傳統理解的牧養輔導是那麼不同，甚至有讀者要質疑，把它稱為「牧養輔導」是否合適？然而，據我的看法，我們必須用上這個名稱，這是很重要的，因為我是要提出一個理論：用這個比較先進的新模式，取代我們一向認識的牧養輔導。假如我們只是說，我們一向理解的「牧養輔導」是牧養輔導，而這個新模式呢，不過是另一回事(換言之，是一種密集的牧養關顧形式)，那就說不通了。除非我們能夠聲言，由會眾處境建構的牧養輔導的確是牧養輔導，是值得我們冠以此名的，不然的話，這條輔導進路就不會獲得人們的廣泛接納，而現時的牧養輔導概念就繼續居於主流地位，有些牧者仍會照樣實施，而有很多則斷定，不如由別人，由那些受過專門訓練的人來作更好。

我這樣澄清了問題——到底牧養輔導是不是教會生活不可分割的一個組成部分——同時也表達了一個觀點：牧養輔導不只是堂會可為會眾提供的一種服務。無可否認，堂會經常提供一些服務，諸如特許聖地觀光團，這些服務普遍認為是對教會生活不那麼重要的，是堂會給予會眾的額外福利；可是，我現在提出的問題是：到底牧養輔導提供的*經驗*，對教會生活的重要性，是不是到了欠缺了這些經驗，教會生活本身就因此受虧損的地步？我們不一定需要宣稱，它所提供的經驗，其重要程度跟教會崇拜所造成的經驗相若，但是我們會樂於聲明，牧養輔導帶來的經驗，其重要性至少等同教會的教育事工。

牧養輔導可給會友提供一種不可或缺的經驗，我知道這個想法是很難為人接受的，因為我們馬上就想到好幾個實際的反對理由：牧者如何能有空輔導堂會的每一個成員呢？難道這對會友不會造成很壞的影響嗎(因它使牧者與個別當事人之間發生種種關係，又或構成了偏私之嫌，在全體教會中引來負面的迴響)？事實上，牧養輔導之所以並*沒有*被視為教會生活的重要元素，豈不是因為它那些過分成功的個案嗎？要是它看來真的是不可或缺或重要的話，那麼，它很容易就會由教會生活的不可少的一個元素，變成了對教會生活有害的一個元素了。

然而，以上的反對理由是基於對牧養輔導的本質的一些信念，它們反映了時下的牧養輔導觀，它們不一定適用於真正由會眾處境所建構的牧養輔導，因為對於會眾處境的地道的牧養輔導，其面貌發展詳情如何，我們認識的還不多。因此，很重要的是，我們要把這些反對理由擱下，先嘗試認真回應這個問題：到底牧養輔導有沒有為會友提供一種與教會生活不可分割的經驗，少了它，教會生活就嚴重受損？我們對這問題有了一個更清晰的答案之後，才回頭處理這些反對的理由。如果這個問題的答案是肯定的，我們才需要處理關於可如何讓牧養輔導成為教會事工的一個部分這些實際問題；但我們不應讓這些實際問題放在探討之前，不然的話，我們根本就不會重新構思牧養輔導在教會生活中的新面貌。

話說回來，與教會生活息息相關的牧養輔導，它所提供的，是怎樣的一種經驗呢？我的答案很簡單：**那是在一個建設性的框架下講故事的經驗**。牧養輔導與其他所有心理治療法一樣，也都用講故事的手法，它也跟其他心理治療法一樣，要求人預先考慮並一直留意講故事的框架。牧養輔導與大部分閒談不同(閒談也包含講故事成分)，它注意到一個事實：雖然講故事可以是一件很有益的事，但其中也涉及了一些危險，而輔導員的責任就是注意盡量減少危險，盡量發揮講故事的益處。這就要求輔導員創造一個建設性的框架，成為一個讓個人講故事的場景。[4]

牧養關顧也牽涉講故事。當牧者探訪住院或在家中休養的會友之時，這種情形尤其常見。又或，當會友在崇拜後的小休時間，或在會議前後向牧者提及一個個人問題時，之間也會發生講故事的情況。這類事情通常不被視為牧養輔導，而被看作是牧養關顧的行動。其中的分別是重要的，因為這才讓我們得以發問這個問題：牧養輔導是不是提供了一種與教會生活不可分割的經驗，有別於牧養關顧所提供的經驗？牧養關顧一如講道，有著源遠流長而高貴的傳統，絕不會被人視為於教會生活無關重要。但牧養輔導的情況就遜色多了，而當我們問及它是不是提供了一種與教會生活不可分割的經驗時，一個提問的方式就是：牧養輔導所提供的經驗，跟牧養關顧所提供的，兩者是否有所不同？

我相信這問題的答案是：是的。而分別在於：就牧養輔導而言，在講述故事的過程中所涉及的人，他們同意嘗試對故事進行一番有條理的解釋，以求達到對它有新的認識；但就牧養關顧而言，牧者是聆聽所說的故事並回應它的基本事實。要是一個閉居在家的人告訴牧師她今天感覺如何，跟上周她感覺的怎麼不一樣，牧師沒有理由懷疑或質詢她故事的真實性，大致上只在那裏聆聽，並安慰她說，教會常常為她禱告。要是一個母親在小休時間跟牧師說，她擔心女兒在大學參加的一個宗教組織，牧師對這個故事，大概也是同樣按表面去理解，作出相應的反應(即是說，向她詢問或向她提供該宗教組織的資料)。

由此可見，牧養關顧固然也為講故事的過程提供一個積極的環境，它容易按表意去理解所說的故事，沒嘗試把當前的故事跟背後可能隱藏著的故事連接起來。這當然不是要貶低牧養關顧的價值，因為我們常常需要這種經驗，就是讓人按著表意去了解我們的故事，並作出相應的回應。事實上，我們往往為別人對我們講的個人故事作出過分揣測而覺得反感，我們期望聽者回應故事的表面事實，別嘗試推敲字裏行間的意義。假如我們因病住院或在家中休養，我們願意牧者聆聽我們的病情，向我們保證神的同在；我們期望的就是這些，不多也不少。

說到牧養輔導，講故事的目的可就不一樣了。在這個處境裏，我們實在要求更多，不只是聆聽的耳朵，一句安慰的話。我們願意牧者與我們一起解釋我們所講的故事，並且我們希望，牧者因其擁有的訓練和經驗，能夠從故事中看見我們看不見的東西。我們又會期望牧者根據這個解釋提供一些意見或建議，即使牧者認為並沒有甚麼真正的問題，或者其實沒有甚麼好擔心的，我們也希望他能對我們說出他這個看法。當我們講的個人故事被解釋之時，我們感到是我們的本人被解釋了。當我們聽見一篇真正與自身處境相關的講道時，這種被解釋的經驗就出現。只是，在這類情況下，我們所經驗的是我們的故事與講道的故事(不論是聖經故事或是別人的故事，或甚至是一個虛構的「典型」人物)之間的聯繫或關係，而在牧養輔導的處境裏，故事就是我們自身的故事。

這種講述個人故事並將之開放讓人去解釋的經驗，是否真的與教會生活分不開？我認為是的。然而，我們至今還沒有為此提出有力的理據，部分原因在於，人們還沒有廣泛地從講故事的角度去理解牧養輔導這回事。只是到了近年，治療師才提出一點：任何形式的心理治療或輔導總離不開講故事，故此任何輔導至少在一定程度上，都是詮釋性的(那就是說，都著重解釋)。我願意論證一點：有機會在一個建設性的處境下講述個人故事，由此產生建設性的解釋，這於教會生活是重要的。確立這一點以後，我要提出一些實際的建議，說明在堂會處境下如何造就這樣的氣氛。這些建議會顧及上文提過的反對意見，即是有關牧者在時間和訓練上的限制的問題。

我在此提出的牧養輔導進路，是與大多數堂會牧者正做著的相當一致的，至少就所付出的時間和精力而言是這樣。我無意挑戰或游説牧者要增加許多牧養輔導的時間，因為那會是事倍工半的做法，就拿我自己作為神學院老師的情況來説，也會是一樣；那不但會危害到牧者其他事奉環節的果效，更會提高一個危險：輔導進程變得脱離正軌，或在牧者與當事人之間造成不利的情況。雖然手頭很難有可靠的資料，但有一份研究顯示，約有百份之十三的堂會牧者曾與會友發生性關係；對比之下，出現過這類情況的心理治療師則有百份之五。[5]

我在本書引述的個案，大部分只涉及一兩次面談。次數比這為多的個案，要不是涉及嚴重創傷(例如一個少女在購物商場遭性侵犯)，就是涉及紀律問題，那是必須隨著學年的過去而表現出來的(這類個案的面談不是安排每星期一次，而是分散在數月內)。這意味著至少就所費時間和精力而言，堂會牧者的慣常做法跟採用敍事進路的治療師的方法頗相似。顯然，這類治療師曾接見的當事人較多，而且擁有更專門的訓練，知道問題持續的原因為何。然而，就輔導的形式與範圍而言，二者的相同點仍較相異的為多。我們雖然不能單憑這些相同點就斷定，這類特殊療法對於會眾處境有著其價值或可用性，但這些相同點確實鼓勵我們認真思考這個可能。

我們要問的是：這類敍事進路的輔導手法對於會眾處境的輔導，可以怎樣成為有價值及有用的？問題一經這樣提出，我們就避免了有人會以為：牧者必須全盤接受這些手法，或是必須認同自己是屬於艾力遜、亙茲拉威克或狄世沙(本書探討的三個模式）的其中一派。我想我們從一九六〇年代的經驗學會了一件事——當時的牧者們紛紛把自己與各種輔導模式認同（案主為中心〔client-centered〕、意義治療法〔logotherapy〕、理性情緒治療〔rational-emotive〕等）——對牧者來說，拘泥於使用一種輔導模式或方法，並不是好主意。原因之一是，牧者有其自由（那是許多全職輔導員所沒有的）不去認同任何一個模式或方法，而據我看，這種自由是不應輕易或不經思索地犧牲掉的。原因之二是，人會愈來愈認為他揀選的模式本質上就是基督教信仰的表現，這情況差不多就如倫理學家認為某種經濟體系（資本主義、社會主義等）本質上是基督教的一樣。這種危險是常常存在的。我自己本人在此事上的看法是一個務實的觀點，即是說，如果某種方法奏效而又不違反基督教的基本價值觀，就大可選用它，如果它通不過這兩個條件的任何一個，我們就不應該用它；無論如何，我們都沒有必要把自己規限於只用一個方法或進路。[6]

我相信，此處要探討的敍事進路之所以對堂會處境有價值或有用，是因為它們激發作為牧者的我們反省，我們是如何「講述」自己的人生故事的，而對於那些我們期望自己會給他們多少幫助的人，我們又如何「講述」他們的人生故事。在本書以後的部分，我會討論三種講述人生故事的方式。第一種是啟發式的，第二種是弔詭式的，第三種是神蹟式的。這三種方法的價值在於它們本質上都含有希望的成分，意思是，它們拒絕接受最終要對人生死心的看法。[7]而三者在面對人生無可避免的困難與逆境下，對於懷抱希望的意義為何，則有三種不一樣甚至是截然不同的觀點；以下討論三者之時，我將詳述這些分別。

我們之中有些人特別容易受啟發式的故事所感。有人在人生中遇見富挑戰性的處境，不但克服了，而且在過程中磨練得更堅強，從中獲得更充分的準備去迎接新一輪的困難或危機；我們聽見這樣的故事，深感共鳴。我們之中有些人，則特別容易受人生的矛盾局面 (paradoxes) 所吸引，我們覺得這些左右為難的局面很具挑戰性，不但有理智上的挑戰，也有情感上的挑戰。我們看見自己或某個我們認識的人落在雙困的景況中，我們就想，到底有沒有一個真正得體的做法或一條出路？如果有的話，我們或他們會找著它嗎？我們之中還有些人熱衷於神蹟式的故事。事實上，人們曉得神蹟確實發生過，而且，它們往往發生在一些願意參與實現神蹟的人身上，為此我們感到欣慰。當神蹟發生之時，一個本來是沉重不堪、纏綿不休的問題如何徹底地自動解決了，我們特別為此感到欣慰。

我相信以上三種講述人生故事的方式之中，我們各人有自己偏愛的一種，這主要是由於我們正是以這個方式來看自己的人生演化。我們毋須為這種對人生的看法，向那些看自己的人生是以別種模式演化的人作出自辯。照樣，當你我從事牧養輔導之時，我們應該對三種模式隨時保持注意，既不向當事人滲入我們自己的個人觀點，也不試圖引導當事人轉向它。就這個意義來說，我們對三類故事的注意，會讓我們得以比較「文本中心」(“text-focused”) 過於「讀者中心」(“reader-focused”；此為狄世沙之語)，由此讓前來求助的人決定，我們之間的談話，其輪廓將要如何開展。然而那可不是意味著，我們無權引導或左右談話的進程，因為我們由於注意這些故事模式而得的最大益處，也許並非模式本身，而是從模式所流露、透過模式所展現的技巧。身為牧養輔導員，我們最主要的責任是：做一個專注的聆聽者——聽當事人的故事，其中所包含的複雜而豐富的經驗；而我們次要的責任卻是，我們也希望，能幫助多少就幫助多少。有三種提供幫助的方法，分別與三類故事直接有關，就是明智地使用以下方法：(1) 暗示力量的技巧；(2) 解開矛盾的癥結；(3) 識別例外的情況。會友向牧者提出的疑難和問題，有很多是可以藉著有意識地運用以上這種或那種技巧而得到矯正或改善的。又讓我們別忘記，這些技巧正是耶穌用來醫治病人、鼓勵灰心者、平息爭論的技巧，並且，祂也是以這些技巧來宣告一個信息：一個新世界正在出現，徵兆已在眼前。

簡言之，前來尋求幫助的人 (或人們) 所選擇的故事世界，對我們所訂定的輔導目標有著重大影響。但這意思並不是說，我們不可以利用自己的個性，包括我們個人選用的思考問題的方法，以及為謀求解決之道而有的創新意念。很多過去為牧者寫的牧養輔導書刊有一個問題，它們寫得太刻板和有系統，反會窒礙那些嘗試要將之付諸實行的牧者的個性。

我在本書將討論的幾位人物 (艾力遜、亙茲拉威克、狄世沙) 容讓各自的個性流露於其輔導工作之中；他們之間的個性差異無疑在很大程度上解釋了他們的風格和手法的不同。正如我將要說明的，從各人所說或偏愛的故事種類反映了各人的個性。即如出自珍．奧斯丁 (Jane Austen) 手筆的小說，跟例如亨利．詹姆斯 (Henry James) 的小說比起來，馬上就可認出並分辨得到，艾力遜的一個故事跟亙茲拉威克的故事，或者亙茲拉威克的一個故事跟狄世沙的故事相比，也是即時就分辨得到的。這是真的，雖然三者對於治療奏效的因素的確有些相同的信念，而且所見的當事人也都是有類似問題的人。本書討論的三位人物之間既然有著這些差異，那就要消除我們一種誤解，以為牧養輔導只得一個正確方法，又或，以為只有一個量度標準，需要按此評估我們作為輔導員的個別成就。

我在本書要討論的人物，他們都是**有革新精神的**。他們勇於試用一些他們從未試過的東西，就算知道那未必會成功，也願意嘗試。好些年前，一個學生上過我的課，我跟他漸漸熟絡了，他來找我幫忙。他與未婚妻將於暑假結婚，他家鄉的牧師答應主持婚禮，但是他們二人都覺得需要婚前輔導，就問我可不可以為他們做這件事。我答應了，並提議我們預計見面三次，大約兩個禮拜一次。[8]然後我建議，我們在附近一間館子見面，那或者會是一件美事。我更提出由我來結賬，算是我給他們的「結婚禮物」。我已記不起我這樣建議的原因，那可能是出於一個自私的理由——意思是，因為我不大喜歡在晚上回學校的辦公室去。(果真如此，就恰好應了王爾德〔Oscar Wilde〕的名言：「自私不是按自己的喜好生活，而是要求別人按自己的喜好生活。」)

我從這個「實驗」發現一點：我認為在這個現實場景中，我因此而獲知他們二人彼此相處的情況，遠較我在辦公室裏跟他們談話所可能獲知的更多。看，他如何幫助她穿上外衣、他們如何點菜、二人待侍者的態度分別如何——很多很多我在辦公室裏不會注意到的事。至於有人會提出反對，以為這樣的場景未免過於公開，有礙談論十分切身的個人事宜，那根本就不合符事實。當然，我們在館子裏面的角落找著了一個幽靜的廂座，那的確幫上了忙；而事實是，當談到他們和我都想去處理的切身問題時，他們二人都沒有感到不自在。還有一個出乎意外的好處是，當他們其中一人上了洗手間，我就可以趁其不在的時候問在座的一位，我們正討論的是不是他們最關心的事情，又或，他／她會不會有一些想和我私下分享的事。

對當時的我來說，那是婚前輔導的新嘗試。對一些牧者來說，那或許是他們已在做著的事，又或，他們已想到一些別的新方法。我的意思不是要大力鼓吹每位牧者都要在附近的館子進行婚前輔導，而是我們要發揮創意，要嘗試各種不同的輔導方法。伊弗蘭等人有話說：

> 說到辦公室，並沒有甚麼神聖可言，有時候，別的地方會提供更適合的環境作為進一步研究之用；遇到需要的時候，離開辦公室是無妨的。譬如說，我們帶過好些恐懼症患者到附近的遊樂場——那個有六面旗的大冒險樂園，是恐懼症患者的噩夢。那裏有摩天輪、飛天騎士、雲霄飛車、各種無重墜落機器，都是經過查驗、合乎安全規格的。我們去那裏的目的，不是要清除恐懼或給患者進行消減恐懼的療程，而是讓患者接觸一個成人遊樂場，在那裏有測試及挑戰自己的機會，就是有機會進行各種有關反應及求生技巧的小型實驗；患者可以正視自己的信仰系統，細察其形成及之所以成為習慣的來龍去脈。我們當它是一個設備完善的大型實驗室。再好也沒有的是，我們只要付很小代價就可以享用它——僅是入場費的價值而已。[9]

我曉得大多數牧者晚上的工作編排都緊迫得很，他們根本無法用三個悠閒的晚上在館子裏進行婚前輔導，但我的意思是，我做了一件對我來說是頗創新的事。而我認為，我們所有人都有一個感覺(我必定有)：我們在吃飯交誼的場景下進行婚前輔導，其中是有屬靈成分在內的。[10]

此外又有**畏懼不前**的問題：當我們想到要參與牧養輔導的情景，我們是多麼容易畏懼不前。我跟無數的牧者談過，他們告訴我，在他們就業的初期，早就學會了如何作出明智的轉介。這意思自然是，他們與一位受困擾的會友見面一次，而這次見面的目的，就是讓牧者對問題有充分了解，好把會友轉介給一位當地的專業治療師。我不想貶低作出明智轉介的構思，也無意批評只跟會友見面一次的牧者——事實上，我在本書裏提出的成功個案之中，有幾個是只約見一次的——但我**的確**認為，在牧養輔導這「明智轉介」的做法背後，存在一定程度的畏懼，要是牧者完全不用其他方法，就更是如此。誠然，一點都不差的是，牧者如用這種方法，必可免去與會友發展不正當關係的危險，但這種「明智轉介」的模式所表達的信息是：牧養輔導**不是**牧職不可或缺的一面；既然牧者把每一個前來傾談個人問題的人都作出轉介，那就無形中表示，在教會牧養的範疇裏，輔導是沒有一個真正位置的。我相信那也是一種反應性的防衛姿態，部分應歸咎於牧養輔導運動，如果牧養輔導的「專家們」陳列在堂會牧者眼前的，是十分不切實際的牧養輔導模式(就所需的時間與精力而言)，也就難怪牧者的反應是寧可盡量少做牧養輔導為妙：「既然我無法做得『正確』(按專家們說的標準方法)，誰都不能責怪我選擇完全不做啊。」

因此，我要在本書呈現牧養輔導的一個可能面貌，它不但合乎現實，而且承認一點：會友拿來向牧者求助的問題，其中很多其實是**不**需要轉介的。轉介往往是基於牧者接受會友本人對問題的判斷，但假如事實上問題不在這裏又如何？

假如，會友本人的判斷是基於一個錯誤的前設又如何？如果牧者例常地作出轉介，就會有一個可能的後果，就是會友未必照著去做，結果得不到幫助甚麼的，又，這種例行轉介的做法有意無意會給人一個印象，以為會友的問題是天大的問題，需要專門的治療才行。在牧者想要作出例行轉介之前，應該考慮一點：問題本身或者需要在探討當事人的故事的過程中，被重新理解。

另一種畏懼不前是由於有些人堅持，輔導必須以基督教特有的形式進行，因而在「基督教」輔導與「世俗的」輔導之間作出嚴格區分。就連那些不同意這種區分的牧者，也會為「基督教輔導運動」而有畏懼不前的感覺，因那會叫他們懷疑，自己正從事的究竟是不是「牧養輔導」。比方説，假使他們沒引用聖經，或沒與當事人一起禱告，他們做著的到底是不是「牧養」輔導呢？我在本書將經常比較艾力遜、亙茲拉威克及狄世沙與耶穌的醫治事工之間的相似點，如果這類相似點是那麼容易看出的話，那麼，即使我們選擇不引用聖經，或不與當事人一起禱告，我們也毋須感到要採取防衛；最根本要緊的不是拘泥於形式，而是要善用形式。

然而，在所有畏懼之中，也許最大的畏懼是來自我們內心，來自我們對自己有恐懼和不肯定的感覺：到底我們有沒有這個能力，以一份真誠的同理心聆聽會友要傾訴的個人故事？和別人談他們的人生故事，其中有些事情叫我們感到特別軟弱不堪的：我可以真正地聽嗎？我可以作出合宜而有益的反應嗎？談話之間會不會暴露我自己的不濟、自己的盲點、自己的淺見？我認為這樣的恐懼是由於我們在自己和談話對象之間，劃定了一道無形的界限。在《成為一個人》(*On Becoming a Person*) 一書裏，羅杰斯 (Carl R. Rogers) 在他那篇自傳式的文章〈這是我〉(“This is Me”) 中的心得，特別有助我大大減少 (甚至克服) 自身的恐懼和不肯定的感覺。他談到他從聆聽當事人的經驗中所學會的種種：

> 我想在這裏某處介紹我學會的寶貴一課，它叫我那麼深深地感到和別人同是人類。我可以這麼說吧：**最個人化的是最普遍的**。有些時候，在我跟學生或職員談話之間，或是在我寫作之間，我以個人化的方式表達自己，甚至到一個我認為大概是沒有誰能明白的地步，因為它是那麼獨特，是我自己的……我從這類事情發現：那在我看來是最個人、最切身，而因此是別人無法理解的感覺，到最後竟然是叫很多人產生共鳴的語句——幾乎無一例外。由是我相信，在我們各人身上最個人化、最獨特的東西，當與別人分享或談論起來，它大概就是那最觸動人心的。這幫助了我認識到，藝術家和詩人，是敢於表現自己獨特之處的一羣。[11]

由此可見，當我們聆聽別人講述她的故事，我們也是在聆聽自己的故事。我不要讓自己的恐懼和不肯定，剝奪了我這從另一個觀點、另一個聲音去聆聽自己的故事的獨特機會。

既然牧養輔導所涉及的，是在一個建設性的情境下講述個人故事，那麼，如果牧者對於故事 (特別是個人的人生故事) 如何操作有些認識的話，他們就要在「聆聽」故事上得到幫助。如何能獲得這方面的知識呢？至少有兩個途徑。途徑之一是靠閱讀自傳。閱讀自傳幫助我們看見，人們是如何講述他們的人生故事的，特別是他們如何把自己的人生經驗置放於一個詮釋框架之中。途徑之二是了解治療師在故事方面的新近研究。我認為，我們正在見證一種轉移：家庭治療界的著重點正由一個系統模式轉向一個故事模式(或敍事模式)；而堂會牧者們值得對這些較新近的發展有一點認識。這意思不是說，系統模式現已陳舊過時、其價值受人質疑，因為牧者遇到的個案，有很多還是需要借助系統模式的分析和詮釋去應付的；這意思是說，目下的家庭治療師正十分關注一個事實——治療必含有講故事的成分。這類新作的不少內容對牧者實施牧養輔導大有裨益，它們特別有助澄清一點，就是「在會眾處境中的牧養輔導所做的是，把個人故事置放於一個建設性的詮釋框架」這話的意思是甚麼。

在本書裏，我選擇了聚焦於上述第二個途徑，因我相信大多數牧者會認為，治療師的著作比自傳一類的作品有更實際可用的價值。不過，我倒希望在未來寫另一本書，探討自傳作品在牧養職事上的應用，因為我相信，自傳提供了一度觀念上的重要橋樑，把故事進路的輔導和那個建構每個基督徒的人生的主故事(master story)——聖經本身——連接起來。[12]

在第一章，我會介紹從家庭治療傳統出來的作者們寫的、有關敍事研究的一些新作。除了介紹家庭治療界對故事的關注這股潮流中的代表性例子，我還會在本章嘗試在家庭治療與案主為中心治療法之間作出調和，後者自一九五〇年代到一九七〇年代扮演一個十分重要的角色，因它支持牧者名正言順地參與所謂「牧養輔導」的理念。第二至第四章會聚焦在家庭療的一個重要發展方向——短期療法——的一些特選人物上。我提出一點：這些人物是各自倚賴一個特定的故事框架來操作的，故此也容易從其當事人探出某類故事來；換句話說，當他們聆聽當事人談到前來求助的因由時，他們是從某一個既定方式來聽這故事的，並且他們事先已有一套判斷，即他們會如何預期或希望這個故事會有一個令人滿意的結局。如是，艾力遜尤其愛用**啟發**故事；亙茲拉威克用**弔詭**故事；而狄世沙就用**神蹟**故事。三者都力求為幫助當事人懷抱希望，為此尋找新的理據，或重新發現舊的理據，但各自以其偏好的故事類型作為濾鏡，以之為達到這個目的的手段。我把三者同時呈現讀者眼前，無形中表示我是贊成牧養輔導採取一種折衷進路的，因這種進路讓牧者更能就每一個當事人的獨特性、或他們求助之時的獨特處境作出回應。

第五章處理閒談的問題。閒談是教會生活中一種常見的講故事方式，雖然它通常不利於教會生活，因它涉及一種本質上是具破壞性的講故事方式，但事實也不盡如此；有時候，它在社羣中所扮演的角色是具建設性的，與我所主張的牧養輔導應該扮演的角色相同。所以，閒談能作為一塊有用的濾鏡，可透過它看清牧養輔導的建設性角色，以及其中必有的危險。

在結語部分論牧者權力的矛盾性，集中討論要為牧養輔導設定適度的限制——特別就其宗旨而言——以免在促成改變上過分倚重輔導員與當事人的關係，或過分倚賴輔導過程，讓它代替了會眾的角色，做了會眾以其他生命流露的形式和生命形態，在當事人身上做的一切。

最後，關於我為本書取的名字，我要說幾話句。當我還是小孩子，初上電影院的時候，所有電影都是黑白的，到彩色電影出現了，報章的宣傳說，它們是「鮮活的色彩」(“living color”)。「鮮活的色彩」一語是甚麼意思呢？「鮮活」是相對甚麼而言？我猜想那些構思此語的人，是想要帶出一個意思：

這些新片子不像黑白的，它看來會很逼真，因為我們看見的世界是彩色的(即使在灰暗的日子也如是)。但「鮮活的色彩」一語也含有戲劇性的誇張意味：不知何故，我們從黑白電影上看過的相同事件，現在會不知怎地活過來，變得更生動、更激動人心了；這些事件現在要在一個平面「活過來」，那是從前的黑白電影做不到的。

此書取名《鮮活故事》(*Living Stories*)，有類似的意涵。一方面它表示，我們的人生是故事——而我們各人以自己的方式活出的人生，就是個別的故事——又或，換一個更好的說法就是，好多故事輕鬆串連起來，成為一個完整的故事之類。這是書名的真正(或現實一面的)意思：它不過說出真相。但這名字有另一個較為誇張的意思，暗示了(你和我的)人生，可以活過來，變得更生動、更激動人心，不再單調沉悶，而是把生命的潛質發揮得更徹底。意思甲和意思乙之間的分別，盡在這兩種對故事的反應之中：「那是個很有趣的故事」，以及「啊呀，多麼動人的故事！」這驚歎號勝過千言萬語。如此，本書就是一本幫助我們的會友去體悟，生命是一個活生生的故事的書；它旨在為牧者提供一些指引，說明可如何幫助人經驗從意思甲到意思乙的進程。我的願望是，本書會有助牧者更意識到，這個進程如何發生並為甚麼會發生，從中讓他們促使它更經常發生，而不只是碰巧發生，並且讓他們能更清晰地向會眾說明，為甚麼牧養輔導是善用牧者的時間，對全會眾是好事，就是對那些可能從來都不需要它的會友，也是一件好事。

註釋

1. 參Charles V. Gerkin, *The Living Human Document* (Nashville: Abingdon Press, 1984)，及*Wildening the Horizons* (Philadelphia: Westminster Press, 1986)； Edward P. Wimberly, *African American Pastoral Care* (Nashville: Abingdon Press, 1991)；Andrew D. Lester, *Hope in Pastoral Care and Counseling* (Louisville: Westminster John Knox Press, 1995)；Carrie Doerring, *Taking Care* (Nashville: Abingdon Press, 1995)。
2. 參，例如Brian H. Childs, *Short-Term Pastoral Counseling* (Nashville: Abingdon Press, 1990)，及Howard W. Stone, *Brief Pastoral Counseling* (Minneapolis: Fortress Press, 1993)。
3. Jay S. Efran, Michael D. Lukens, and Robert J. Lukens, *Language, Structure, and Change: Frameworks of Meaning in Psychotherapy* (New York: W. W. Norton, 1990), p.93.
4. 另一方面，在*Gossip* (Chicago: The University of Chicago Press, 1985) 一書，Patricia Meyer Spacks則論證，閒談可合符積極的社會性及團體性的目的。我會在第五章談到她的論證。
5. Marie M. Fortune在她與James N. Poling合著的書中引述此說：*Sexual Abuse by Clergy: A Crisis for the Church* (Decatur, Ga.: Journal of Pastoral Care Publications, 1994), p.5。我認為可從文脈方面 (即堂會議題) 部分解釋這個差異。參拙作 "Sex in the Parish: Social-Scientific Explanations for Why It Occurs"，載於*The Journal of Pastoral Care* 47 (1993): 350～361。
6. 對於我先前寫的《易構》(*Reframing: A New Method in Pastoral Care* 〔Minneapolis: Fortress, 1990〕；中譯本由基道出版社於2005年出版)一書，一個相當普遍的反應是，我在鼓吹一種和基督教觀點不相稱的輔導手法 (也就是說我在鼓吹操控式的輔導手法)。我預期本書收到的反應也很可能如此。我固然無法期望在這一點上滿足所有人的批評，但我會請批評者注意我早前在《易構》(*Reframing*, pp.50～51；中譯本頁59)所表明的立場：「因此，易構法並不是用來擺佈或控制別人的武器，它們是打破僵局，能夠帶來改善的方法。稱職的易構者不是「行騙藝術家」("con-artists")，這類人把其他人都看成是易騙的；他們是「專業藝術家」("pro-artists")，其創意思維的惟一目的，是要幫助他人活得更精彩和豐盛。真正的操控者 (行騙藝術家) 透過模糊或不太模糊的雙困技巧來操控他人。相反，專業易構者關注如何幫助別人解結，以致那些受著操控的受害者可以在最後經驗上帝一直預留給他們的自由。」
7. 參拙作*Agents of Hope* (Minneapolis: Fortress Press, 1995)，及Andrew Lester, *Hope in Pastoral Care and Counseling*。

8. 有關婚前輔導，我的看法已在*Biblical Approaches to Pastoral Counseling* (Philadelphia: Westminster Press, 1981)的第三章 "The Use of Proverbs in Premarital Counseling" 說明了。

9. Jay S. Efran et al., *Language, Structure, and Change*, p.129.

10. 強調創新或即興創作在婦女生命中的位置，有兩本書：Kim Chernin, *The Hungry Self* (San Francisco: Harper & Row, 1986), pp.195～204，和Mary Catherine Bateson, *Composing a Life* (New York: The Atlantic Monthly Press, 1989), pp.1～18。實際上，我在此鼓吹的教牧輔導手法，婦女尤其常用。

11. Carl R. Rogers, *On Becoming a Person* (Boston: Houghton Mifflin, 1961), p.26.

12. 我在拙文 "The Parabolic Event in Religious Autobiography "，載於*The Princeton Seminary Bulletin*, 4 (1983): 26～38提過這一點。我也曾在另文談到如何把自傳應用在牧者的釋經上：*Pastoral Care and Hermeneutics, Theology and Pastoral Care* (Philadelphia: Fortress Press, 1984), ch.5。

第一章

案主口中的故事

由家庭治療師所提倡的從故事著手的輔導法，也反映在以下作者的著作中：羅拔絲 (Janine Roberts)、哈得孫 (Patricia O'Hanlon Hudson) 與奧漢良 (William Hudson O'Hanlon；或簡稱奧哈二人)，及帕里 (Alan Parry) 與多因 (Roberts E. Doan)。我會在本章討論他們的著作。[1]近年有許多以敘事導向治療法為題的書，雖然我只舉出了三本，但已足以說明一個事實：故事已成了一件被人廣泛利用的工具，在家庭治療師的圈子更是如此，而他們運用故事的方式又是五花八門、充滿創意和建設性的。我要在此介紹的諸位作者，以不同的方式說明了時下這種對故事的關注。帕里與多因特別著意把這種關注置放於對後現代主義的分析 (和評論) 之中，而羅拔絲就特別關注一點：案主是帶著各式各樣的「文化故事」("cultural stories") 前來，因此，他們對於自己的未來故事會怎樣開展，也抱著很不同的假設。換句話說，她傾向於側重美國社會現今多元文化的層面。至於奧哈二人雖然沒有那麼傾向把他們對故事的關注歸結於社會文化因素 (事實上，他們指出一點：他們的主張為世界多國的人接受，那就說明了「看來從關係方面說——一如沙利文 (Harry Stack Sullivan) 之言——我們的共通點不過在於我們都是人類，而不在於我們是甚麼別的東西」2)，但他們**確實**承認，自己受社會建構學派 (social constructivist) 的理論影響不少，而這也解釋了他們為何與行為學派不同，而又那麼著重故事。

> 前來求助的夫婦，所抱持的觀點受兩個因素影響，一是他們與社會／家庭之間的互動，一是對其處境所作的、一些基於語言的解釋。我們嘗試進入他們所構想的觀點，並從一定的方向影響他們。這些夫婦寫過一些愛情故事。我們幫助他們重寫那些故事。[3]

羅拔絲的《故事與蛻變》(*Tales and Transformations*) 一書以一個故事開始。這故事是說，她自己是如何對講故事發生興趣，視之為家庭治療的一項資源。她那時參加了美國志願服務隊 (VISTA)，正在新澤西州紐瓦克 (Newark) 的一所學校與該校的保姆共事。學校裏有一對雙生子基雲與基斯 (Kevin and Keith) 患了軟骨病，保姆要珍妮 (羅拔絲的名字) 跟孩子的母親聯絡，看看他們能否得到治療。因為他們家沒有電話，所以第二天，珍妮步行往他們家。

他們的母親樂雲尼 (Lavinia) 請珍妮進去，一邊走去拿錢包。她從錢包裏取出一張舊膠片來，遞給珍妮。膠片底下是一頁發黃的剪報，剪報的上方有一張照片，是樂雲尼抱著初生的雙子 (基雲與基斯)。那故事說，她怎麼比城裏的其他人擁有更多孩子——一共二十二個——其中有三對是雙生子；她原是農家女兒，生在美國南部，年輕的時候為尋覓更美好的人生，就來到北部。當樂雲尼將她那故事的引言讀出來給珍妮聽的時候，她留心看著樂雲尼，並這樣評論說：

> 我們都需要有人為我們獨特的人生體驗而看見我們、聽見我們、認識我們。我們各有各的故事，在我們向別人說出來的時候，它們就有一股力量，把我們聯繫起來。在我過去當演員、教師和家庭治療師的多年間，樂雲尼與她孩子的故事一直在我心中提醒我：我們的故事扮演著一個何等重要的角色，它們把我們人生所發生的事情串連一起，又把我們與其他人聯繫起來。當樂雲尼看著聽著我如何聆聽她的故事、我如何作出反應，我也看著聽著她的反應之時，我們開始看見，我們二人之間可以有怎麼樣的一種關係。[4]

羅拔絲作為家庭治療師，她發現故事在家庭治療上扮演一個十分顯著的角色：「不可能只談問題不講故事，所以故事對治療是十分重要的。」[5]在案主講述他們的人生故事，寫下來並閱讀的時候：

> 他們的故事成了一件非常靈活的工具，幫助他們反思自己從哪裏來，要往哪裏去，又幫助雙方建立一種相互合作的治療關係。在這個流動性高的社會裏，不論人們搬到甚麼地方居住、家庭經過甚麼變遷，他們的故事總是隨著他們。而且，運用故事的方法可以與任何治療模式結合，它是一種活潑的技巧，適用年齡廣泛。[6]

羅拔絲一書的重點，不在於教導治療師如何創作或講述一些具治療功能的故事，而在於激發案主的反思能力和創作能力，讓他們好好地運用自己的人生故事。她尤其感興趣的，是那些充分表現時代轉變(社會轉變、政治轉變和經濟轉變)之下、一個羣體所經驗的特殊事件的家庭故事。這類故事除了讓她能以解釋個人的人生和家庭互動，並整理出其中的意義之外，還讓她顧及歷史大事(例如經濟衰退、國際戰爭等)對各人生命的影響。

羅拔絲指出，就同一事件而言，各個家庭成員所講的，通常是故事的不同版本。在婚姻治療中，輔導員往往發覺夫婦對同一組事件有截然不同的看法。有一個個案，妻子所講的故事，其內容是二人為了丈夫的生計，須年復一年地搬家，她感到好像是為了他的職業而一直附從他，多次連根拔起，現在她希望他多注意她和她的需要。但丈夫講的版本就說，她希望往上爬、他升職加薪，給她安全保證，而她目前的不滿則是來自最差勁的一刻，因為全國經濟衰退，他的公司臨時解僱了好些人，他實際上是在同一機構做著兩份工作。羅拔絲主張，治療師的角色是讓案主說出他們的多重觀點，然後幫助他們重新建構更適合他們的新意義。據案主的回應，治療所做的是提供一個空間，讓他們說出各自的觀點，而又不至於彼此爭吵起來。因治療師不偏幫任何一方，這就使得他們能心平氣和地聆聽對方講的故事。正如一對夫婦所云：「我們需要像你這樣的人，沒老早限定一套正確的故事規格。」[7]

當輔導個人的時候，雖然問題不在於故事的正反兩面，但這可並不意味治療師較不注意故事的其他版本。如羅拔絲所言，我們各人講述個人故事或家庭故事的方式是帶著本身的特色的，而在很多時候，我們需要的是能夠以一種更有益的方式講故事。她把自己進行個人治療、婚姻或家庭治療時必會遇見的故事，分成幾個「故事類型」。

故事的六個類型

交纏的故事(Intertwined Story)。其特色是一個故事與另一個之間互相牽連。講述故事的案主或會察覺不到她是把兩者結連一起，即或她察覺得到，她也未必知道自己這樣做的根本理由。一個年輕母親，年幼時曾遭受姐姐無情的嘲弄，當同類事情發生在兩個孩子身上時，她介入他們的不和之中，要保護最小的孩子。她這兩個故事(其一是童年的她，其二是身為母親的她)是交纏一起的。但是就這個案說，案主並沒察覺兩者之間的關聯，直到治療師指出這一點，她才恍然大悟。接著，治療師幫助她尊重各個故事本身的完整性，容讓其各自獨立存在，好叫她在孩子的爭執上，有更明智的決定，扮演應該擔當的角色。

羅拔絲指出，故事之間交纏在一起，可能是因為彼此相似，就如上述的個案；但交纏的原因也可能是因為案主知道兩個故事是相反的。案主會講說一個故事，談到她兒時母親對她是何等粗暴，諸多控制；然後又述說，她如何拼命克制自己，避免干犯兒女的私隱或吩咐他們甚麼。在這個案裏，案主曉得兩個故事是完全相反的，因為她曾經誓言，永遠不要對自己的孩子做出母親對她所做的行為。她成功守住了自己的誓言，但羅拔絲提醒她：

> 當故事之間牽連過密時，頭一個故事就似乎要蓋過第二個故事；對頭一個故事的表現和行為的詮釋，並對它所含的情感因素，將蓋過第二個故事。因此在第二個故事中出現的人物，在揣摸人生事件的意義上，就很難可以有其自己的主張。意義已由第一個故事傳下來了。[8]

羅拔絲建議，治療師可以問案主，兩個故事如何互相影響，而這種影響是否有益。她又可以邀請案主思考：如果她的故事沒勾起她對過去其他故事的回憶，她會如何講說呢？

截然／分離的故事(Distinct／Separated Story)。第二類故事，是截然或分離的故事。它的位置，正好與交纏的故事形成兩極。本來相關的故事，案主看不出其關聯，案主因此不能明白其人生意義的重要一面。有一個男子，十歲時父親於服役越戰後拋棄家庭，他發覺自己只想花很少時間在家庭活動上，並且有強烈的感覺，要撇下家人，走自己的路。治療師把兩件事作個關聯，指出他兩個兒子的年紀，大約是他父親離家時他自己的年紀，案主於是看見他從沒察覺的東西。他曉得父親的離去，為他造成了一個惡果，就是他對於如何作為兩個兒子的父親，實在毫無頭緒。羅拔絲建議治療師要鼓勵案主為當前的人生故事，探索其早年經驗的意義，並在早年故事的亮光下，思想其當前的故事在情感調子方面、在預期的結果或是在未來展望方面，會有甚麼分別。

殘缺／失落的故事(Minimal／Interrupted Story)。第三類故事，是殘缺或失落的故事。在這裏的困難是，對於一些為她當前的問題造成影響的一些人生故事，案主只能獲得很少資料。一個女子(她是獨生女兒)患了抑鬱症，在接受治療期間談到她的成長歲月和雙親的時候，幾乎是無可奉告。她二十出頭父母就離世了，其時二人都年紀老邁。她自己和治療師都覺得，她的抑鬱可能與兒時經驗有關，特別與她的家人如何表達感受有關。後來案主從一些仍然活著的親戚口中知道，她的父母懷她之時歡喜若狂(因為他們努力了好幾年，一直想要孩子)，就從中得著安慰。她搜集到的家庭故事愈來愈多，看見自己現在與將來的人生故事，其實是充滿著更多可能的。羅拔絲指出，跟親戚或老朋友聯絡，看看過去的家書，都會有助發掘埋藏了的故事。照片和別的古物也是寶貴的工具，有助激發人的回憶。有些故事之所以失落或變得殘缺不全，是因為案主遭遇重大創傷或環境的隔離，不過即使案主無法得知過去的故事，治療師也可以邀請她想像那個失落的故事是怎麼樣的，並請她想想，她這樣子想像當年的事，使她目前的人生故事變得如何不同。

消音／隱藏的故事(Silenced／Secret Story)。第四類是消音或隱藏的故事，就是那些埋藏了的、不為人知的故事，通常是家庭故事。它們之所以引人入勝並且有力，是因為這些消音的故事所包含的主題，在家庭場景中佔有重要角色。羅拔絲談到弟弟馬可在戒酒中心接受治療期間出走，從此與家人失去關絡，足有九年。家人以為他可能死了。有一個晚上，羅拔絲接到馬可的電話，在談話之間，他不住告訴她，在家中他經常感到孤獨，覺得自己被忽視。與此同時，羅拔絲得知，父母在馬可出生的時候原本打算放棄他，任人領養，因為那時他們正遇上嚴重的婚姻危機：父親遷出家庭，和另一個女人同住。但產科醫生對二人要放棄孩子的決定感到很難過，堅持要孩子的母親在留院期間，好好地照顧她的初生兒。孩子出生之後四天，二人決定嘗試和解，並把孩子帶回家。可是，儘管二人沒有分開，在養育馬可一事上卻是意見分歧，分歧的程度遠較一般的父母不和嚴重。要是馬可覺得在家中被忽視、感到孤獨，他是對處境的實況有正確的了解。

但他仍是家庭的一份子，從某種意義看來，這也可算為一個小小的奇蹟。

馬可對此一無所知，到他致電給珍妮(即羅拔絲)的那個晚上，姐姐珍妮告訴他這個故事，一些人生中本來沒有意義或令他摸不著頭腦的事情，才開始有了脈絡。羅拔絲強調，決定把這些隱藏的故事公開，其中涉及了複雜的安全問題。除了關於怎麼說、向誰說、甚麼時候說的決定之外，治療師還可以問案主一些問題，幫助他看出該故事對他今天的人生有何意義。這些問題包括了：為甚麼故事是消音的？是誰保持沉默了？這種沉默對案主以及其他家庭成員有何影響？

僵化的故事(Rigid Story)。第五類故事，是僵化的故事。這就是那些講了又講，始終無大分別的故事。其行文已為人知，並且已有一套解釋。經常的情況是，家中兩個或以上的成員講的是一模一樣的故事。不過也有另一個經常出現的情況，即其中一人被視為地位特殊，有講述這故事的權利，其他家人都不准講，也沒有誰可以挑戰這個官方版本。有一個家庭，父親多次跟兒子湯美說，他自己高中畢業時沒有人來看他演奏喇叭，又說他如何在家人開的餐廳做牛做馬。這些故事湯美聽過很多遍，甚至自己都可以念出來。在湯美(個案的案主)看來，父親對自己童年被剝削的這個主題抓著不放，以致不能擔當他作為父親的角色。治療師提議湯美輕輕打斷父親受剝削的故事，問父親一生中可有感受到別人支持的時刻。羅拔絲又建議治療師就同一故事提出不同的解釋，即是不同的結局。如果湯美猜想，父親講這些故事，是了為讓他曉得自己教養兒女的作風，那麼湯美可以想想，這些故事有甚麼其他可能的意思呢。父親可能沒察覺到其中的一些意思，譬如他相信，得靠自己去培養充足的自信，再者，他可能是以自己的方式，幫助湯美培養自信的品格。

不斷演化的故事 (Evolving Story)。第六類故事，是不斷演化的故事。案主曉得，其故事在人生的不同階段顯得不同，故事的意思永遠是可以重新解釋的。對同一件事 (譬如案主年幼時父母離異) 的理解，可以隨著案主人生經驗的增加和觀點的改變，而有新的詮釋，其意義有新的解釋脈絡。我們怎樣重新解釋有關過去的經驗的故事，為我們將會變成甚麼樣子，以及自己是如何隨著時間改變的問題，提供了亮光。正如羅拔絲所言：「故事是以相當簡單的形式，說明複雜的互動形態。它們為我們在人生中的位置定位，告訴我們自己是從何處來的，表達一些重要的主題和價值觀。」除此以外，這些有關過去的故事「可以提供一個基礎，發展出一些可與人分享的新的故事、新的意念和信念」。[9]治療師可以藉以下問題，激發並鼓勵一個概念，即「我們的故事是不斷演化的」：故事如何隨著時間有了變化？案主的家庭生活或羣體生活之中，有甚麼東西促成了這種演化過程？在未來某天，案主將會怎樣講述這些故事呢？顯然，羅拔絲看重這類演化的故事，因她相信轉變的重要，不論是個人或家庭層面的轉變。僵化的故事把個人與家庭鎖定在過去的時間，不斷演化的故事則讓個人和家庭接觸到有關未來的新的可能。不過，即使羅拔絲樂於接受轉變，這也不表示在她眼中，案主記憶中所保留著的舊故事並無價值。相反，她認為「除了不斷與新編的故事保持對話之外，也了解我們的人生故事給了我們甚麼，這叫我們得以一面保留過去，一面繼續走現在和未來的路」。[10]

主題故事和黏合故事

除了借助上述六種故事類型之外，羅拔絲還舉出兩個方法，治療師可以利用它們來協助案主把焦點集中在講故事上。其一是鼓勵案主說些主題故事 (theme stories)。這類故事圍繞著案主的問題的內容，這是棟篤笑諧星常用的技巧之一，譬如先以婚姻關係為主題，說幾個故事，然後以政治為主題，再說幾個故事，然後以自身的自卑感為主題，說幾個故事來結束他們的一輪表演。當然，在治療之時，困擾著案主的問題並不是甚麼好笑的事。但治療師確實發現，以同一個主題相連的幾個小故事，可能較之一個具備爆炸力的故事帶來更多啟迪。

羅拔絲提到一對年老的夫妻，雙方都是第二次結婚。他們前來尋求治療之時，婚姻關係已維持了五年。第一次見治療師，帶出的問題是，他們經常為經濟的事情吵個不休。衝突特別激烈的地方是在於一件事：婚後二人住進丈夫阿畢的房子，但房子一直只歸入丈夫的名下。治療師請二人各自說一個故事：他們成長的時候，金錢在他們家中有甚麼意義？於是二人都說了一些故事，提到在他們成長的家庭中，金錢往往是一個問題，只是雙方的問題稍有不同。在阿畢的家，父親是移民，常常把他的錢藏起來，惟恐缺乏。他從不告訴妻子，錢從哪裏來，怎麼用錢。妻子貝娜說到，父母怎樣在一九三〇年代的經濟大衰退失去了房子和儲蓄，而且一去不返。她感到他們對金錢的感覺是矛盾的，因為擁有金錢通常不是給他們安全感，而是給他們惹來麻煩。一旦辨識了這些不同以後，治療師就幫助阿畢看見，為甚麼對他來說，跟貝娜分享他所擁有的東西，而又清楚這些東西屬於他，成了一件困難的事。而貝娜呢，她也逐漸認識到她自己對於金錢的矛盾感覺——為甚麼她想強迫阿畢在錢財上對她坦白，又為甚麼她完全不想提到這個話題。在辨識了這些不同之後，他們就開始尋找一個友好的方案，在其中阿畢需要按月給貝娜一個財務報告，好讓貝娜不用擔心或懷疑阿畢有甚麼瞞著她。

所謂*黏合故事* (cohering stories)，羅拔絲是指那些有助案主應付他們人生的破口的故事，這些破口是由於家人的死亡、分離、重創或接踵而來多個帶來困難或壓力的轉變而造成的。黏合的故事是案主講的故事，目的是要表達發生在她身上的是甚麼，同時藉此探討一些途徑，讓她能以把生命重新組合起來。這類故事沒經過精心雕琢，因為案主正在痛苦或混亂的情緒之下，難以講説一個*連貫的* (coherent) 故事，但是一個*黏合的* (choering) 故事，從這裏到那裏牽出線索，作為弄清楚正在發生之事的方法。就基本內容來説，主題故事是頗為清晰的，但黏合的故事就比較零散。雖然如此，它還是以其自身的方式作為一個故事，因為它講説一個故事，這故事是關於個人如何經驗正在發生的轉變，以及在危機或損失發生之後，事物起了甚麼變化。

文化故事：孕育個人故事的搖籃

羅拔絲用整整一章談個人故事與文化故事之間的複雜關係。她指出怎麼我們社會上的一些人，其成長故事會是*消音／隱藏*的一類，那不是因為有甚麼故意隱瞞的家庭祕密 (例如私生子、酗酒、破產)，而是因為有一件整個家庭寧可不談的文化事件。有一名女兒，其父在第二次世界大戰期間被關在猶他州三角洲 (Delta) 附近一個荒涼不毛的俘虜收容所內，在她整個成長過程，對父親的經歷幾乎一無所知，因為無論在社會或家庭的層面，都不談這個故事。過了多年，她才覺悟此事對她的家庭和對她自己有多大的影響。

曾幾何時，在美國要承認自己是某些團體的成員是危險的。那些不曾公開表明其性取向的男女同性戀者，常常要在他們參與的各類社會場合中謹慎地作出取捨，到底要講哪些部分的個人故事。他們經常在害怕遭受指責和渴求誠實與融合之間，體會一種無形的張力。但羅拔絲指出，那不只是關乎分享經歷時有沒有危險的問題，因為重要的是，有在個人故事與文化故事之間找著迴響的可能：

> 當建構個人經歷的文化故事是以封固的、歪曲了的、狹隘的、僵化的方式來講述時，就很難把過去、現在和未來的人生串連起來。舉個例子，年輕的美國土著……過去的人生被套進一個陳腐的故事模式內，很難要他們想像一個多向度的未來。[11]

羅拔絲強調，治療不應側重於治療師對文化事件的解釋，案主應為社會性事件給予解釋，以求確定這些事件在她個人生命中造成怎樣的迴響。不過，同樣重要的是，案主體會治療師對該社會故事懷著同情之心，並體會他是樂意幫助案主決定，如何在自己的人生中善用這個故事的。羅拔絲發現一個有效的方法是，邀請案主想像，她出身於一個迥然不同的社會文化背景，請她從這另一個觀點想一想，她會如何講述自己的個人故事。一個亞裔美國女子幾次不獲考慮擢升，因上司嫌她不夠果斷。羅拔絲鼓勵她想，假如她是個（譬如說）北歐裔美國女子、亞裔美國男子，或是北歐裔美國男子，她的經歷會怎麼不一樣。這方法的目的不是要貶低別的羣體，也不是鼓勵案主看自己是受害者，而是要幫助案主說出，社會文化在其個人故事中所扮演的角色，以及（或許）幫助她想像，可用甚麼別的方法來處理她所提出的問題。

羅拔絲又談到治療師的職責，不止要在案主的人生中扮演人種論學家的角色，更要讓案主的經驗和廣大的社會有所交流，特別是就著消音的故事來說，更當如此。治療師若把故事帶出治療室，就能打破沉默，有助案主克服一己的疏離感，並有助創造一種社會氣氛，人們在其中不會為社會文化的缺失而責怪自己。羅拔絲反對電視談話節目那種對個人故事的渲染，而主張那種我們在忠實的自傳和傳記裏所見的表白風格。這些故事不一定是文字，也可以是用口述或戲劇的形式表現的，但無論如何，自傳和傳記一向以來所做的，是從更廣闊的社會層面去了解個人掙扎。細看這個較廣闊的背景，

> 往往讓人有機會跳出責怪的循環——或是責怪自己或是責怪別人的循環。當他們看見那左右著人們生命的各種限制和信念的時候，就開始對家人和別人的掙扎同情起來，變得沒有那麼武斷。這也可幫助他們看見，或須採取的其他措施，諸如政治行動或社會行動。[12]

事實、故事和經驗

有關案主講的故事，另一個很有價值的觀點見於此書：奧哈二人合著的《重編愛情故事：短期婚姻治療》(*Rewriting Love Stories: Brief Marital Therapy*)。作者區分人們處境的三個不同層面，即**事實、故事和經驗**。[13]**事實**是大多數旁觀者都同意的那些方面。它們構成了某處境下，大多數人以其感官所獲知的東西。**故事**是我們為該等事實所賦予的意義和解釋。作者稱之為故事，是為表達一點：它們並不是事實，只是理論，

是想出來的，是建構的假設。經驗是作者用來指內在感受、感覺、遐想、不由自主的思想，以及各人擁有的自我意識。

奧哈二人的短期婚姻治療，是依賴一個前提操作的：我們需要清楚區分事實和故事(我們賦予事實的解釋)。他們用一個方法，為事實設定一條底線(即他們說的「錄像談話」)，就是由案主描述他在錄像帶中對情境的所見所聞，並且僅止於此。這個方法可避免案主使用含糊的詞句，引來紛紜的解釋；又可避免案主說得太多，排除一己以外其他可能的解釋。例如，一個男子給人家看見他在幾個場合和一個女子吃午飯，該女子卻不是他的太太；這是該事情的事實一面。錄像談話的方法是要設定一條事實的底線，是人人都可同意的。如果從可見的事實往前推進一步，我們就是開始講故事了。

要區分事實和故事，還有另一個方法，就是遇到講故事的人作出解釋的時候，治療師就打斷他說：「也不一定。」假如講故事的說：「這幾次午飯是婚外情的開頭」，治療師就可以說：「也不一定。也許有別的解釋。」這是在此刻的談話請求一種開放和留有餘地的態度。另一個相關的手法就是，直接對案主說：「暫時不要就你對情境的描述加添甚麼解釋，我想我們要盡量弄清楚，究竟發生了甚麼。」儘管這些方法似乎會令案主有被冒犯的感覺——「治療師不顧我的想法」——結果幾乎總是相反的。案主因了解到治療的過程是會按著步驟進行的，就放下心來。我們首先會集中去發現事實，然後才考慮事實的意義為何。這種手法只會為一種病人帶來冒犯的感覺，就是那種相信事情只得一個解釋，就是他自己的解釋的人。(這情況跟羅拔絲的僵化的故事有著明顯的對應。)

如果事實是發生了「甚麼」，故事就是「為甚麼」事情發生。據奧哈二人所言，故事

> 是怎樣了解世界以及人生之事的要素。我們每個人都以各自特有的方式，把自身的經驗連貫起來。同一個地理範圍，我們有不同的地圖。有人手持一幅地形圖，另一個則拿著一幅街道圖，看見的是另一番光景——但始終是同一個區域。[14]

我們也用故事「解釋我們在人際關係方面的遭遇，和預測未來。」[15]當發生問題或遇到人們意見相左的時候，就會有「兩面故事」的情況。公說公有理，婆說婆有理，到底誰是誰非？這種手法，作者說，本身就是錯誤的解決之道，因為就關係而言，只要其中一方在是非之爭中敗落，往往連整個關係也鬧翻了。故事從來都不是中立的。它們不止於描述，不單是報道事實。有時候，我們講的故事被誇大了，叫發生了的事看來比它本來的更美妙更偉大。我們講一些關乎自己、關乎配偶和孩子以至孫兒的，美化了的故事。很多時候，我們講一些貶低或輕賤他人和自己的故事。在人際關係中，這類故事——不管是出於挫敗或盛怒或傷害之下的——都可以成為有毒的：「你跟你媽就是一個模樣！」「你著緊自己的家人過於著緊我」；「你總是要控制大局。」這些語句充其量只說對了一半(我們很可能在某些方面的確像我們的母親，但在其他方面則不然)，而我們最寶貴自己的地方，或者是我們與母親之間的不同而不是相同；惟其如此，當別人單指出其中的相同之時，我們就覺得受辱了。

奧哈二人在治療的實務中發現，人們用「典型故事」來向別人和自己解釋有關關係的問題。**揣度人意** (mind reading) 是在對方沒有透露之下，斷定自己知道對方刻下的想法、感受、體會或意欲。一對夫婦承認(事實)，他們的爭吵往往由廚房開始。據丈夫說，太太給他一個「滾出廚房」的面色，爭吵就發生了。哈德孫身為他們的治療師，建議他核對一下這個感覺，問太太，每次她有這種表情的時候，其實她在想些甚麼。到了下個禮拜，二人又來到治療師那裏。回報說，有一半的時間，太太有這種表情的時候，她根本沒想到丈夫，只是細聽孩子們在隔壁的房間搞些甚麼，或是在想著她忘了買來做飯的甚麼材料罷了。

因果解說 (causal explanations) 是斷定，事情為甚麼發生，或為甚麼自己或別人在做著或經驗著甚麼東西。據一位太太解釋，丈夫之所以沒向她流露對異性的感情，是因為他來自一個只有五兄弟、沒有姊妹的家庭：「他根本不曉得在女孩子中間該如何表現。」治療師回應說：「那麼我由此得到的結論是，他從來都是不流露感情的。」她想一想，說：「啊，我才想起，我倆談戀愛時，他對我蠻熱情的呢。」她擱下了她的因果解說，進而談到丈夫如何對狗兒比對她還要熱情。治療師對這項觀察 (事實) 感到興趣，請她多講一點丈夫和他的狗兒之間是怎麼樣的。「這個嘛，他下班回家，狗兒一聽見車子的聲音，就衝到門口去迎接他。說時遲那時快，兩個早在廳裏鬧作一團。」她頓了一頓——靈光一閃——笑道：「我想我要跑得比那條老狗更快，比牠先到門口哩。」[16] (羅拔絲會說，這是在兩個似乎不相干的故事之間找出關聯。這兩個故事，一個是他們談戀愛之時丈夫的感情流露，一個是丈夫如何對狗兒流露感情。)

預報未來 (predictions)，是宣佈將來會發生甚麼或不會發生甚麼的聲明：「他永不會戒酒的。」「要是她得了一份工作，不消幾個月就不幹了。」當某人說另一個人永不會變，但未來卻可以是與過去不一樣的時候，氣氛通常是冷酷無情的。

人格標籤(labeling；**或角色定型**〔characterization〕)，是斷定另一個人所表現的性格為何，並聲言那是固定不變的特質。「他是個自戀狂。」「她為人情緒化。」「她很自卑。」「他非常固執。」這些看法不一定都錯，但當用來界定一個人時，它們無可避免地略過了其他重要的特質，並無提及有很多時候，該名人士也非自戀狂，並不情緒化、不自卑或不固執。這些指稱在那些方面正確，又在那些方面不正確呢？他在甚麼情況下非常固執？會不會是，他的固執在某些情況下之所以顯而易見，正是由於在大多數其餘的情況下，他是靈活開放的？由是觀之，他的固執可能是跟他過去的一些故事有關，譬如跟他感到大受威脅，感到很危險的一個處境有關。從這個早年故事看，他會把自己的「固執」解釋為「果斷」、「有立場」之類。在他而言，**固執**一詞所表達的意思，不一定帶有負面個性的含義。

以片概全(generalizations)是把事情誇張到絕對的地步，例如：「永遠」、「永不」、「沒有誰」、「人人」、「老是」：「除了我以外，沒有誰關心這房子看來如何。」「他從來都不準時的。」「她老是增加信用卡的欠款。」關於以片概全，有趣的一點是，只要治療師能引導講故事之人想到一次例外的情況，就足以質疑其以片概全的做法。假如某人有一次準時，那麼「從不」的說法就不對了。如果講故事的人說，有例外就證明了有一般的情況，治療師就要說，既然有例外存在，就證明了被論斷之人是完全有能力做到講故事之人聲稱他或她所做不到的事。此時，治療師雖好像是站在被告的一邊去反對原告，這種辯護卻常常隱含著一個挑戰：你好不好現在就下定決心要準時？你好不好停止增加信用卡欠款？治療師沒質疑該項投訴的合法性，反倒是質疑案主以片概全的做法。治療師無形中也對與這類故事相連的宿命論提出質疑，暗示講故事之人毋須與現況妥協；她毋須充當那惟一照管房子，使它好看的人。

等值定義 (equivalences) 是，以為一個抽象概念等同一個簡單、明確清晰的意思。「我只想她做一個*太太*——你知啦，打掃房子，燒飯，帶孩子。」又或，「他的表現真不像一個丈夫該有的。他以為晚上跟朋友上街，把我一個人留在家裏是全無問題的。」又或，「愛是從來都不用說我錯了。」又或，「在人際關係之中的所謂*誠實*，是指向對方坦露一切，包括你最深藏的想法。」作者說，治療的一大部分，是探討人們對愛、誠實、支援、自私、浪漫、有趣等抽象概念的等值定義。作者有時候對案主的斷言提出質疑。愛是從來不用說我錯了——事實真的如此嗎？要知道，這是以片概全；因此，最低限度，它應該接受至少有一個例外，這個例外就是：愛的意思是，說一句「我真的錯了。」也許比較困難的是就講故事之人所描述的「做太太」或「做丈夫」的意義，提出質疑。這些概念常是根深柢固的，講故事之人通常認為是毋庸置疑的。「做太太的不打掃房子、不燒飯、不帶孩子，這不是我字典裏太太的意思。」「做丈夫的晚上和朋友留連，撇下我一個人在家，這不是我心目中丈夫的概念。」然而，治療師就沒有那麼肯定了，因為他曉得事實上有不打掃房子，不燒飯或不帶孩子的太太。治療師也曉得，有打掃房子、燒飯和帶孩子的丈夫。正是這個事實——真實世界存在這類例外的情況——挑戰了講故事之人在抽象概念及假定為清晰明確的意義之間所作出的等值定義；這個挑戰繼而又創造了機會，讓夫婦二人一起討論，到底*太太*和*丈夫*的意義，在他們以及他們的婚姻而言，可會是怎樣的。

評定價值 (evaluations) 是，斷定某些事物的對錯、好壞、有價值與否。「你幹嗎看這些無聊節目——壓根兒是垃圾。」「你媽是壞人。」「看色情刊物不對。」作者說，他們經常協助夫婦學習欣賞彼此價值觀的不同，雖然雙方在行為方面可以互相遷就，但有時候即使行為改變了，價值觀也還是依然不同。「如其中一方忽略了一點——價值觀可以不同——而假設自己的價值觀正確，配偶不同意就不對的話，麻煩就往往來了。」[17]況且，價值觀如果有改變的話，常常是逐漸改變的；在婚姻的歷程中，其中一方在某方面改變較大，另一方則在其他方面改變較大。譬如說，太太可能變成素食主義者，但丈夫則仍舊相信，吃肉並無問題。如果太太看這是丈夫的道德水平不及她，又或，丈夫抱怨說，太太再不是他從前娶的那個人，那麼衝突就要發生了。治療師可以幫助二人看明，他們不是定規要在各方面都有相同的價值觀 (這就是說，毋須對世界抱著同一套道德標準)，而又強調我們全都隨著年日改變，因此期望對方跟二十年前的那個人會是一個模樣，把她當成是雕像一般，就未免有欠公允。

案主用以上故事解釋他們遇見麻煩或難題的處境。奧哈二人把這些叫做「典型故事」。此處的關鍵字眼是「解釋」，因它們都是要為當下發生的事提供一個解釋。問題是，這些解釋是錯的，要不然，即或部分真確，對於解決問題也無大幫助 (如果有的話)，在大多數情況下，它們只令問題惡化，要發現叫雙方都感滿意的解決方案就更難了。這意味著我們大多數人，特別是在我們心情低落或感到憤怒的時候講的故事，其實是頗不堪的。奧哈二人 (兩位作者) 在此界定的典型故事，大部分很可能會歸入羅拔絲的「僵化」故事一類，因它們指向一些假設了是固定的個性特質和行為，以定型、平面的方式描畫故事中其他人的性格，差不多完全缺乏想像力。這些故事看不見未來會有改變，只解釋了——或嘗試去解釋——為何眼前是那麼悲涼，令人無法接受。

另一方面，作者強調，故事也不全是壞的，它可以傷害一段關係，也可支援它：「在治療之後，案主會繼續創造故事，我們只求他們別那麼認真地看待自己的故事，又或，創造一些支援夫婦關係，有助解決衝突的故事。」[18]作者作為治療師的責任，是承認各人的故事，溫和地提出質疑，好讓人們產生更美好的新故事。作者也承認各人的經驗(或中心自我)，並予以尊重，不設法去改變它，又嘗試勸人放棄改變對方的中心自我：「我們反倒是把我們(和他們)試圖改變的焦點放在別處，即放在改變行為和改變故事上。」[19]

作者在書中就其實際輔導經驗取材，其中有幾個例子印證了羅拔絲的故事分類。例如，奧漢良處理過一對有家庭暴力問題的夫婦，暴力問題解決了，八月個之後，該對夫婦再沒如常約見奧漢良，但那位太太單獨回來，因她想較妥善地處理丈夫的「情緒化」問題。治療師和她探討「情緒化」的意思，她表示丈夫對她吆喝，說下流話。當奧漢良提出，這個也是可以改變的，她就表示懷疑，反映她已經決定，如果要跟丈夫一輩子的話，就非要習慣它不可。奧漢良曉得她是個出色的馴馬師，就問，假如有人給她一匹無可訓練的馬兒，她會如何做。她馬上答道：「沒有無可訓練的馬兒這回事！」他問她怎樣訓練難馴的馬兒，她說出四條金律。說完了，奧漢良跟她說，她知道每一件她需要知道的事，知道如何把丈夫「訓練」到一個地步，不再「情緒化」，說話尊重她。在作者看來，這個例子示範了如何運用類比——訓練馬匹——去幫助案主看出，有助她解決婚姻問題的一個觀點。[20]這個案跟羅拔絲的觀點也吻合，據羅拔絲看，如果案主看不出故事之間有關聯，只看見它們是截然或分離的，她就無法得到一種給她帶來痊癒的重要啟迪。案主訓練馬匹的故事，與她丈夫的情緒化和言語暴力有著密切的關聯，可是她之前並沒有看見兩者的關係，一旦看出來，那就似乎是明顯不過，甚至有人會想，何解她之前沒看見呢。

在另一個個案裏，一對夫婦前來尋求治療，因他們覺得彼此愈來愈疏離。凱蘭被一份她不喜歡的職業弄得心疲力竭，如在籠中，為的是那份工作薪金極高。艾爾是一個小學教師，發覺要交談很困難。治療師問，過去他們在甚麼時候比較容易一起談話。二人都同意，散步時談得最投契。治療師建議二人在下次面談之前至少散步兩次。到了第二次面談，他們回報說，無論是散步或是在家裏，談起來都容易多了。他們斷定，問題的重點不在婚姻，而在凱蘭對工作的不滿。[21]

在作者而言，這個案示範了如何為問題發掘例外情況的經過，如何發現有一些時光是目前的困難並不存在的。假設他們過去在一些情況下可以彼此溝通（不然的話，他們現在就不會感到愈來愈疏離了），那些情況是怎樣發生的？有甚麼特別或獨特的地方？實際上，治療師是據他們的經驗而行；以片概全幾乎沒有完全正確的，差不多總有例外的情況。但這個案也說明了羅拔絲的概念，即過去的一次經驗只在案主能夠想起的條件下，才能影響目前。凱蘭和艾爾都記得他們有過很好的交談時光，並且都同意是在二人散步時發生的。於是這個之前沒提及的故事，此刻就變得對他們目前講的故事，有關他們感覺彼此距離愈來愈遠的問題舉足輕重了。他們找出了關聯，並且重新衡量他們向治療師講的故事。現在的焦點會是凱蘭對工作的不滿，很可能會有另一個來自過去的故事，是和她的不滿有關的，並且也和她可以如何跳出這個矛盾有關（即是不喜歡那份工作，只喜歡工作所得的酬勞）。

協助案主編寫自己的故事

帕里與多因在《故事的新貌》（*Story Re-Visions*）一書裏，把治療視作一種助人編寫個人故事的途徑。[22]治療提供一個空間，在其中「對案主的故事進行解構，使之在案主眼中成為眾多可能的解釋之一（包括過去和現在的解釋）。」[23]這不是說，案主的故事無關重要，正是這個故事對案主之理解世界的意義及其世界觀「構成妨礙」，然而一旦案主開始了講故事的歷程，它就得以被視為一個具有強大影響力，卻不全是由案主編寫的故事。當發現了這一點，對故事進行解構的過程就可以開始，這也創造了修正故事所需要的空間。

作者強調修正故事這階段的重要性；事實上，這一點不能再強調了：

> 要在解構案主或其家庭的迷思的過程中作一服催化劑是一回事，要給他們修正故事的機會，使之變得更符合案主的願望，又是另一回事。略過這個展望的程序，就是把案主置放於一個「心靈自由降落」的狀態，換句話說，那就是領他們離開一個故事〔而〕在故事之外，並沒有多大安全。換來的只是疏離、失去參照框架、不確定人們歸屬何處，以及該如何交往等感覺；人們感覺不到自己是一個「共同故事」的一部分，生命好像沒有方向，沒有意義。[24]

帕里與多因也和羅拔絲及奧哈二人一樣，同是家庭治療師，但他們對家庭治療的看法跟傳統看法頗不同。傳統認為，家庭治療是在每一次面談中包括所有願意來的家庭成員，家庭治療師是不約見個別人士的。[25]而帕里與多因的家庭治療觀則是指「一種思考模式」，過於「某種療法」。據他們理解，個人組成家庭，家庭組成社會及政治體系，社會及政治體系組成國家。在這每一個層次都有個人故事，和故事之間的互動。故此，家庭治療可被視為一個參照框架，它強調所有故事之間的聯繫，因此可應用在個人、家庭，甚或更大的社會組別的層次上。兩位作者部分最成功的個案是以個別人士為對象的，這些人士的家庭成員都不肯或無法參與治療，但內中的治療過程，卻著重以敍事進路的家庭治療為參照框架。而不少治療成果，很可能應歸功於案主在家庭中所發動的關係變革。這個，據作者看，*實在是*家庭治療。

然則，對舊故事進行解構以及展望新故事的步驟，實際上是怎麼樣操作的？兩位作者的基本前提是，舊故事的骨架血肉，大部分是來自別人的故事和別人的意義。那麼，實際而言，治療師要如何利用這舊故事呢？作者建議治療師聆聽案主講的故事中突出的主題，例如從屬甚麼宗教組織，有甚麼種族或民族的牽連，有關兩性的意識，其專業身分，以及家族傳統和家族歷史。要進行修正故事的步驟，用不著在新故事中放棄這些主題，而需要按案主的親身經驗——不是按別人的經驗和故事——重新詮釋。

舉個例子，作者見過一位案主，他向來十分重視他的工作，後來他失業了，原因似乎是由於一位同事的嫉妒。失業後他很不快樂，變得意志消沉，隨後頗有自殺之意。接著柳暗花明，他找到另一份工作，治療師對他說：「你逐漸取回對人生的操控權了。」不料他突然中風，因健康長期受阻再度失業。從此，醫生們勸他要看開點，治療師認為那意思是說，案主再也無法像從前那樣從事專業工作了。

與治療師的面談裏，顯然浮現了一個突出的主題，即案主的專業身分，以及這個身分多年來對他的自我價值起著何等大的關鍵作用。他的專業身分初次被奪去的時候，他變得消沉，幾乎要自殺，第二次失業更是加倍的打擊，他看來比以前更沮喪，舊的故事再不管用，再無意義了，新的故事還有待展望、建構，距離寫成還遠得很。治療師建議案主提出一些除了工作以外，用來評價自己的量度標準；案主的人生故事有沒有其他重要的事物、其他帶來人生意義的東西？案主不明所以地答道：「你的意思是甚麼？」治療師提出一些事物，除了案主的工作以外，可曾給他一點人生意義的，例如宗教、家族傳統，或同性間的友誼。案主說：「不，不會。我從來都不大熱衷宗教；我對人們的活動根本不感興趣；家族傳統通通都是關於工作的……就是那麼多。」於是治療師再試一下：「那麼，做一個好人又如何？這一點對你來說重要嗎？」「喔，這個，當然。我一向努力做好人。」在餘下的談話，治療師與案主集中討論，排除了工作的考慮(那是在舊故事裏「好人」的定義)，「好人」的定義是甚麼。舊故事是以工作為本，透過工作肯定自我價值，它此時已遭解構。當前的議題是，案主可如何發現其他條件、其他因素，從中肯定自己是一個有價值的人。作者的結語下：

> 這例子代表了一類個案，在其中只出現小量(工作以外的！)突出主題，這成了案主進步過程的一個

重大障礙。發掘並尋找另一個突出主題，證明對修正案主的故事大有幫助。[26]

帕里與多因的進路跟羅拔絲的進路有一定的類似。很相似的一點是，前者著重展望故事這概念，後者則著重不斷演化的故事類型。如羅拔絲一樣，帕里與多因認為，尊重舊故事是很重要的，因它們為探索新故事提供根據，即使舊故事和新故事之間傾向於彼此相衝，新舊故事之間也還有著一種主題上的銜接，並且還是有需要建構一個統一的新故事的。

我在本章的關注是要確立一點：故事已成為家庭治療界中一件通行的工具，它擴大了，有時候甚至是替代了家庭治療師的傳統重點——家庭系統。如果說這手法有一個根本的弱點，那就是相對於其他某些治療傳統來說，它較少著重奧哈二人的所謂「經驗」。奧哈二人把經驗界定為「我們用來描述內在感覺、感受、遐想、不由自主的思想以及每個人都有的自我意識的標籤。」但是二人對經驗和故事之間的關聯所給的注意，反不及他們對事實和故事之間的關聯所給的注意。事實上，二人根本沒談經驗的問題。帕里與多因也是如此。他們和奧哈二人一樣，肯定故事中流露了一種「自我意識」或一個「中心自我」；他們更似乎相信，儘管這個中心自我並非獨立存在於故事之外，它無論如何都比一個人所講的所有個人故事的總和要多。然而他們卻沒有系統性地處理這個議題，結果讀者會感到，這些著作本身就處於一種「心靈自由降落」的狀態。

假如這只是觀念的問題，我們或會選擇不理會它，但這種輕視經驗的傾向，似乎也反映在治療的過程中，至少反映在該三本書所收錄的治療個案中。該三本書並未就案主的內在感覺、感受、遐想及不由自主的思想多作評論，儘管它們透露了案主一些重要的個人故事。

這故事裏有自我嗎？

我相信我們需要在這三本書之外尋找，也許還要在家庭治療之外去發現足以應付這個十分重要的治療環節的一些理論。因治療過程中的這個經驗性的層面似乎涉及了一種自我意識，我們可以求助於心理分析的傳統，就如尼可 (Michael P. Nichols) 在《系統中的自我》(*The Self in the System*) 一書所做的；該書把家庭治療與心理分析的自我心理學及客體關係理論，共冶一爐。[27]可是，還有另一個治療傳統，既能照顧到「經驗性」的層面，又能與家庭治療的敍事進路配合，那就是案主為中心 (或羅杰斯) 治療法。我推薦的是這個理論。無可否認，這個建議或會看來奇怪，因為自一九六〇及七〇年代以後，家庭系統治療師和案主為中心治療師之間一直存有爭議，不過到了現在，至少兩派之間的一些重大分歧已經再不重要 (它們已成為「舊故事」，正等待著「新故事」的誕生)。這些分歧之中，最明顯的有一點：案主為中心治療法是典型地以個人為對象的療法，但家庭治療師 (如帕里與多因指出) 的做法是，有多少個家庭成員能夠前來接受治療，就跟多少個人一同會面。有關個人與家庭之間的爭議已逐漸過去，正如帕里與多因所說，據他們看，輔導個人與自稱事實上是在進行家庭治療，兩者並無衝突。

另一個爭論點是，案主為中心治療法著重案主的內在經驗，而家庭治療則著重人際關係，是關係性的。羅杰斯在他題為〈案主為中心治療法對家庭生活所具之含義〉("The Implications of Client-Centered Therapy for Family Life") 一文中，處理過這個議題。[28]在其中，羅杰斯列出「案主由於接受了案主為中心治療法而在家庭生活上有的一些改變」。他提出，他們變得更多向家人表達自己真正的感受；他們發現，關係可以建基於真正的感受，而非防衛機制上；他們學會如何發動並維持真正的雙向溝通；他們更多容許各個家庭成員有她自己的感受，做一個獨立的人。他在文中提到處理過的一個個案。個案的案主是一位女子，是以個人方式約見的。她是個單親家長，與十歲的女兒和七十歲的母親同住。這母親以其「體弱多病」支配著整個家，案主受制於其母，又管不住自己的女兒。她曉得，很多人會以為，她撇下母親會好過得多，但她不能接受讓自己撇下母親的做法，儘管她知道，母親為其健康怪罪於她，一生使她內疚。她感到自己懦弱，但又感到雙手已疲乏。當她觀察羅杰斯如何回應她的沮喪感覺（他默然接受她對母親的消極想法的態度），又如何改善了她對自己的感覺，她就想：這方法用在她和母親之間的關係上可會奏效？會不會改善她女兒和她母親之間的相處氣氛？她以「案主為中心」的方式待母親和女兒，竟在三人的關係之間目睹了一種戲劇性的改變，在家人的相處氣氛之間看見了明顯的改變。

誠然，這類治療只在一種意義上是關係人際互動的，即在於它相當著重治療師與案主的關係；它首要的關注並非要改變家庭系統，這樣的改變如果發生，也是隨著案主在個人經驗上的改變而有的副產品。可是，正因為案主為中心治療法著重個人的親身體驗，它就有著一個優勢，很可以用來補充時下家庭治療界所建構的敍事進路。

有關這個療法，最容易找到又最適切的參考材料，是羅杰斯最受歡迎之作《成為一個人》（*On Becoming a Person*）的其中兩章：〈成為一個人的意義〉（“What It Means to Become a

Person")，及〈做真正的我：治療師看個人目標〉("To Be That Self Which One Truly Is: A Therapist's View of Personal Goals")。[29] 在這兩章的頭一章，羅杰斯指出，他有幸遇過不少人，他們提出各式各樣的個人問題，然而

> 在個人所提出的問題處境之下——在念書、太太、僱主的問題，或他自己不由自主或古怪的行為，或他可怕的感覺之下——有一個主要的探求。在我看來，好像每個人心底裏都在問：「實在，我是誰呢？我怎麼能夠在我一切的表面行為下，與這個真正的我有所交接？我怎麼能夠做我自己？」[30]

羅杰斯繼而列明，如果一個人遇到一位治療師，而這治療師的目的，是要明白案主內心世界有甚麼感受，要按她的本相接納她，要創造一種自由的氛氣，讓她在其中可以自由思想和感覺，隨意發展的話，那麼這個人會有甚麼改變。她會怎麼運用這種自由？典型的現象是，案主會尋求突破虛假的外表或面具，或突破她用來應付人生的角色，去發現自己一些更根本、更真實的東西。她也會發現，自己體會到一些感覺，是她過去看不出是在自己心裏的；在羅杰斯看來，那「是真正發現了自我未為人知的部分。」[31]

這個向新的感覺自我開放的過程的(不論新的感覺為何)，帶來一種發現，就是發現一個

> 基本規律，存在於她不斷流轉的經驗之中。做她自己，不是要試著把她的經驗套進一個角色去，或者將之建構成一個不屬它本身的形式或框架；做她自

> 己的意思是，去發現存在於她本身實際的感覺和反應之中的和諧與統一。意思是，真正的自我，是從一個人的經驗自然發現到的東西，不是一些外加的東西。[32]

因此，羅杰斯不是不想用自我的語言，只是他願意將之理解為和經驗息息相關、不可分割的。它不是像那樣的一個個體，而是一種規律或形態，存在於複雜的個人經驗的各方面。

據他說，經歷此過程的人有以下典型趨向：向經驗開放(較少防衛、較不封固)；相信自己本身的人格，以之為做決定的根據(較不害怕個人的情緒反應)；從內而發的價值判斷(較少為贊同或反對，為生活的標準，為作決定和選擇尋求他人的幫助)；並樂意去作為一個過程(較不期望治療會達到一個既定的狀態或目標)。

在後一章，羅杰斯說，每個人都會在某時某刻問自己——有時候在平靜的思考之中，有時候在躊躇失望的苦痛之中——他的人生目的是甚麼，他為了甚麼掙扎求存，或他存在的意義是甚麼？套用祈克果(Kierkegaard)的話，人在問自己：「做真正的我」是甚麼意思，人又怎麼能夠更真切地、更準確地作出分辨，更全面地把它認出來。他根據所遇過的「受困擾及適應不良之人」的個案，認為人「能夠從他們為自己給這些問題的答案之中，辨認出一種格式、一個傾向、一種普遍性、一套規律來」。[33]那包括了他在前章所列出的很多改變和典型趨向，只是，他在此把它們寫成是邁向個人成長的路徑吧。於是，有一種遠離外觀，遠離「須知」，遠離滿足他人期望、取悅他人的趨向，邁向自我導向、作為一個過程、作為一個複雜的個體，對經驗開放，接受別人，信任自己。在這個遠離和邁向的過程中，人不是要嘗試做一個比自己高超的人（伴之而來有不完全和自衛的感覺），也不是要嘗試做一個比自己卑下的人（伴之而來有罪疚或自貶的感覺）。

羅杰斯承認，有些人反對他所描述的「人生之路」，因他們的價值觀跟他的有別，他尊重這些分別。可是，他發現有的時候，反對是因為某些誤解；他想要正視誤解，期望消除它們。其中一點遭誤解的是，「做真正的自己」意味著固定不移，一種靜態或精粹主義的自我觀。他拒絕這個看法，因他深信，「當個人樂於活得像真正的他，要改變就容易了，很可能更會有最大的改變」。[34]只有在個人可以變得更像自己的情況下，才有改變的希望。還有遭人誤解的一點是，他描述的過程可能意味著，人會變壞，變得邪惡、難以控制、具破壞性。據他說，這個看法他很了解，因為差不多是每個案主都有的。他們害怕如果讓壓抑著的感受流露，他們就會經驗一場災劫，等於開了地獄的門。然而，整個治療歷程中的個人經驗卻反證了這些恐懼。案主發現，他們愈能讓先前受壓或遭否定的感受流露出來，「與它們的複雜性緊密共存，接受它們」，它們就愈會「有建設性地和諧運作，而不會把人推向無法自拔的惡道上。」[35]

羅杰斯沒否認，很多先前沒表達的感受，是為了滿足他人或社會的期望而收起來的，要是表達的話會令人不高興，也會使個人和社會文化之間產生不協調，可這並不表示，案主變成了好像一頭怪物，一個無人能夠與之作伴的反社會份子。相反，當我們向所有的自身經驗開放，我們就更能掌握處境中一切可用的資料，按此決定我們的行為：「因此，一個人會堅信『我喝酒喝的有分寸』，但若是對他過去的經驗老實的話，就顯明那決非事實了。」[36]據羅杰斯的看法，一個人活得更像自己本身，就會更真實地擁有社交能力。真正對他人構成危險的，是那些把經驗套進僵化的框子去、不能變通的人。

羅杰斯在本章末指出，他曉得所勾畫的「生命之路」是一個價值抉擇，它跟個人通常選擇或依從的目標並不相符，但他推薦它，因為它「它發乎個人的內心，個人在抉擇上擁有比常人更大的自由，又因為它似乎在個人身上表現一種一致的個性。」[37]實際上，他是在論證，當個人變得有更大的自由去做他們所感受到的那個（於他們的內心來說是真的）自我的話，他們就會顯出這些個性來。

羅杰斯鼓吹一個邁向更圓滿地實現自我的體驗過程，而羅拔絲在家庭治療中就著重從僵化的講故事方式，進到一個不斷演化的模式；我相信兩者之間有對應的地方。再者，他看重承認個人經驗的複雜性，她則看重從分離的故事和消音的故事進到更連貫的故事的價值；兩者之間也有對應的地方。兩者都認為問題在於經驗之間的彼此割裂，而看出了人生的各個部分如何貫通聯繫，則是良好的進步。二者的相異，在於羅拔絲注意案主講的故事，而羅杰斯則注意故事背後的經驗層面。這些相異卻非水火不容，反倒是互相補足的。治療師可以同時兼顧二者，即時給予回應。

譬如，一位案主講的故事，說到她怎麼老是母親期望甚麼，她就做甚麼。治療師既可聚焦在故事本身，又同時兼顧案主因講述這個故事而引發的感受，作出回應。它們可能是憤怒的感覺，因她讓母親在其生命中有支配性的影響力；又可能含有放棄的感覺，因為只要母親一天還在，她就無法改變形勢。她還可能有害怕的感覺，如果她真的開始自己作主，事情會如何：她做得到嗎？假如失敗了(就是，做了一個壞的、愚蠢的決定)又如何？在每個故事背後，總有一個經驗性的深層結構，案主為中心治療法大概是讓我們對這個深層結構更敏銳的最好方法。

羅杰斯的看法也和帕里與多因的並行不悖，與帕里與多因所強調，以新故事代替舊故事，並視之為一個過程，之前遭否定的自我部分現在得以浮現的論調相配合。羅杰斯就案主為中心治療法所出現的事情而作的報道，所描述的過程跟帕里與多因描述的很相似；那位再無法有效工作的男士就是個上佳的說明例子。根據他那個「舊的」人生故事，他的價值完全以工作來衡量，這是他從家族那裏獲得的價值，他們都把工作的重要性看得很重，實際上再無其他重要的了；現在他既然再無法工作，他就被迫要找出可視為寶貴的其他自我部分。治療師所提出的轉移，是從根據他所能做的來衡量自己，進到根據他能作為怎樣的一個人來衡量自己。從做一個「好職員」到做一個「好人」，也不一定是釋放，因為那意思可以是說，現在他是要達到一套外在的所謂「好人」的標準。然而重要的是，這裏有一個過程，從一個故事邁向另一個故事的進程；在這過程中，自我的複雜性浮現了。

敍事導向治療法對案主為中心治療法所提出的疑問是，單單看重經驗的過程會否令案主不大清楚，究竟她從治療過程學會了甚麼。如果過程順利的話，羅杰斯能夠辨認出其中浮現的個性傾向，但至於案主，就可能需要用故事形式來表述這些改變。特別是案主在過程之後有一個故事，跟她前來治療時所帶來的故事相反，如是的話，治療師可以指出來，並為此歡慶。實際上，這類故事出現在羅杰斯大多數的輔導個案中。上文提過一位使自己、母親和女兒之間的相處氣氛產生戲劇性改變的案主，她就是一個上佳例子。以下是她講述的其中一個故事：

> 哈，我有一個驚人發現：也許給媽媽的過度補償，全是我的錯……換句話說，她給寵壞了。於是我下定決心，像我每天做的一樣——不過，我想這次會成功的——試著……噢，冷靜、平和，而……如果她開始咒起來，就試著一點也不要管它，就像待一個發脾氣，要人注意的孩子那樣。於是我試著做了。她為區區小事發怒，從飯桌上起來，走進她房間去。我呢，沒有跑進去說「哦，對不起」，求她出去，只是不管她。幾分鐘後，咦，她回來了，坐下來，悶悶不樂，不過風暴是過去了。所以，我還要花點時間試試看。[38]

如此，羅杰斯的個案之中有很多這樣的故事，不過他自己就沒去注意，輔導總離不開講故事的這個事實。

我在本章的目的，是論證敍事進路療法的可行性，我已提出這類故事療法的幾個例子。我又根據奧哈二人的理論（有關事實、故事與個人經驗），提出了一個建設性的建議，即以案主為中心對內在體驗的關注去補充故事療法。假如在十年或二十年前，有人提出以家庭治療結合案主為中心治療法，他必會被人看為瘋狂或是不顧兩家的立場，但治療理論隨時間改變，它們本身的僵化故事也變得愈加接近不斷演化的故事，變得能夠容許更大的自由，去思想一種約在二十年前看來是不可能的結合，這本身就是一個證明，說明了故事隨人生改變的性質。

註釋

1. Janine Roberts, *Tales and Transformations: Stories in Families and Family Therapy* (New York: W. W. Norton, 1994)；Patricia O'Hanlon Hudson and William Hudson O'Hanlon, *Rewriting Love Stories: Brief Marital Therapy* (New York: W. W. Norton, 1991)；和 Alan Parry and Roberts E. Doan, *Story Re-Visions: Narrative Therapy in the Postmodern World* (New York: Guilford Press, 1994)。
2. Hudson and O'Hanlon, *Rewriting Love Stories*, p.2.
3. Hudson and O'Hanlon, *Rewriting Love Stories*, p.4.
4. Roberts, *Tales and Transformations*, pp.xiv～xv.
5. Roberts, *Tales and Transformations*, p.7.
6. Roberts, *Tales and Transformations*, p.xv.
7. Roberts, *Tales and Transformations*, p.8.
8. Roberts, *Tales and Transformations*, p.14.
9. Roberts, *Tales and Transformations*, p.21.
10. Roberts, *Tales and Transformations*, p.21.
11. Roberts, *Tales and Transformations*, p.130.
12. Roberts, *Tales and Transformations*, p.146.
13. Hudson and O'Hanlon, *Rewriting Love Stories*, p.12.
14. Hudson and O'Hanlon, *Rewriting Love Stories*, p.16.
15. Hudson and O'Hanlon, *Rewriting Love Stories*, p.16.
16. Hudson and O'Hanlon曾在哥倫比亞省華盛頓市舉行的第十二屆家庭治療網絡研討會 (Annual Family Therapy Network Symposium 1989) 上發表這個故事。
17. Hudson and O'Hanlon, *Rewriting Love Stories*, p.20.
18. Hudson and O'Hanlon, *Rewriting Love Stories*, p.20.
19. Hudson and O'Hanlon, *Rewriting Love Stories*, p.21.
20. Hudson and O'Hanlon, *Rewriting Love Stories*, pp.52～53.
21. Hudson and O'Hanlon, *Rewriting Love Stories*, p.48.
22. Parry and Doan, *Story Re-Visions*, ch.3.
23. Parry and Doan, *Story Re-Visions*, p.44.
24. Parry and Doan, *Story Re-Visions*, p.45.
25. Parry and Doan, *Story Re-Visions*, p.47.

26. Parry and Doan, *Story Re-Visions*, p.86.

27. Michael P. Nichols, *The Self in the System: Expanding the Limits of Family Therapy* (New York: Brunner／Mazel, 1987)。關於敍事理論與心理分析的客體關係理論，參Charles V. Gerkin, *The Living Human Document* (Nashville: Abingdon Press, 1984)。

28. Carl R. Rogers, *On Becoming a Person*, pp.314～328.

29. Carl R. Rogers, *On Becoming a Person*, pp.107～124, 163～182.

30. Carl R. Rogers, *On Becoming a Person*, p.108.

31. Carl R. Rogers, *On Becoming a Person*, p.109.

32. Carl R. Rogers, *On Becoming a Person*, p.114.

33. Carl R. Rogers, *On Becoming a Person*, p.164.

34. Carl R. Rogers, *On Becoming a Person*, p.176.

35. Carl R. Rogers, *On Becoming a Person*, p.177.

36. Carl R. Rogers, *On Becoming a Person*, p.119.

37. Carl R. Rogers, *On Becoming a Person*, p.181.

38. Carl R. Rogers, *On Becoming a Person*, p.320.

第二章

啟發故事：運用暗示力量的技巧

我在前一章說明，可以按案主講的故事類型(交纏、截然／分離、消音／隱藏、僵化等)作出分類。其實，也可以按治療師所講述的、有關其治療實務的故事，對治療師作出分類。在本章以及接下來的兩章，我會討論三位治療師，三位的分別反映在他們講的故事類型上。從治療理論說，他們是大同小異的，但說到有關自己作為治療師所要成就的任務，他們各自講述的故事就流露了個別的獨特性。他們講的故事也反映了個別的治療技巧。故此我認為，艾力遜以*啟發故事*示範了運用暗示力量的技巧；亙茲拉威克採用*弔詭故事*示範了解開癥結的技巧；狄世沙以*神蹟故事*示範了識別例外的技巧。

雖然我是這樣看三位治療師的工作——三位各自展現對某類故事的偏好——可我並不認為，治療師從案主身上引出的故事類型就僅僅是這些。如果我們考慮到其他治療師，我們必定可以看出，還有許多別的故事類型。其實我想提出的一點是，這幾位治療師幫助我們看見，輔導不只是去界定，案主在第一次面談所帶來的故事究竟屬於哪一類，在這之外，治療師必須考慮輔導過程本身所構成的故事，以及治療師如何用不同形式，將是次輔導經驗化成故事。我們需要一份自覺：我們對這個故事有怎樣的一份憧憬？我們期望我們的輔導工作產生怎麼樣的一個故事？我們要知道，我們是怎樣有意無意地影響著我們的案主，讓他們講出我們希望他們講出的那個故事來。

三位治療師各有所愛的故事類型，我們從中對他們，並他們如何在擔任治療師上發揮自己的角色有一點認識。在他們的文集裏收錄了多元化的故事類型，這意味著輔導員在確定何謂好故事（在他／她看來是會帶來正面的輔導效果的故事）這一點上扮演著一個重要的角色。大多數牧者早已知道，他們的角色是作為「專注的聆聽者」，因他們大都在牧養關顧與輔導的基本課程上過有關聆聽技巧的一課。[1]在介紹三個故事類型之時，我期望讓牧者們意會到他們自己的故事取向，由此激發他們思想，自己為何會喜歡某個類型的故事。這個取向如何影響——無論是好是壞——他們有效地聆聽的能力？

在本章我會集中討論艾力遜（Milton H. Erickson）；他可算是一個奇人，是講述啟發故事的大師。凡認識艾力遜的人都同意，他的確是才華出眾。他對時下這一代的短期治療師的影響之大，是不容否認的。然而他在家庭治療界之外並未廣為人知，他又經常被當作是與他同期的知名心理分析師艾里克森（Erik H. Erikson）。他之所以沒有那麼突出的其中一個原因是，一九一九年他患上脊髓灰質炎（即小兒麻痺症），從此開始一生與疾病搏鬥，隨之而來的健康問題，叫他中途移居亞利桑那州的鳳凰城，並在那裏從事私人執業，他的職業生涯不少是在這地方度過的。另一個原因是，他的事業與率先倡導家庭治療的幾位大師(沙維雅〔Virginia Satir〕，韋克〔Carl Whitaker〕，米紐慶〔Salvador Minuchin〕等)同期，他們的著作更直接地處理家庭治療的議題，因而比艾力遜的更為流行。在艾力遜的時代，他最為人熟知的，是他寫關於催眠的書和文章。在以個人為對象的治療中，他常常採用催眠術，但就家庭治療來說，這方法見不得有甚麼直接意義，因為使整個家庭同時陷入恍惚的狀態是近乎不可思議的。再者，正如艾力遜所見，催眠的目的在於要左右案主的潛意識，但系統理論家(systems theorists)對潛意識之說是不大愛好的，他們認為那是屬於心理分析的遺物。不過，時至今天，家庭治療的氣候已有改變，艾力遜的方法(包括催眠暗示)已經變得相當流行了。

另一個困難是，他其實不是系統理論家，不久之前，史提芬・蘭克頓(Stephen R. Lankton)與嘉露・蘭克頓(Carol H. Lankton；二人合稱蘭克頓夫婦)指出，艾力遜從來沒把他的工作套進家庭系統的理論去。他們問：

> 有沒有一套在系統理論的框架內建構的，有關個人和家庭治療的艾力遜立場、理論與行為？很多家庭治療師會滿足於借助一般性的系統理論、生態系統理論，或控制學原型理論，來建構他們的診斷法和介入法，但艾力遜本人從沒提過這樣的一種建構……要是查看一下艾力遜的著作目錄，或他寫的(及與其他作者合著的)書內的文章標題，或任何一本艾力遜文選，讀者將找不到一本／一篇是以「家庭」或「系統」為題的。妙在一點：他以其對家庭治療界的

創新貢獻知名……竟沒有一本他寫的書，是以『家庭』為題的」。[2]

蘭克頓夫婦指出，由希利 (Jay Haley) 編訂的則屬例外 (其中有 *Uncommon Therapy: The Psychiatric Techniques of Milton H. Erickson*，以及 *Conversations with Milton H. Erickson*)，[3]不過，那是因為書中「對家庭的強調是由編者加添，非出自艾力遜本人。」相反，艾力遜本人的取向「從目錄下的篇目看得出來，它們反映了他採用的語言，那種語言是心理動力學的語言！」[4]至於艾力遜為何用上心理動力學而非系統理論的語言，據他們解釋，那是因為他的事業方才開始，「系統理論的語言根本不存在！他沒法子用。」[5]

假如說艾力遜不是系統理論家，那麼他是甚麼？他的確是天才橫溢的説故事之人。正如高登 (David Gordon) 在《具治療力量的隱喻》(*Therapeutic Metaphors*) 一書指出，他是那種説故事之人，看出「他說故事之時，聽者實際上是在內心經歷故事的奇妙曲折。」[6]又如希利在《不凡的治療》(*Uncommon Therapy*) 一書的引言部分說，「一般說，艾力遜把他的手法介紹得十分清晰，有時候加上一點兒戲劇性，因為他是傾向那麼看世界的。」[7]希利在他編訂的書中說明，當然是可以把艾力遜的案例置於他在《不凡的治療》一書中所提出的「家庭生活周期」的理論框架內，把這些故事理解為一些家庭生命議題例如戀愛、成人階段，婚姻，生育，空巢的例子。可是，正如蘭克頓夫婦指出，這些並非出自艾力遜本人，而是希利的構想。它們把艾力遜的故事置放於一個他沒想過要提出的框架內。

由魯桑編訂，比較近期的《催眠之聲伴隨你》一書，則讓讀者聽見故事原來的聲音，也讓讀者聽見艾力遜本人透過故事說話。[8]艾力遜本人曾有意與魯桑合著該書，而他的妻子在他離世後，花了不少日子「翻看文稿……堅持其準確性，就連最小的細節也不放過」；[9]這一點顯示該書貼近他的心意，它似乎是一個活生生的見證，說明了他一生的事業為何。

何富曼女士 (Lynn Hoffman) 在《催眠之聲伴隨你》的前言部分說，她首次注意到艾力遜的「驚人建樹」是在一九六三年，當她在帕洛阿爾托 (Palo Alto) 的心理研究所開始擔任作者和編輯之時，她正為希利的書《家庭治療的技巧》(*Techniques of Family Therapy*) 編寫資料。「希利曾用錄音帶記下他與艾力遜多個小時的談話，他告訴我一個又一個關於艾力遜的故事，我聽得出神。」她把艾力遜的故事跟馬克吐溫(Mark Twain)的比較：

> 艾力遜的喻理故事——他給他的病人講的，和給那些慕名拜訪之人講的故事——有創意且令人喜悅。它們是游說技巧的非凡例子。有人會說，它們太好了，收在精神病學的書架上是浪費了，因為儘管它們的用途是治療性的，它們卻屬於一個廣大得多的傳統：機智與幽默的美國傳統，以馬克吐溫為其中的佼佼者。[10]

作為他主持的研討會的一位參與者，希利說文字不足以描畫艾力遜本人的風采：

> 艾力遜站在醫生與詩人之間、科學家與詩人之間，其方法是如此的刁鑽古怪，要描述他的工作就不容

易了。研討會的講稿即使如何美妙，多多少少總嫌不夠，紙上文字根本無法表達他在敘事之間所流露的停頓、微笑和銳利的眼色，也無法記下他對聲音和語調的調校。總言之，書本上的字句，到底是無法讓人領會艾力遜是如何表現自己的。[11]

在其編者語中，魯桑憶述一九七八年艾力遜與一位參加他研討會的精神科醫師的談話：「當下，艾力遜轉向該名醫師，微笑著說：『你依然認為，治療就單單是講故事嗎？』」魯桑又補充說：「可見，明顯得很，雖然艾力遜的治療不單單是『講故事』，但其治療的一大元素，就是講述我稱之為『喻理故事』的東西。」[12]論到艾力遜所謂的「策略性治療」，希利列出了艾力遜採用的，幾種引起動機的技巧，那包括了以靜制靜(鼓勵停滯)、以丁代丙(提供一個更壞的選擇)、語帶相關(運用暗喻促成改變)、以退為進(鼓勵退步)、激將法(挫其志氣激起反應)等。[13]這些原是說故事之人用來抓緊聽眾注意力的技巧和策略，是艾力遜本人講的故事的組成部分。故此，在艾力遜而言，故事和技巧之間，又或，故事和策略性介入之間並無明顯分野，因為這些治療性質的介入，早已融入了講故事的「方法」之中。他的治療手法雖不會是「單單講故事」，但其治療手法的核心，就是故事，以及如何創造故事，如何講述。

魯桑在《催眠之聲伴隨你》一書內，稱艾力遜的故事為「喻理故事」，因艾力遜屢次

給病人和學生講述這些故事，多年如是。在他過去約六年的人生中，他差不多天天與成羣的心理治療

師會面，一連四五個小時，暢談催眠、治療、人生，大量引述「喻理故事」。[14]

他給病人們講這些故事，主要的目的是要激發他們在其人生中作出改變；這些改變是他們想有，但以諸多理由推卻的。為此，我喜歡看它們是「啟發故事」，因它們啟發聽者在其人生中作出改變。為了游說案主作出有益的行動，艾力遜間中會向她講述另一位案主的故事，或一次個人的家庭事故。這是間接引起動機的方法。藉著講述另一個人或另一個處境的故事，艾力遜得以傳遞一項暗示：眼前這位案主也可以做類似的事；既然有人做到了，她也可以重複做到。

運用暗示力量的技巧

艾力遜出道早期，即發現故事是含蓄的游説藝術，是運用暗示力量的技巧。藉著講故事，他可以激發案主去做一些他們不肯接受直接勸告而做的事。他明白，要是直接給案主忠告，他就需要以理據來支持他的忠告：「你應該這麼這麼做，因為……」案主因此或會質疑她應該這麼這麼做的理據，於是，理據就變成了談話焦點，分歧和爭論往往由此而起。無論怎麼説，治療師提出的解釋會有可能是錯誤或無關重要的，因此，艾力遜並不提出忠告而運用暗示的力量，而故事就成了發揮這股力量的一個很有效的方法。用講故事的方法，就毋須給予理由和解釋，故事本身有它的暗示力量，它本身蘊含的理據和解釋。故事跟命令不同，它讓案主感到她仍在支配著自己的人生，因為她有自由去決定，到底故事對她有無適切性。故事也讓案主在故事的框架內有相當的自由去產生自發即興的行動，而不必跟從故事的諸多細節。畢竟故事是不應該按字面理解的，它是要激發聽者採取她到如今還沒有採取過的行動。

曾親耳聽聞艾力遜講故事的人，見證了那些故事可能有的強大力量，由此又見證了艾力遜本人作為一個輔導員，他可以行使的權力有多大。他有一次對希利説，他毫不遲疑地很樂意行使他作為治療師的權力。希利又説：

> 他這麼樂於取得權力並運用它，我想：「幸好他是個仁慈的人，假使他有的那種影響力用在破壞性的目的上，那就會是最大的不幸了。」他不僅仁慈，更時常樂於助人，在辦公室內外皆如是……我從不懷疑他的操守或他仁慈的心地，並不憂慮他會利用甚麼人來謀求個人利益。[15]

他之樂於在別人的人生中造成大影響，部分原因是因為他是個專攻精神病學的醫師，因此相信自己有一份道德責任(曾經宣誓)，要盡其所能地幫助他的案主。然而，就連他作為醫師的這個專業身分，也被安放在一個故事的脈絡中。舉個例子，當他向案主建議採取一輪行動的時候，他間中會用上*處方* (prescribe) 這個字眼（「這是我的處方……」）。*處方*一詞所含的命令語氣，其實比*勸告*要重，可是，在心理治療的脈絡下，它發揮了象徵性的而非字面性的意義。畢竟，他實在沒有寫下一份處方交給藥劑師調配啊。「處方」是虛擬的聯想：「在這一幕裏，假設我扮演醫生，你扮演病人；我作為你的醫生，我的處方如下……」在治療的情境中，給予「處方」是利用暗喻法促成改變，因為治療師並無真正給予「處方」，且決非站在給予「命令」或「吩咐」的位置上。我們會從艾力遜的啟發故事看見，人們對他的「處方」和「命令」的典型反應，是把它們當作珍貴的禮物來接受，這就足以證明他是那麼的愛惜案主，把他們渴求有更健康的人生的心願放在心上；所以，他把他相信他們需要的給他們。當然，他們是有自由拒絕接受禮物的。

以下的一則故事，示範了艾力遜所用的「開列處方」的技巧，以及他如何運用暗示的力量。[16]

非洲紫羅蘭之后

從前有個學生來到艾力遜面前尋求協助，因為他那沒有結婚的姨母曾經數次企圖自殺。艾力遜並沒有約她到他的辦公室來傾談，反而在翌日出現在那女士與她的女傭所居住的房子前。當她應門時，他自我介紹了一番，並且要求參觀一下她的房子。那女士感到非常突然，但在好奇心驅使下，她同意讓他進來。

在陽廊裏，他發現到一排盛著非洲紫羅蘭的花盆。她告訴他在種植這些盆栽方面她甚具天分，此外，她在每個星期天也會到教堂去，然而僅此以外，她再沒有甚麼有意義的社交生活了。將要離去時，他對她說：「女士，這是你的處方。我希望你打發傭人到苗圃去買多些花盆，又把各種可以買得到的紫羅蘭品種買回來，每當你的教會裏有人生了孩子，你便在那小孩洗禮當天給他的父母送上一盆非洲紫羅蘭；每當有婚姻慶典，你也給新娘子送上一盆這樣的花朵。」

二十年後，他在翻閱一份當地的報章時，看到了一則消息：「非洲紫羅蘭之后安息了，享年七十

> 六歲」。這篇報導的開頭回顧了那段動人的故事，提及這位女士如何受到教友及鄰舍的愛戴。在艾力遜臨終前不久，他把這個故事説給了一羣治療師聽，他總結説：「我從未曾知道那位女士到底有甚麼不妥。」——也許那是門面話，但顯明了一點：他是著重結果過於解釋。

這則故事出自邁迪斯 (Harvey Mindes) 的手筆，它示範了艾力遜如何運用處方法去打動該位女士，使之照其建議而行。他在「家訪」之時開列這個「處方」，這行動肯定大有幫助，因它加強了一個印象：他是一個對病人進行詳細「檢查」的醫生。這也是為甚麼他最後的評註——「我從來都不知道那個女人有甚麼問題」——看來是那麼言不由衷：哪會有醫生不先找出病人的真正問題就開列處方的？

她照艾力遜的建議做了；這就説明了運用暗示力量的技巧是怎麼行得通的。艾力遜會告訴學生要「進入病人的世界」，「用病人自己的語言」。在此，他藉著請求那個女人領他參觀她的房子，真正進到她的世界去。這個請求打動了她；她本來就沒期望他出現在她的家門口，更詫異他會提出要參觀房子的請求。然而，在參觀的過程中，他曉得她的興趣是栽種非洲紫羅蘭，以及上教堂。他的「處方」做到把這兩項似乎不相干的興趣連結起來了。他把兩者連結之前，她沒看見兩種興趣之間會有甚麼可能的關係。這樣連結兩者，就解決了她意圖自殺的危機——這危機之產生，是由於她感到，她的人生沒有真正的意義。他進到她的世界去，這樣一來，就能夠在她自己的人生框架內進行治療，而不須把他的框架強加在她的身上。他沒要求她改變生活方式，只是提議在她正做著的事情上有少許變化：「做你現在做著的事——栽種非洲紫羅蘭和上教堂——但配以更強的意向。」

請注意另一點：他沒有對她幾次試圖自殺的事實反應過敏。他可能想過，她有自殺傾向，應該安排她住進醫院去。可是在他參觀她房子的時候，他觀察她的表現，得出一個結論：她沒有甚麼真正的問題；又或，至少沒有甚麼大得不可以憑一個活下去的理由來解決的問題。從這方面說，他的評註——「我從未曾知道那個女人有何不妥」——就有另一層言不由衷的意涵了，因它暗示她根本*沒有*甚麼大不了的問題。有人領悟到的信息是，當他看見她栽的非洲紫羅蘭之時，忽然靈感來了，他領悟到它們可能會有的象徵含義，她和這些非洲紫羅蘭的共同特徵是生命，怎麼可以保證她不會自盡呢？所用的方法是，激發她與人分享花朵的美麗，從中使自己在別人眼中成為美麗的。後來她成了人所共知的「非洲紫羅蘭之后」，也就由此證明，花兒的美的確為她帶來美名了。

在此，我們想起聖經中那個女人的故事(她似乎是妓女)，她把極貴的香膏澆在耶穌的頭上。尤其值得注意的是耶穌對她的反應：「她在我身上做的是一件美事」，「這福音無論傳到世界哪個角落，人們要傳誦她所做的事，以此紀念她」(太二十六6～13；譯文與和合本稍有不同)。那個做這件「美事」的女人，將永遠被稱為那「澆極貴香膏的女人」，她不能有別的稱呼。同一道理，在艾力遜故事裏的那個女人，將要稱為「非洲紫羅蘭之后」，而她的人生將永遠與美麗的花朵聯在一起，花兒的特質也給她沾上了，因為在聽故事的人眼中，她變成了一個有生命力的美麗女人，皆因她為別人做了「美事」。進一步說，當人們聽到這個故事，又會從中得著啟發。他們會想像自己在一個類似的故事中——和自己的生活世界相關的，又會感到自身漫無目標的問題被摸著了。

以下一則故事取材自《催眠之聲伴隨你》，在其中艾力遜再次說明一點：要進入案主的世界。[17]

多走一哩路

一個因病退役的警務人員跟我說：「我有肺氣腫、高血壓，而且你看得出我超重太多。我喝酒太多，吃得太多。我想找工作，但因肺氣腫和高血壓，找不成。我想少點抽煙，想戒掉它。我想再不要一天喝五份之一瓶威士忌酒，想吃得有分寸。」

我問他：「你結婚了沒有？」

他說：「沒有，我是單身漢。我通常自己做飯，但街角有一間方便的小店，我常上那兒去。」

「哦，那麼街角有一間方便的小店，你可以在那裏吃飯。你從哪裏買香煙呢？」

他一次買兩匣子。我說：「換句話說，你買香煙不是為了今天，而是為了將來。既然你大多是自己做飯的，你到哪兒去買東西？」

「幸好街角就有一間小型雜貨店。我是在那裏買雜物和香煙的。」

「你從哪兒買酒？」

「幸好正正在雜貨店的隔壁就是一間不錯的酒舖。」

「那麼，你在街角就有一間方便的飯店，在街角就有一間方便的雜貨店，在街角就有一間方便的酒舖。而你想緩步跑但你不能。好了，你的問題很簡單。你想緩步跑，你不能，但你可以步行。你每次買一包香煙，步行到另一個鎮上去買，那會使你開始恢復身型。至於雜貨，再不要在街角那方便的雜貨店買了，到半哩或一哩外的雜貨店去，買夠一餐就好了。那等於是一天散步三次。至於酒呢，你要喝多少都可以，你喝第一杯，到至少一哩外的酒吧去；你想喝第二杯，就要到至少一哩外的另一間酒吧去；如果你想喝第三杯，到至少一哩外的另一間酒吧去。」

他怒髮衝冠，盯著我，咒罵起來，氣沖沖地走了。約一個月後，一個新病人進來。他說：「是一個退役警員介紹我來的。他說就只有你一個精神科醫師曉得他在做甚麼。」

那警員從此再不能買一匣子香煙了！而他知道，步行到雜貨店是有意識的動作，他控制得來。其實，我沒有不准他吃東西，沒有不准他抽煙，沒有不准他喝酒；我給他步行的機會。

魯桑在他加給這個故事的編者註解中說，該名病人「被迫要重新就其行為定位。他必須將之從非自主行為的範疇剔出來。據艾力遜的評析，他認識到『上雜貨店是一項意識的動作』。」[18]魯桑又指出，「艾力遜曉得，他與之交手的這個人，久已有奉命而行的經驗，因此給他命令，期望這個人會遵命而行。這個例子很重要，它說明了要在病人的參照框架中與之相遇。對其他病人，則不一定要用這個方法治療的。」[19]

在艾力遜「命令」那人做這做那之時，其中有虛擬的成分，因為他知道，這些命令是無法強制執行的。那人並不在艾力遜的直接支配之下；假如艾力遜是他警區內的上司，可就不同了。然而，據魯桑説，藉著給予命令，艾力遜成功進入了那人的世界，設若他真個願意的話，他是可以奉命而行的。再者，艾力遜可以預計，那人的即時反應會是憤怒之類，原因不在於他被「命令」去做一些他不願意做的事，而在於他看出，艾力遜撤除了他用來解釋其不肯改變的最佳藉口。那藉口就是：「我做著現在做的事，因為我沒得選擇；我是環境下的受害人。」艾力遜給他灌輸一個概念：他是可以用一個截然不同的嶄新方式去取得食物、香煙和酒的；於是他就不可能堅持，取得這些用品的方式只有一個——那個有損健康的方式。與此同時，艾力遜又避免讓自己陷入一個可能的情況，即告訴那人，他要放棄他享受的一切，如艾力遜所言：「我沒有不准他吃東西，沒有不准他抽煙，沒有不准他喝酒。」故此，那人之所以發怒，也是由於他明白到，艾力遜巧妙地避免成為他怒氣的箭靶子。既然艾力遜不曾吩咐他節食、戒煙和酒，他又有甚麼理由向艾力遜發怒呢？然而他怒氣沖沖地從會客室離去，正正就由於他曉得，自己已被艾力遜擊敗。事後他回想艾力遜所做的事，態度卻由起初的憤怒轉為敬服；艾力遜是「曉得他在做甚麼」的精神科醫師。魯桑把這個故事收在《催眠之聲伴隨你》的〈易構〉（"Reframing"）一篇內。這個案的重新建構，在於艾力遜沒把那人想要的東西除掉，倒是給他一個取得東西的新方法。艾力遜也找出了那人想要做成，卻做不成的一件事，到底是甚麼——就是多點運動，以減低血壓，改善肺氣腫——他啟發他去做成，教他一個上街取得所需東西的新方法。由此可見，就如「非洲紫羅蘭之后」那個個案，艾力遜把兩者連結起來——在這個案裏，一是那人覺得他應該嘗試放棄而無法放棄，一是他認為應該投入而不能投入的活動。艾力遜使得那人上街買食物、香煙和酒的時候，必定覺察得到——完全意識到——這種關聯。有一次，艾力遜跟魯桑說：「你不曉得，你的人生大部分是由潛意識決定的。」[20]魯桑補充說，艾力遜相信潛意識是可被改變的，我們無意之間做的行為可以被提升到意識的層面。於是，據魯桑看來，這個案中的案主要把他的行動重新定位，再不能視之為不由自主的。就如上面早交代過，艾力遜指出，那人認識到「上雜貨店是有意識的動作」。[21]

如果說「非洲紫羅蘭之后」叫人想起聖經裏，那個給耶穌澆極貴香膏的女人的故事，那麼，「多走一哩路」的個案，就喚起那個癱瘓了三十八年，在畢士大池子旁邊躺著的男人(約五2～8)。當耶穌問他要不要痊癒時，他回答耶穌，說出之前一直不得痊癒的原因：「先生，水動的時候，沒有人把我放在池子裏；我正去的時候，就有別人比我先下去。」耶穌對他說：「起來，拿你的褥子走吧！」那人照樣做了。這故事跟艾力遜那個退役警員的個案之間的相似，在於兩者都涉及了成年男人需要學習如何行走的矛盾心態。在那個聖經故事裏，那個躺在畢士大池邊的人一直把精力花在一件事上，就是趁水動的時候下水去。他這麼做已有三十八年，明顯可見，這個治療理念是不行的，他需要試一些新方法。如果有人跟我們說，我們的問題有解決辦法，只是得花上三十八年才見成效，那我們就一定會說：「既然如此，那根本不是辦法，恐怕還沒到那天我早就死掉了！」

那人為了要讓自己下水去，花了不少精力；我可以想像，耶穌得聞此事之時會想，假如那人把同樣多的精力花在站直起來一事上，又會如何呢。耶穌「命令」那人站起來，藉此把他的處境重新定位，從絕望——試了三十八年都不見醫治成效——變成有可能。既然那人之前是會走路的，他或者可以再走一次吧。用艾力遜的措詞就是，耶穌曉得，我們的人生大部分是由潛意識決定的，可是，潛意識可以被改變過來。祂把那人的癱瘓症從非自主行為的類別剔除，將之變成一個意識動作，一個他有相當支配權的動作。祂向那人提出的問題——「你要痊癒麼？」——暗示了一點：此刻的醫治是一件隨意而非不自主的行為。而且，耶穌也沒有就那人所給予的解釋(他為何許久沒得醫治)作出評論，那人心中就有了疑問：它可不是一個合理的解釋；因為它讓人覺得那人對該處境是全無控制權的，耶穌為那人的緣故並不接受這個假設。

這個聖經故事與艾力遜講述的另一個故事也有關聯，它說到艾力遜本人因脊髓灰質炎雙腿變得殘障之後如何學習站起來，開始走路。在故事中他說到如何把自己重新學習走路的艱難，跟他的妹妹初次學習走路的困難拉上關聯。[22]

學會站起來

我們在意識的層面學習良多，然後又忘記所學的東西，沒有學以致用。你知道，我比別人有很大的優勢。我患有脊髓灰質炎〔按：即小兒麻痺症〕，全身癱瘓，炎症嚴重得厲害，連感覺器官也癱瘓起來。我可以轉動眼睛，聽覺也沒受損。臥病在床，動彈不得，就只有眼球能轉動，我寂寞難當。我與我的七個姐妹、一個弟弟、父母和一個護理員，同住在與人隔離的農莊裏，我怎樣排遣寂寞呢？我開始觀察人和周遭的環境。不久我發現，當我的姐妹的意思是「好的」，她們會說「不」；而當她們說「好的」，又可以同時表示「不」的意思。她們可以請一個姐妹吃蘋果，隨即收回。於是我開始留意起非言語的語言，和身體語言來。

我有一個小妹，還是嬰孩，開始學爬行。我呢，就得學習站起來和行走。你可以想像，當我的小妹從爬行到學會站起來的時候，我是多麼留心地觀察，你根本不曉得你自己是如何學會站起來的……

你學習的經過是這樣的：你伸出手去，把自己拉起來。那就是把力量放在手上——而意外地，你發現你可以讓雙腳支撐身體！那是一件極其複雜的事，因為你的膝頭會擺動——而當你穩住膝頭的時候，你的臀部會擺動，那麼雙腳就打交叉了。你站不起來，因為雙腳打交叉，臀部會擺動。你雙腳打交叉——不久你學會叉開雙腿——你把自己拉起來，務求學會如何穩住兩個膝頭——一次一個，你學會了這個，就又要學習如何留心穩住臀部。然後你發現，你得學習同時穩住臀部和膝頭，又保持兩腿分開！好了，你終於可以起來，兩腿分開，手扶著……

當魯桑評論這個故事時，他提到艾力遜的想法：殘障可為人帶來「比別人更大的優勢」。這個優勢就是，有意識地去思想那些對別人來說大體上是藏在潛意識層面的事物。魯桑又提到，艾力遜經常用暗喻的方式去運用這個故事：「癱瘓是殘障，而一個病人所面對的，是叫他殘障的事物。艾力遜把他的癱瘓變成一件可用的東西。他單獨一人，不能靠別人，只能靠自己，於是他開始觀察。」[23]他又暗示了一個概念：一個人受的痛苦夠深，或者亟欲改變的話，他就會變得十分留心，十分專注：「你可以想像，當我的小妹從爬行到學會站起來的時候，我是多麼留心地觀察。」觀察妹妹，他就會學懂再次走路了。實際上，她之所以成為他的靈感來源，並不在於她做了甚麼獨特的事(畢竟，實際上所有她這個年齡的健康孩子都學習站起來和學習走路的)，而在於她此刻所學的東西，正是他需要學的——假如今後他要再次行走的話。他充分利用了彼此的處境。故事中又隱含艾力遜的一個信念：「對於人們前來求助的問題，在他們個人平常的歷史裏早有克服的良方。在這故事裏他提醒人們，他們有未為自己察覺到的資源。」[24]

有另一個故事與站起來行走的主題相關，它示範了艾力遜如何運用混淆法(confusion technique)。混淆法是說故事之人常用的方法，懸疑小說的作者尤其常用，他們製造各種懸疑可能，讓讀者猜不透兇手的真正身分。[25]

走在耀眼的雪地上

大戰期間，我在底特律的入伍部工作。一天，我在前往入伍部的途中，看見一個拖著一條人造腿的老兵回來，他疑心重重地打量著耀眼的雪地，因他曉得自己大概會在雪地上滑倒。

我跟他說：「那雪地很滑啊，你站在那裏不要動，我會過來教你怎樣走過耀眼的雪地。」

他看見我是瘸腿的，曉得我講的我準會做到。他看著我走過那片耀眼的雪地，問道：「你是怎麼做到的？」

我說：「我不告訴你，我要教你。現在，你只要完全閉上眼睛。」我把他轉過身來，領他在沒有雪的小徑上前後走動。我這樣領他前後走動，先是幾段愈來愈長的路程，然後是愈來愈短的路程，直到我終於看出他是完全亂了。最後，我直接領他走過那片耀眼的雪地。

「張開眼睛。」我說。

他問：「那片耀眼的雪地在哪兒呢？」

「在你後面。」我說。

他問：「我是怎麼走過的？」

我說：「現在你可以明白了。你當成是走在沒有雪的水泥路上。你要在雪地上走時，慣常的反應是拉緊肌肉，準備好要跌倒。你早就有那個想法，也就那樣滑倒。如果你讓雙腳的重量垂直落在地上，像在乾地上走，你就不會滑倒。滑倒是因為你沒讓整個人的重量落在地上，又因為你令自己緊張。」

我花了好長時間才發現這個道理。你試過上樓梯一步走幾級嗎？那真是顛簸得可怕！下樓梯一步走幾級——你會扭傷腿！可是你全沒覺察那種心態。

據魯桑解釋，艾力遜在此做的，是幫助那人「走出一個固定的思想模式。第一步是把對象擾亂。第二步是，趁該對象被擾亂期間，帶領該對象跨過障礙，使之體驗成功的滋味。」就此個案來說，「當該對象沒有以他慣常的緊張，以他慣常的思想模式作出反應的時候，成功的滋味就來了。舊的一套已由新的代替。」魯桑又指出，當遇到「要滑倒」的新處境時，那人很可能不會把之前和「跌倒」有關的恐懼帶進新的處境去。他又認為重要的一點是，不要讓那人運用他已有的知識，或他慣常採用的觀念。因此，艾力遜要求那人閉上眼睛。那人一閉上眼睛，他就可以做成功：「視覺曾使他產生一種動覺的反應，那使他接受了錯誤的模式。」[26]

有關這個故事，還有兩點是魯桑沒有提及，而都是重要的。第一點是，那人是退伍軍人，因打仗失了一條腿，現在拖著一條人造腿走路。艾力遜看見他是個老兵，就設身處地，想像他也許是給地雷爆傷，掉了一條腿，或是與敵人近距離交戰之時受傷，結果切掉了一條腿。無論如何，要走過那片雪地，會叫他想起戰爭的折磨。換言之，那人有他的個人歷史，艾力遜決不忽視它。

艾力遜怎麼知道，那人是個老兵呢？可以假定，他之所以知道，是因為他根據那人的殘障、他的年齡，和打仗在進行中的這個事實，推斷兩者的關聯。而且，艾力遜是在前往入伍部的途上遇見他的，見他正朝同一座建築物走去，也許是要取得健康檢查的報告。這些雖是零碎的可見資料，但足以幫助艾力遜估計，那人怕走雪地怕到一個甚麼地步，以及他會接受哪一類，又會拒絕哪一類的幫助。他歡迎艾力遜幫忙，也可能是因為艾力遜本人明顯是跛腳的；遇著一個沒有同類殘障的人，他不一定會那麼樂於接受幫忙。不過無論怎麼說，很重要的一點是，艾力遜在提出給他幫助的一刻，一點都沒有損害那人的個人尊嚴和自負的感覺。

有關這個故事，第二點重要的是，艾力遜重複使用「耀眼的 (glare) 雪地」一語。Glare一詞雖然不太常用來形容一片雪地，不過字典裏*確實有*這個用法（「glare：平滑、光亮、透明的表面，就如雪地」；譯按，在故事中，這個解釋暗示那雪地可能會使人滑倒）。可是，這個字眼也有別的意思，包括了「強烈而穩定、使人目眩的光發亮」，「太亮眼，太奪目」，「兇巴巴地、憤怒地盯著」。故此，它也有些比較不祥甚至不吉利的含義（「兇巴巴地、憤怒地盯著」），又有意指過度的含義(「太亮眼、太奪目」)；它更會喚起美國國歌中的語句：「火箭火紅耀眼，飛彈穿過雲霄。」其不祥、其過度——與glare一詞相連的這些有關含義，在象徵的層面上把它和戰場拉上關係了。艾力遜所用的混淆法，也是同一道理。戰場明明是危險之地，但其中所喚起的恐怖感覺，也夾著混亂的氣氛。艾力遜在此所做的，是建設性地運用混淆法，他說明了一點：雖然混亂通常有很不好的負面後果，但也可以有好的正面結果。艾力遜使那人失去方向，藉此幫助他達到走過雪地而不致跌倒的目標。[27]

我在上文提過，艾力遜的聲譽建基於他的催眠事業。一九五七年，他創立了美國臨床催眠學會(American Society of Clinical Hypnosis)，他並在一九五八至一九六八年主編《美國臨床催眠期刊》(*American Journal of Clinical Hypnosis*)。大部分以其學生自居的治療師都受過催眠療法的訓練。以下一則故事說明了他在其治療事業上如何運用催眠術，同時又說明了他這個看法：他認為催眠不能代替案主在解決個人問題上的應有行動。[28]

一位案主來見他，因她聽聞他會用催眠術。她希望那會是一個比較容易的方法，讓她減肥成功。從故事可見，他的確對她施以催眠術，不過目的不在於令她更容易減肥成功，而是更難。據蘭克頓夫婦指出，他在使用催眠術的同時，是運用了弗蘭克(Viktor E. Frankl)的「弔詭意向法」(paradoxical intention)。[29]

減磅—增重—減磅

一個女人來見我，說：「我重一百八十磅，照醫生指示成功節食上百次了。我的理想是一百三十磅，每次減到一百三十磅，我就闖進廚房慶祝一番。那減去的馬上又補回來。現在我重一百八十磅，你可以用催眠的方法幫我減到一百三十磅嗎？我這是第一百次回到一百八十磅來。」我回答說好的。我可以用催眠的方法幫她減肥，但她不會喜歡我的做法。

她說只想要重一百三十磅，不管我的做法如何。

我告訴她，她會覺得那是相當痛苦的。

她說：「你說甚麼我都會做的。」

我說：「好。我要你給我一個絕對的承諾：你會完全照著我的建議去做。」

她馬上給我承諾。我把她催眠，讓她處於恍惚的狀態中，再次向她解釋，她不會喜歡我的減肥方法的；她會不會承諾——絕對地承諾——會按我的建議去做？她答應了。

之後我跟她說：「讓你的潛意識和意識都聽著，你要按以下的方法去做：你現在的體重是一百八十磅，我要你增重二十磅，到你重二百磅的時候，你就可以開始減肥了。」

她乞求我——跪在地上乞求我——免除她的承諾。她每增重一安士，就更激烈地要求我准她開始減肥。到了一百九十磅，她是明顯地沮喪了。到了一百九十五磅，她又乞求、哀求我准她免除她的承諾。到了一百九十九磅，她說那差不多等於二百磅了罷，我則堅持要到達二百磅的目標。

一到了二百磅，她高興得很：她可以開始減肥了。當她減到了一百三十磅的時候，她說：「我以後也不要再重了。」

> 她過去的模式是減了又增，我給她一個相反的模式，要她增了再減。她對最後結果感到很滿意，保持在那個重量上；她不願意，再也不要嘗試那種增加二十磅的痛苦經歷了。

魯桑解釋此處發生的事：「對這個病人而言，增重不再是反叛的表現，或是一件她想要做的事情，它變成了一件被迫要做的事。於是，就正如她之前厭惡不得不減肥，她現在厭惡非要增重不可。」[30]據魯桑的看法，艾力遜要說明的是

> 使病人改變模式，往往大有幫助。在此個案中，他只是逆轉了那位女士減了又增的模式，她一旦做到了，就可擺脱她一生不斷重複的循環。她似乎早已學會一點：體重的增長只能到一百八十磅，再多就不能忍。我們在很多體重有問題的病人身上也看見這一點；他們有一個容忍限度，到了該限度他們就覺得非減不可。艾力遜成功地把這個容忍限度變成了不可容忍的，因他決意要案主越過它。[31]

注意那個女人去找艾力遜是帶著一份期望，她以為用催眠術會使減肥的過程比較容易。但艾力遜做的卻是讓她的減肥過程更加困難，於是她要再次增重的話，就更加困難了。她之前只要付出努力，就成功減去相當重量，因此她不需要催眠術幫助她更輕鬆地減肥。事實證明，那是她自己做得來的事。他斷定，對於她，最困難的倒是要她增加體重，比目前的一百八十磅更多。最後證明，這過多的重量於她是一次無可容忍的經驗，她決定永遠也不要再來一次了。

在另一則故事裏，艾力遜用的手法與上面的相同，魯桑將之歸類為「以毒攻毒」。[32]

豪吃減肥法

這一次，又是一個過胖的女孩子；一望而知，超重得厲害。我向她指出：「你過胖，即使節食又節食，還是白費工夫。你說，你可以節食一兩個星期甚至三個星期，然後又鬆懈下來，大吃大喝。之後你失望了，就吃得更多。」

「現在，我要給你一個處方。繼續按你醫生之前給你的節食餐單減肥。按餐單進食兩個星期，可能的話三個星期。到了第三個星期的最後一個星期天，只管狼吞虎嚥——這是醫師的吩咐；你吃得再多，也沒法抵消三個星期來的成績。你可以不帶罪疚地大吃大喝，因為你是遵醫師的吩咐在星期天大吃一天的。接下來的星期一，你如常節食，可能的話，三個星期，之後又盡情地大吃一天。」

她在上次給我的信裏說，跟餓她三個星期相比，總有減肥方法是更好的。她想天天都餓，想天天享受份量恰當的食物。大吃大喝的日子給她力量去維持三個星期的節食。

注意，艾力遜說：「你吃得再多，也沒法抵消三個星期來的成績」，他這是消除該女子以為節食一個、兩個或三個星期之後大吃大喝是「故態復萌」的信念；是這個信念曾叫她感到灰心絕望，她於是吃得更多，結果抵消了節食的正面效果。在這個案裏，艾力遜重新詮釋大吃大喝是遵醫囑而行。

狼吞虎嚥之後的那天，她不要因相信自己失敗而繼續大吃大喝，反倒要持續兩三個星期再次節食。據魯桑指出，這個故事說明了「以毒攻毒」的療效。又值得注意的是，艾力遜利用「**豪華／極好** (gorgeous)」和「**大吃大喝／狼吞虎嚥** (gorging)」二字玩文字遊戲。他把**大吃大喝** (gorge) 一詞跟**豪華／極好** (gorgeous) 聯上了，消除了它的負面色彩，無形中傳遞了一個意思：他用為處方的這個方法，是個「美妙」的節食法，她不應該把她的大吃大喝當作是醜陋或叫人倒胃口的，因為現在它成了精巧美妙的節食計劃的一部分，大吃大喝只是這個有規律、有美感，令人悅愉的過程的一面。是這例外的行動證明了主導著的，是規律。也要注意，艾力遜沒有貶低她的醫生所付出的努力，反而證實了該等努力的成效，不過從表面看去是推翻了罷。

艾力遜選擇以星期天作為准她任吃的一天，這一點也值得注意。她認為最容易在星期天破壞節食計劃，要是告訴她這一天她必須破例地打斷節食計劃，她是別無選擇的，她就不致因在星期天吃喝而產生可能的罪疚了。不過，星期天還有更深一層的象徵意義，原來我們習慣把這天跟宗教儀式，跟要求完美連在一起；從這角度看，叫人聯想到的聖經故事，就是在馬太福音十二1至8節所記的情節：

> 那時，耶穌在安息日從麥地經過。他的門徒餓了，就掐起麥穗來吃。法利賽人看見，就對耶穌說：「看哪，你的門徒做安息日不可做的事了！」耶穌對他們說：「經上記著大衛和跟從他的人飢餓之時所做的事，你們沒有念過嗎？他怎麼進了神的殿，吃了陳設餅，這餅不是他和跟從他的人可以吃得，惟獨

> 祭司才可以吃。再者，律法上所記的，當安息日，祭司在殿裏犯了安息日還是沒有罪，你們沒有念過嗎？但我告訴你們，在這裏有一人比殿更大。『我喜愛憐恤，不喜愛祭祀。』你們若明白這話的意思，就不將無罪的當作有罪的了。因為人子是安息日的主。」

在十五章，法利賽人和文士投訴，吃飯的時候耶穌的門徒竟不洗手，耶穌當場指出，祂的批評者曲解傳統的程度更是嚴重，接著，祂對周圍的人羣說：「你們要聽，也要明白。入口的不能污穢人，出口的乃能污穢人。」(太十五1～11)。之後，門徒來告訴耶穌，為了耶穌剛才說的話，祂的批評者不服，此時耶穌回答道：「豈不知凡入口的，是運到肚子裏，又落在茅廁裏嗎？惟獨出口的，是從心裏發出來的，這才污穢人。」(十五17～18)

是次耶穌與其批評者之間的爭論，看來跟艾力遜那個被吩咐要在星期天盡情吃喝的女子相隔了若干光年，但它說出了艾力遜的故事中沒明白說出來的一件事：吃喝本身在神的眼中並不是罪，也不會使人不潔；在神眼中的罪，那使人不潔的，**是言語上的偽善**——從人口中出來的謊話和欺詐。如果說，艾力遜藉「命令」她在星期天盡情吃喝而消除她的罪疚，那麼，他也(較不明顯地)正視了她因無法完全控制自己的食慾而有的羞愧——因她在倒退期間放縱食慾，證明她的自我有缺陷。在消除她的羞愧和罪疚的過程中，他把她的情況重新定位：問題**不在於**她個人，而在於原來的處方——她醫生所提供的節食計劃——在其完美主義和律法主義的精神下，必須加以**改良**，才能產生醫生預期的效果。「改良」一詞與「豪華／極好」一樣，也帶有美感的色彩，暗示了她在指定的星期天大吃大喝，並不是令人討厭或倒胃口的。

據魯桑指出，艾力遜會採用各式各樣的手法，在乎他對案主的認識，以及案主如何表述他的問題。在以下一則故事裏，艾力遜告訴我們他一般會如何處理這類個案，接著他講述自己是如何決定採取一個截然不同的手法。魯桑看這是「以象徵手法運用的一個間接暗示法的美妙例子。」[33]

仙人掌

一般來説，我把酗酒病人轉介給戒酒無名會，因為他們做得比我好。有一次，一位酗酒男士來見我，説：「我祖父母都是酒徒，我父母是酒徒，我太太的父母是酒徒，我太太是酒徒；我自己有十一次醉後酒狂的記錄，我厭惡了酗酒。我弟弟也是個酒徒。現在，你眼前有這麼一樁棘手的工作，你想你可有甚麼辦法？」

我問他幹哪一行。

「我清醒的時候在報館做事。喝酒是那兒的職業病。」

我説：「好。你想我解決這個問題——有那樣的歷史擺在眼前。聽著，我要給你的建議似乎是不行的：你到植物公園去，觀察那裏所有的仙人掌，為它們三年沒一滴水，沒一滴雨都還能夠活下來而驚歎。好好地想想吧。」

過了許多年，一個年輕女子進來，説：「艾力遜醫師，我三歲時跟你見過面，那一年我搬到加利福尼亞州去，現在住在鳳凰城，我來是要看看你是甚麼人，是甚麼樣子的。」

我說：「隨便看吧。我也想知道為甚麼你想要看我。」

她說：「如果有這麼一個人，打發一個酒徒到植物公園去周圍看看，讓他學會如何不用靠酒度日，又成功了，那人就是我想要看的！自從你打發我父親到那裏，我父母就再沒喝酒了。」

「你父親現在幹甚麼？」

「他在雜誌社做。他離開報界了，他說在報界的工作令人患上酗酒的職業病。」

原來，那是個醫治酒徒的好方法。讓他尊重那三年沒一滴雨水卻活了下來的仙人掌。你曉得你可以大談教科書裏的東西。今天談這個，明天談那個，書本告訴你做這做那。可是你實際上應該察看你的病人，看他或她是怎樣的一個人，然後對症下藥。

艾力遜此處的做法，跟他在「非洲紫羅蘭之后」的個案裏所提出的建議相仿。他把案主和仙人掌拉上關聯。兩者都是有生命的東西，前者用液體把自己灌滿，直到自己變得可憐，而後者則多個月甚至幾年沒沾一滴液體之類，卻在蓬勃地生長。仙人掌和人不同，人常常不容易「守住喝酒的份量」(“holding their liquor”)，但仙人掌就精通於「守住水的份量」(“holding its liquid”)——試用刀子削開一棵仙人掌，你會發現它裏頭是多麼濕潤。艾力遜沒有吩咐那人停止喝酒，而提議他要好好地想想，仙人掌在沒有水份的不斷滋養下，活得多麼自在。實際上，艾力遜是說了一個比喻，與耶穌的比喻相似——那不耕種不紡線的百合花所穿戴的，比所羅門本人還要漂亮(太六27～30)。艾力遜所提的方案既是比喻，也就有建議的作用，卻沒有強制的意思。他曉得自己沒有權力強迫那人停止喝酒。他所能做的(或，在此個案裏，他所決定做的)頂多是把一個意念栽種在那人的心中——「我可以活得像仙人掌那樣嗎？」——並由得那人為自己回答這個問題。「你想野地裏的百合花……」「你到植物公園去……好好地想想吧。」

艾力遜說他通當把酗酒病人轉介到戒酒無名會(Alcoholics Anonymous；美國的戒酒團體)那裏，因為在這方面他們做得比他好。他這次沒有那麼做，即使那人看來很夠資格參加戒酒無名會，而艾力遜本人如果要幫忙的話，也是一次不樂觀的冒險。事實上，直到多年後那人的女兒出現之前，艾力遜都還不曉得自己真的幫助了他。另一方面，艾力遜在建議那人到植物公園去逛之前，先提出他的解說：「聽著，我要給你的建議似乎是不行的」。因此，艾力遜預期那人的反應是，醫師給的是壞意見或無謂的意見，隨即充耳不聞：「你以為我建議你做的是可笑的想法，這個，我早跟你說過，你會那麼想的了。」這意味著，如果他以為艾力遜的提議一點也不好的話，他就是不作深入思考之人，這樣一來，就引出一種奇特的易受性：「他想我會以為他要給我的建議是壞建議，那麼，我要是認真地採納他的『壞建議』，他也許會感到意外哩。」

這個故事的一個內藏的主題是：尊重。艾力遜說他要那人「尊重那三年沒一滴雨水都還活了下來的仙人掌」。但艾力遜也要求那人尊重他並沒有開出他常開給酒徒的處方(即轉介到戒酒無名會)。可以想像，假如艾力遜照他「一般」的做法，提議轉介到戒酒無名會，那人心裏就會說：「你這是甚麼精神病醫師，你就不能多一點創意嗎？」在採取一個不一樣甚而是反常的方法的決定中(那是一個出人意表的方法)，艾力遜是依循著他的原則——進入案主的世界。那人原來是個作家。正因如此，他就能了解並欣賞到艾力遜的比喻：一個人上到別一個鎮上，到仙人掌旁邊坐一回，好好地思想。這是個有創意的小故事。可以猜想，這個人能夠從艾力遜的故事看清楚自己，較之從一般的戒酒無名會故事，看得更清楚；儘管對於很多人來說，後者也有其啟迪作用，但究竟是頗能預知的，故此被棄而不用了。從仙人掌學習功課，這故事肯定不尋常，對於一個作家，這個非正統的處理手法會是引人入勝的，它有意無意地模仿那個平凡得多的故事，加以嘲弄一番：一個男人走進酒吧，坐在高凳子上向酒保發一輪牢騷，在那裏「好好地喝一番」。坐下來為仙人掌驚歎，一定是從這個熟悉又無望的故事變化出來的。

有關家族長遠的酗酒歷史，艾力遜的處理手法也算是非正統的。在這一點上，他再次拒絕依從書本。無論在案主或妻子的家族裏，酗酒都是一個嚴重的問題，因此有人或會預計，艾力遜會採取家庭系統的進路，聚焦在酗酒是「家族遺傳」一事上。可是，假如他真個那樣做的話，就是印證了那人的想法：從家族歷史看，艾力遜面對的是「一樁棘手的工作……你想你可有甚麼辦法？」艾力遜拒絕捲入探討家族歷史的漩渦中，反而提出一個相對地簡單的行動方案，如此就直截了當地把責任放回那人的肩頭上：「如果你是酒徒，那是因為你選擇如此；家族歷史我不感興趣，它是方便的藉口。再者，假如問題在於歷史的話，那麼讓我們來看看仙人掌的歷史吧，這類植物一個又一個世紀在非常惡劣的環境下生存，而它們竟活了三百年或以上。仙人掌的歷史與你家族的歷史相去甚遠，它不但更富啟發性，也許還要適切哩。」這個一來到精神病醫師的診室，就把責任放到醫師的肩頭上的酒徒——「現在，你眼前有這麼一樁棘手的工作」——他可以欣賞到個案中的醫師是怎樣拒絕受騙。任何一個自尊自重的酒徒，都不得不佩服這位醫師，因為艾力遜並沒有讓自己墮入圈套。

另一方面，艾力遜問那人靠甚麼維生，藉此進入了案主的世界。據那人向艾力遜(後來向其女兒)解釋，他當時從事的行業，對酗酒者構成特殊的危機。然而，那是他可以改變的一個背景因素，只要離開報業，改行從事雜誌事業便可。對比於他無法直接控制的家族歷史，他可以在其職業上作出調控。而當艾力遜迴避了那人的主見——即以其家族歷史為艾力遜帶來「一樁棘手的工作」，轉而有點兒離題似地問及他本人的「工作」為何的時候，就充分暗示了這一點。

艾力遜在心理治療法的非傳統取向，是怎麼形成的？《催眠之聲伴隨你》一書內有幾個故事，發生在艾氏早年在麻省烏斯特市的州立醫院(Worcester State Hospital)任精神科醫師期間。在介紹故事的部分，魯桑寫道：「在處理精神病患者時，艾力遜沒試圖要解決病人所有的問題；就像處理其他病人一樣，他嘗試帶來微小的改變，從中引出更大更深遠的改變。」[34]他補充說：「艾力遜從一間精神病醫院獲得他最初的精神病學經驗，他也許是從處理精神病患者的實務中，發展出部分重要的治療原則的。就他最愛用的兩條大原則來說，這一點肯定不差；這兩條原則就是：『用病人的語言說話』，以及『與病人作伴』」。[35]在以下一則故事裏，艾力遜告訴我們他如何從一個病人身上取得他的歷史。[36]

裏外翻轉

在烏斯特市(Worcester)我遇過一個病人，你向他問好，他常常回敬你。你問他一個問題，他就神光煥發地看著你。他溫文，馴良，很靜。他上食堂，去睡覺，生活過的有規律，只是沒話說。他說的就只是「你好」，「再見」。我逐漸厭倦了跟他面談，我要他的歷史。他明顯脫離現實。我想了好久，才想出怎樣進入他的世界。

一天，我上前跟他說：「你好。」他回敬說：「你好。」我隨即脫下身上的外套，把它裏外翻轉，翻過來穿。

然後，我脫下他的外套，把它裏外翻轉，翻過來穿在他身上，說：「我希望你告訴我你的故事。」我取得了他的歷史。與病人作伴。

魯桑說，此處艾力遜做的是「以象徵手法進入」病人那個「裏外相反的」、「倒轉了的」非現實世界去：「兩個人一旦都處於同一個『世界』(翻過來的、倒轉了的)，彼此之間就能傾談了。」魯桑也指出一點，那病人「常常回敬你的問好」是一個良好的指標，顯示他大有可能會模仿治療師的行為。我又想到，艾力遜把自己的外套「翻過來」穿上的動作，是否含有閾下意義 (subliminal meaning)，即他在「倒轉了的」世界「與病人作伴」——最糟的病人原來就在那裏。那意思就是，無論病人身處何地，他仍會與之作伴。

在另一則故事裏，艾力遜說到一個名叫赫伯特(Herbert)的精神病患者，他的許多症狀之中有一項是不肯吃固體食物。首先的問題是，如何使他進食。[37]

赫伯特

我曉得赫伯特作過小孩子，我曉得我作過。我曉得誰都作過小孩子，他們都有人類的本性。我只是利用人性而已。你怎麼令赫伯特咽下固體食物呢？

我吩咐赫伯特坐到食桌旁，把滿碟子的食物擺在他前面。他左邊是一個比他還要差的病人，右邊是另一個比他還要差的病人。兩個人從來不吃自己碟子裏頭的東西，總是搶人家的吃。

赫伯特曉得，他的那隻碟子是他的。但他只有一個方法保持自己是碟子的主人，就是把東西吃下去！他不想那些可惡的笨蛋吃他的食物。那是人性。他吃過第一頓固體食物之後，我問他喜不喜歡他的晚餐。他答道：「我不喜歡吃，但是我不得不吃。那是我的啊。」

我說：「我早跟你說你吃得下固體食物。」

在這個小小的勝利之後，艾力遜就開始向赫伯特力證，他是真的對食物有興趣。他使赫伯特坐在廚子旁邊，事前在廚子的碟子裏擺滿了食物，份量是夠她吃的兩倍。當赫伯特看著她吃的時候(赫伯特的碟子裏沒有食物)，愈來愈感到餓了，終於問廚子說：「我可以吃點嗎？」下一步，艾力遜重新挑起他對玩紙牌的興趣，方法是強迫他先作一個旁觀者，由幾個病情日深的精神病患者玩一場紙牌遊戲。因其病情惡劣，各人差不多是在玩著不同的遊戲——一個玩撲克、一個橋牌、一個玩平納克耳牌戲，諸如此類，赫伯特看在眼裏覺得厭煩，於是提出要艾力遜和兩名受艾力遜所託、強迫赫伯特作旁觀者的看護人員，和他一起玩一場紙牌遊戲。艾力遜最後說：「數月後，赫伯特出院了。他體重增加了，以我所知，回復到一百一十八磅，而且每天都工作。我為他做的不外乎是矯正他的症狀。〔事實是，〕我把他安置在一個處境，讓他自行矯正自己的症狀。」[38]

魯桑解釋說，艾力遜使赫伯特「得以認識他對生命，對食物都有興趣。」[39]然而，「生命」是個抽象的概念，艾力遜做的是，把這種「生」之慾跟其他有生命的東西連接起來，這些東西可以是非洲紫羅蘭（就那個看不見人生意義的女人來說），可以是仙人掌（就那個因酗酒而糟塌人生的男人來說）。在赫伯特的個案中，艾力遜只是利用了一點：爭取維生所需的基本元素是「人類的天性」，艾力遜把他安置在一羣危害到他基本的維生元素的病人中間，估計他會因此反抗。

艾力遜又了解一點：當我們為自己的人生爭取的時候，我們就會成為自己的最佳伙伴。在以下一實故事裏，他披露了個人掙扎求存的經驗。[40]

孩子活不過早晨

我一九一九年六月高中畢業。八月，我聽見三個醫生在另一個房間裏跟母親說：「孩子活不過早晨。」

我是個正常的孩子，為此感到憤怒。

我們家鄉的醫生請來兩個芝加哥人作顧問，他們告訴母親說：「孩子過不了早晨。」

我怒火中燒。跟一個母親說，明天早晨之前她的兒子就要死去！那使人無名火起！

隨後，母親進到我的房間來，面無表情。她以為我精神錯亂了，因為我堅決要求她移動我房間的大櫃，讓它在床邊換一個擺設的方向。她把它移到一個位置，但我不斷跟她說要向前向後移動，直到我滿意為止。那個大櫃阻擋著我從窗口往外望的視野——我決不會讓自己沒看見日落就死去的！我只看見了一半。我昏迷了三天。

我沒跟母親説起。她也沒跟我説起。

據魯桑分析，這故事表現了艾力遜的一條治療原則：「總要寄望於一個真實的目標，在不久的將來可見的。」就此個案説，「他的目標是要看見日落。當然，在他達成這個目標之前，必要把障礙除去。」[41]

艾力遜很謹慎，並沒有過分渲染他的方法和技巧，但他的故事傳遞了一個信息：不論問題的性質為何，問題總是可以克服的。魯桑認為，那是因為艾力遜利用故事「幫助病人本身已有的知識學以致用。」[42]正如艾力遜經常提到的，有那麼多東西是我們知道，但我們忘記了我們是知道的。他作為一位治療師，其職責是幫助病人記得那能幫助他們出離窘境的知識。魯桑又指出，艾力遜的故事往往含有一個主題：追求物 (quest)。誠然，「艾力遜成就了他份內的一項職責，雖然過程中沒有『金羊毛』〔the Golden Fleece；按：希臘神話故事〕誇張的戲劇性，但其中內在的戲劇性和內在的感覺，足可與之相比。」[43]我自己的個人故事，説明了以上兩點。

懶惰減肥法

數年前，我有嚴重的體重問題，五、六年之間，每年增加了好幾磅，而且好像看不見完結的一天。我本來個子頗瘦，重約一百六十至一百六十五磅，竟添了四十五磅，接近大約二百一十磅了。我為這體重的問題煩惱，內人對此也感憂慮。給我進行每年身體檢查的醫生，開始向我發出清晰的警告：我這趨勢很危險。

一天晚上，我在看《每周新聞》，看到一則報導，談到美國國會中的位高權重者。我看下去，忽有一語句從紙上跳出來，彷彿是用粗體印的：「勞斯旦高斯基 (Dan Rostenkowski)，高六呎二吋，重220磅的巨大、魁偉的男人……」我身高和勞斯旦高斯基的一樣，只要多十磅——按眼前的進度只要一年的時間——「巨大魁偉」的形容對我就很貼切了。另一方面，我羨慕那些「巨大魁偉」的男人，因我以為他們都是「親切友善的」。可是，我從兒童期到少年期，青年期都很瘦，「巨大魁偉」的形容跟我的自我形像不相配。就在那一刻，我當場決定要減肥。

可是怎麼減呢？我開列羅列出我不大可能會做的事。我曉得我不會上減肥中心，主要原因是我過於「節儉」，不肯花錢請人做些自己也做得來的事情。我又曉得，我不會像典型的節食者那樣，吃甚麼都得查看食物的熱量和脂肪含量；我知道這一點，因為我記得，當別人談到甚麼甚麼食物有多少熱量時，我就神遊去了，甚麼都聽不進去，數字對我毫無意義。我也不大可能會做運動。於我來說，參加田徑隊、試試緩步跑或體操之類，都是天方夜譚的想法。醫生曾建議我養個狗兒，因為狗兒總會求主人讓牠出外散步。而我則耐心地向內人解釋說：「狗兒喜歡上街到處跑，幹嗎要皮帶牽著？狗兒要散步，讓牠自己散步好了。」

這些聽來像合理的解釋，它們無疑是。但艾力遜接受它們的表面意義。他稱之為「進入病人的世界」，正是我做著的事情：從一個有問題之人的觀點看自己的問題，我不為此案例中「那病人的世界」作出反駁——他不肯運動，當別人談到熱量的時候他心不在焉(超然？)的態度，他覺得醫生勸他買狗兒的想法可笑——我只是照它的本相認識它。

那麼該怎麼辦？然後一個念頭忽然升起，我想起一件我忘記了的，自己早知道的事。我想起過去在醫院、療養院作客的那些年間，在少年時代向病人販賣報紙，當過院舍管理員、護理員、實習院牧、探望病人的牧者。我記得有無數次，我無意中聽見一個護士跟另一個護士說：「我沒辦法叫史密斯太太吃東西，她老是只想睡覺，她這會消瘦下去的。」那可會是答案？吃和睡之間存在一種此消彼長的關係嗎？睡得太多的人對食物變得不在乎？

艾力遜會說，我只是看出了「人性」的一面。不過，有一個事實是，熊在冬天斷食冬眠，那麼，就暗示了其他動物也有這個可能。再說，我把之前在我心中不相干的兩種經驗聯繫起來，一是我自己不想有的不斷肥胖經驗，一是我聽見護士們為消瘦下去的病人感到十分沮喪的經驗；這一件，也是很有艾力遜風格的。

我決定試一下。我開始每天晚上八時上床，躺在床上直到早上七時，每晚的睡眠時間一共是十一小時。第一天晚上大約十時或十一時左右，我肚子餓得咕咕作響，後來這些感覺漸漸沒有了，到了早上起床的時候，我沒胃口吃東西，只想喝點甚麼。到了早上十一時，我就餓了，卻不算得飢餓。我會隨意吃點東西當作午餐，那會讓我支持到晚餐的時刻，晚餐時我又隨意吃點東西，大抵都是在我開始「睡眠計劃」之前吃的食物（我不願叫它「節食計劃」，因為它不是，即使目標同樣是減肥。）然後八時再上床睡覺。這個新日程運作了兩天，我開始每天減重一磅，間中兩磅，在接下來的三十天內，我減少了三十五磅。

最後我重拾之前的睡眠習慣——多少還是不大願意地——因為我發現了令我驚奇的一件事：我在醒著的十三個小時裏做的工，竟等於之前我在醒著的十六十七個小時做的工。不過，我在飲食習慣上作出了重大調校，以防我減去的磅數又再回來。我擬定了早餐只吃一件食物，午餐吃兩件，晚餐三件。食物是甚麼並不重要，重要的只是數量。我和別人不同，別人計算熱量，我則計算數量。其中的邏輯是：當一天逐漸過去，食物的件數增加，我的希望就愈大而不是愈小。我以一件食物開始一天，以三件結束。這個方法很好用，我不但沒有得回減去的磅數，反而多減了十磅。

我喜歡把這想成是一則啟發性故事：一個人（那剛巧是講故事者）遇到肥胖的問題並解決它。我考慮到自己是甚麼人（「進入病人的世界」）。我把之前不相干的兩次經驗連繫起來（自己體重的問題，和我聽見護士們的議論），於是我為自己開列一個完全意想不到的「處方」，那就是只有小孩子又或許少數中西部的農夫才會有的睡眠習慣。我又為自己編訂一條實用原則：「我有我的睡眠習慣，只要身體健康。」

在我成功減去大量磅數之後，我採用的「節食方式」又怎麼樣？那是徹頭徹尾的「易構」(reframing)，和艾力遜在「減磅—增重—減磅」的故事中的做法相仿，他要求該名女子先增重後減肥，好讓模式從先減後增變成先增後減。一般節食模式是「早餐又好又健康」，然後，隨著一天逐漸過去，就得放棄或這或那的食物；我不要那種感覺，我要隨著一天逐漸過去，情況變得更美好而不是更糟糕。我從「件數」方面想，單按食物的件數計算，這樣，我就創造了一個小規模的節食計劃，正是我厭惡的那種節食計劃的迷你版，一個滑稽的模仿。正如他們「計算熱量」，我也有自己的一套計算系統，但那是五歲小孩都能明白的方式，在我而言絕非繁複的數學！把食物轉換成數字，但數字也不太重要。同樣相關的一點是，我每天吃的六件食物，對我「有益」與否：最要緊的是，當一天逐漸過去，我碟子上的食物愈來愈豐富。我發覺自己可以接受這個。

你可以預料，有些朋友們注意到我在減重，又知道我是怎麼取得成功的，他們不時會提出種種理論，解釋為何我的方法行得通。可是我發現，當自己在聽著這類解釋的的候，心不在焉地又神遊去了，就跟我之前聽人談到各類食物的熱量為何時那種反應一樣。理論和解釋對他們或許有點意義，我不曉得，我倒曉得一點：艾力遜在「仙人掌」故事中的一番結語對我很有意義：

> 你曉得你可以大談教科書裏的東西。今天談這個，明天談那個，書本告訴你做這做那。可是你實際上應該察看你的病人，看他或她是怎樣的一個人，然後對症下藥。

又或，把艾力遜在「多走一哩路」的故事裏的結語重寫就是：「其實，我沒有把自己轉介到減肥中心，我沒有建議自己買個狗兒，我沒有告訴自己必須做運動，我沒有不准自己吃最愛的食物，我只是准許自己每天有過量的睡眠時間。」我是把自己當成小孩子嗎？假如是的話，我知道我可以把這個角色演得比以上其餘的角色好，因為我早已演了一次，也算是成功吧。觀乎我給自己派定的那項任務的性質，它顯然沒有——以魯桑的措詞說——「金羊毛誇張的戲劇性」，但我必會同意他隨後的那句：「其中內在的戲劇性和內在的感覺，足可與之相比」。

生命仿效藝術

要計估艾力遜作為一位治療師所能成就的是甚麼，重要的是要知道，他是那個說故事之人，是他用故事說出，自己作為一位治療師，所能成就的是甚麼。這些故事主要是為比他年輕的治療師講的，不過，他也講給病人聽，他借用其他病人的故事，向眼前的病人提出一些可能的應付問題之道。可既然他是那個說故事之人，我們就會忽略一點：整個講故事的過程，永遠是由病人發動的。病人若不提供一個最初的故事(這故事通常是關於那促使她來求助的問題，以及她嘗試用過甚麼解決方法)，艾力遜就沒有可說的故事。正如從那題為「裏外翻轉」的個案所清楚顯示的，艾力遜無法幫助一個不能或不肯說出其個人故事的病人。故此，他本人的故事是建基於病人講述的故事。病人是最初的說故事之人。隨著他們講完以後，艾力遜又另外講述兩個故事。一個是他給病人講的故事：她可以有怎麼一種不同的做法。另一個是他給其他人講的故事：後來結果如何。在魯桑編訂的一輯「喻道故事」裏，這三重故事通常合成一個單一的故事。

例如，在題為「仙人掌」的故事裏，艾力遜先是聆聽病人說的故事：他是出身於酗酒家族的一個酒徒。這個故事的最後一句是病人對艾力遜的提問：「現在，你眼前有這麼一樁棘手的工作，你想你可有甚麼辦法？」

接下去，艾力遜給病人講一個虛構的故事。它預期病人會到植物公園去，坐在仙人掌旁邊，在那裏「好好地想一番」。這故事是為病人的好處而講的。艾力遜曉得，他無法強迫病人到植物公園去。他也曉得，即使病人真個到植物公園去的話，也不一定帶來甚麼效果，因病人經過「好好地想一番」以後，還是可以繼續酗酒的。可是，在個案中的虛構故事強烈暗示了一個追求物，不知怎地病人在離開診室之時是心中有數的，而不論病人之後決定要做甚麼，艾力遜的聲音——不論禍福——都要與他同行，那將是一個他不能隨便漠視的聲音，只因它「指示」他去做一件不尋常的、出乎意外的事，好比尊貴的乃縵將軍受先知指示要到約旦河去沐浴一樣（王下五10）；那人發覺這個指示很難違逆，只因它在他的意料之外。[44]

但艾力遜沒有多花筆墨告訴我們，那人真的到植物公園去了。我們之所以有此推斷，是從其女兒的話語得知的：「如果有這麼一個人，打發一個酒徒到植物公園去周圍看看，讓他學會如何不用靠酒度日，又成功了，那人就是我想要看的！」其實我們都知道，那人未必到過植物公園。有可能，艾力遜的虛構故事足以引發改變，皆因那人從故事裏看見了自己，並且完全投入其中。到底那人有沒有（專程）到公園去，艾力遜並無清楚交代——據我看，原因是這事可能不太重要。

接下去，艾力遜不提那人到植物公園去而馬上得醫治的事，反倒向我們講述第三個故事，即那人的女兒在許多年後順道上他的診所，他從她口中得知，自己治好了她的父親和母親的故事。這第三個故事為整篇記述增添了戲劇性（它好比艾力遜說的，從報章上看到「非洲紫羅蘭之后」辭世的報道），因它間接地告訴聽眾，直到許多年之後他才曉得，他為那人的酗酒問題所提供的幫助有甚麼效果。他似乎是要告訴聽眾，他們或會或不會知道，自己在案主的生命中造成了甚麼改變，而一旦他們意外地知道了，而發現改變是正面的話，那就會是一份美好的禮物，雖在意料之外，卻是可喜之極。如果說艾力遜用出乎意外的方法去幫助案主，試想想那人的女兒是次出乎意外的到訪，又為艾力遜本人造成了甚麼效果？那使人想到耶穌醫治十個痲瘋病人的故事（路十七11～19）。耶穌怎麼知道所有人都痊癒了？因為其中有一個，是外邦人，回來向他道謝。在「仙人掌」裏尤其發人深省的是，那個女兒——從她父母戒酒一事中獲益最多的一個人——前來向艾力遜報好消息。本來沒完沒了的惡性循環——一代又一代被酒纏磨的家族故事——終於以女兒講的故事結束了，而結局也真的非常美好。

由此可見，我們可把艾力遜講的，鑒定為一個三重故事的整體。第一個故事是由案主說的，通常是有關受挫和失敗的故事。第二個是艾力遜向案主講的故事，是個虛構的故事；案主在其中是主角，其表現跟她的一貫行為大不相同。第三個故事是由艾力遜敍述的結果。艾力遜的治療性或策略性介入，自然是第二個故事，它把案主講的故事中所隱含的改變可能分辨出來。若要艾力遜說得出第二個故事，他非得專心聆聽案主的故事不可，因為他要從原來故事的細節理出他本人的介入方案，即原來故事的一個個人版本；這個變化出來的版本，預告了一個很不一樣的結局。

失敗是可以的

艾力遜的治療性或策略性介入，也非全部成功的，魯桑在他輯錄的艾力遜故事清楚表明了這一點。在以下一則故事裏他並不成功，他也接受事實。[45]

觀光遊

一個女人說，要我為她的體重想個辦法。我看她的指甲。她的指甲又長又紅——我想那是人們宣傳的「指甲」，把它們黏上去，一下子就有瘦長的指甲了。啊，那麼多的脂肪，加上那些紅色的指甲！

我說：「我可以幫助你，但你得合作。你去爬人形山 (Squaw Peak) 。」

她答道：「天一亮就去？」

我說：「對。」

她說：「那麼，我想有人作伴。」

我說：「你說，你那十六歲的兒子差不多超重一百磅，帶他作伴，給他做個好榜樣吧。」

到了第二次面談，她說：「其實，我認為自己不想減肥，我知道我的兒子也不想減肥。我不要繼續愚弄自己了，你不介意吧？」

我說：「沒問題。」

艾力遜對那個女人的指甲作出評論，似乎認為那是一個表徵，顯示了她是輕浮的人，這樣一來就給聽眾心理準備：以下對她來說似乎是相當苛刻的「處方」，就是去爬人形山。她反問：「天一亮就去？」，反映了她看出那是一件苦事，她心中估量一大早起來爬人形山的情景，開始談條件：「那麼，我想有人作伴。」艾力遜沒說：「當然，找個伴去，多一點樂趣」，反提議她帶她那過胖的兒子同行。作為聽眾的我們相信，那跟她心目中的「同伴」不盡相同。艾力遜不久就發現，他給她擬定的任務太艱難，在她預期之外。然而，是次雖然失敗了，卻也的確成就了一些東西，因她對自己有了重要的發現：「我認為自己不想減肥……我不要繼續愚弄自己了，你不介意吧。」

故事沒有我們想要的成功結局，但有它的結局——自我發現——我們怎能不尊重案主呢？原來她對自己有了新的認識。這個故事當然很像聖經裏那個少年的官的故事（太十九16～22）；福音書的作者沒有幾回記載耶穌的失敗，那是其中一例。早期的教會傳統認定那少年的官是保羅，無形中暗示了耶穌最終還是沒有失敗，可見我們是多麼希望自己心中的英雄長勝不敗了。但《催眠之聲伴隨你》一書裏，卻收錄了一些失敗的故事，這一點是重要的，因這些故事表達了一個重要的信息：總有些時候，我們無法按自己的想望扭轉事情。在此個案裏，值得我們學習的一點是，艾力遜沒有向那個女人發怒、或責備她，只爽快地接受了她「不要繼續愚弄自己」的決定。他可以接受，因為他知道她對自己有了真正的認識；而我們為何要不假思索地以為，減肥比認識自己更重要呢？

這故事也說明了羅杰斯的論點；據他說，心底裏，每個人都在問：「其實，我是誰呢？我怎麼能夠做我自己？」從這觀點看，案主決定停止愚弄自己，而艾力遜接受她的決定一事，倒可視為一項成就，其重要性對她而言，不下於登上人形山頂，因為她從「應該」，從迎合他人期望，從取悅他人的這個經驗自我的階段，進到作為一個過程，作為複雜的、向自己開放的，接受他人並信任自己的個體。「社會文化」不一定贊同她的決定，因為說到底，社會文化把清瘦的身材理想化了，把她那個尺碼的女人看成好像是道德墮落的一樣，這種態度也可見諸基督徒之間，儘管耶穌為當時被視為「貪食」的一羣說話，與他們為伍。[46]不錯，艾力遜的評語「那麼多的脂肪……」意味著他在一定程度上也附和當代的潮流文化，然而，他「允准」那個女人離開他人的「應該」與「期望」的階段、以及伴隨著的防衛性感覺，開始邁向另一個階段：不要做個非我的人。如果說故事開頭的「處方」是帶同兒子上人形山（這處方頗叫人想起神對亞伯拉罕的吩咐：清早起來帶同兒子上摩利亞山），那麼故事的結局就是她請求「允准」留在原處。艾力遜允准她不必改變外形，而接受它為其自我的真實反照；她既然承認艾力遜作為醫師的權威，是次允准就事關重大了。艾力遜的贊同使得這個似乎是失敗的個案依然啟發人心，並不比他講的其他任何一個故事遜色。

播揚了的故事

我很明白，促使病人到艾力遜那裏求助的問題，不能夠充分代表會友們跟牧者談的問題。譬如說，會友有「體重」的問題，不大可能直接想到牧者是一個合理的諮詢對象。至少，當我有體重問題的時候，我就不會想到致電我參加的教會，請牧師安排一次面談。因此，我不是說，艾力遜的治療個案是可以直接移植到會眾處境裏的牧養輔導；我要說的是，艾力遜的治療經驗叫我們加以注意啟發故事和運用暗示力量的技巧。況且，事實證明，這一類故事不但影響了他直接幫助了的人，更在間接或輾轉聽聞這些故事的人的生命中造成了改變。我們可以想到，艾力遜講的故事是「播揚了的故事」（“spreading stories”），就是說，故事由其原來的場景（他的輔導室）傳開，觸動許許多多人的生命，不只是艾力遜幫助了的那一個。就拿「多走一哩路」的個案說，艾力遜明明告訴我們，那個在盛怒之下離開輔導室的男人，後來跟另一個人談起在艾力遜的輔導室所發生的事，這第二個人於是乎為他本人的問題約見艾力遜。這個案清晰描畫了一個擴散的故事。我們很可以想像，有其他人聽過這個退役警員的故事，沒有真的求見艾力遜，但受故事所感，人生被改變過來。或許他們有一個問題與案主相同，結果簡單地接受了「醫師」的勸告，就當那是面對面給他們的勸告一樣。又或許，他們有一個問題，跟案主不同的，但他們看出故事的基本精神——「我給他步行的機會」——可怎樣應用到他們的問題上；對於他們，「步行的機會」發揮著較象徵性而非字面性的意義。無論哪一個情況，醫師的勸告證明是「不需錢的」（"free"），又是「帶來自由的」（"freeing"）。

故事的這一個特性（如果它們是啟發性的話，就容易擴散）當然也反映在福音書裏。福音書告訴我們，耶穌醫治人的故事擴散到加利利全地，事實上，在耶穌到訪的城鎮之中，耶穌還沒到場，故事早已傳開，一羣一羣的人已在聚集等祂了。故事擴散之時，毫無疑問必會增添相當的細節和潤飾，然而，同樣可能的是，它們必會經過去蕪存菁的過程，故事中的重點——啟發人心的地方——給保留下來，而故事的其他方面則被認為於故事的中心精神無關重要，因而給刪去了。[47]當然，故事會引起不同反應，有人會抱著懷疑的態度，不曉得它們是真是假，心想耶穌到底有沒有人們說的權柄呢；有人會覺得那些故事帶威脅性，因為耶穌的權力愈大，自己的權力就愈小；也有人會在其中找著自己的盼望，或者找到一位家人或朋友；還有人會從所聽的故事，找著自己的使命或呼召。

可是，這跟會眾處境裏的牧養輔導有甚麼關係呢？據我看，在牧者「啟發」個別會友的教會中，會眾的生命得著提升，而在那些牧者沒有藉著輔導員的角色啟發會眾的堂會中，會眾的生命就變得貧乏。我無意指出，牧者的輔導必會促使個人或夫婦作出提升生命的決定，但我說的是，假如一位牧者成功幫助了會友這樣做的話，有關他們的故事就自然有擴散的趨向，並且在擴散之時，就為許許多多並非直接受惠於輔導的人的生命造成影響。

以艾力遜的「仙人掌」故事為例，艾力遜與那個向他求助的報社從業員之間所發生的事，不但改變了那個人的生命，也改變了他的妻子和女兒的人生。那人的妻子得著了啟發，即使她沒有親身到過艾力遜那裏，不過聽見他給丈夫的建議，作出相應的行動吧。總而言之，我的重點不是說，牧養藉著啟發個別會友，宣揚自己的名聲，很多會友於是前來求教，最後令牧者面對大量無法應付的輔導工作，透不過氣來；事情或許會如此發生，但我在此主張的不是這個。我的重點是，牧者啟發了一個會友，有很多人會聽聞此事，他們也會因著故事的擴散而得著啟發，當故事擴散的時候，有一種無法預計或預設的漣漪效應。有一天艾力遜打開辦公室的門，眼前站著那人的女兒——多年前艾力遜與他談到仙人掌怎麼缺了水還能好好地活下去；又或，一個早晨他打開報章，看到那個女人死亡的消息——藉著他簡單的介入，她找著了其人生使命。我相信牧者在輔導的場景下可以和講道的時候一樣，帶著同樣是啟發人心的意向——這意味著要培養在此場景下運用暗示力量的技巧；然後他們應該相信，啟發故事會按其擴散的特性自然傳開。如果說艾力遜在病人進入催眠狀態之前，他會對他們說，他的聲音將與他們同行，那麼，他的聲譽(一位啟發人心的輔導員)也就已經用他永遠無法預料、無法計劃或控制的方式傳開了。正如聖經的見證：聖靈隨著祂的意思吹，祂吹往哪裏，那裏就感覺祂的同在；畢竟重要的不是牧者輔導了多少人，又或，牧者花在輔導上的時間有多少，而是，牧者願意給聖靈一個作工的機會嗎？故此，牧養輔導是很好的場景，若要有份於創作一些啟發人心的故事，故事創作的一個主要元素是，牧者能夠以靈敏的觸覺和恩慈，運用暗示力量的技巧。

註釋

1. 我心中想到的作品有Gaylord Noyce, *The Art of Pastoral Conversation* (Atlanta: John Knox Press, 1981) 及Charles W. Taylor, *The Skilled Pastor: Counseling as the Practice of Theology* (Minneapolis: Fortress Press, 1991)。關於聆聽技巧的一部佳作是，家庭治療師Michael P. Nichols寫的*The Lost Art of Listening* (New York: The Guilford Press, 1995)。
2. Stephen R. Lankton and Carol H. Lankton, *Enchantment and Intervention in Family Therapy: Training in Ericksonian Approaches* (New York: Brunner/Mazel, 1986).
3. Jay Haley, *Uncommon Therapy: The Psychiatric Techniques of Milton H. Erickson* (New York: W. W. Norton, 1973).
4. Lankton and Lankton, *Enchantment and Intervention*, p.44.
5. Lankton and Lankton, *Enchantment and Intervention*, p.44.
6. David Gordon, *Therapeutic Metaphors: Helping Others Through the Looking Glass* (Cupertino, Calif.: META Publications, 1978), p.6。粗體字為原文強調者。
7. Haley, *Uncommon Therapy*, p.13。粗體字為本人強調者。
8. Sidney Rosen, ed., *My Voice Will Go with You: The Teaching Tales of Milton H. Erickson* (New York: W. W. Norton 1982).
9. Rosen, *My Voice Will Go with You*, p.21.
10. Rosen, *My Voice Will Go with You*, "Forward", p.13.

11. Rosen, *My Voice Will Go with You*, pp.13～14.

12. Rosen, *My Voice Will Go with You*, "Editor's Note", p.20.

13. Haley, *Uncommon Therapy*, pp.24～39.

14. Rosen, *My Voice Will Go with You*, p.20.

15. 由Rosen 引述，見於 *My Voice Will Go with You*, p.211。

16. Harvey Mindess, *Makers of Psychology: The Personal Factor* (New York: Insight Books, 1988), pp.141～142.

17. Rosen, *My Voice Will Go with You*, pp.149～150.

18. Rosen, *My Voice Will Go with You*, p.150.

19. Rosen, *My Voice Will Go with You*, p.150.

20. Rosen, *My Voice Will Go with You*, p.25.

21. Rosen, *My Voice Will Go with You*, p.150.

22. Rosen, *My Voice Will Go with You*, pp.47～48.

23. Rosen, *My Voice Will Go with You*, p.50.

24. Rosen, *My Voice Will Go with You*, p.51.

25. Rosen, *My Voice Will Go with You*, pp.110～111.

26. Rosen, *My Voice Will Go with You*, p.112.

27. Lankton and Lankton 指，Erickson也許是從父親Albert那裏學會「混淆法」的。Lankton形容Albert是實幹、勤勞的人，但有點兒撲朔迷離。當他向Erickson的母親Clara求婚時，她說需要一點時間考慮。兩天後 他在一棵樹下抓住她，對她說：「你知道的，當我向你求婚的時候，並沒有請你作出一個單一的／個別的／單身的決定(single decision)。」那一刻她答應了，「全然摸不著頭腦」(*Enchantment and Intervention*, p.8)。

28. Rosen, *My Voice Will Go with You*, pp.123～124.

29. Lankton夫婦指出，Erickson與Frankl把弔詭作為治療性用途，是各自開展的嘗試(*Enchantment and Intervention*, p.11)。亦參二人的*The Answer Within: A Clinical Framework of Ericksonian Hypnotherapy* (New York: Brunner／ Mazel, 1983)。

30. Rosen, *My Voice Will Go with You*, pp.124～125.

31. Rosen, *My Voice Will Go with You*, p.125.

32. Rosen, *My Voice Will Go with You*, pp.125～126.

33. Rosen, *My Voice Will Go with You*, pp.80～81.

34. Rosen, *My Voice Will Go with You*, p.198.

35. Rosen, *My Voice Will Go with You*, p.198.

36. Rosen, *My Voice Will Go with You*, pp.198～199.

37. Rosen, *My Voice Will Go with You*, p.209.

38. Rosen, *My Voice Will Go with You*, pp.209～210.

39. Rosen, *My Voice Will Go with You*, p.210.

40. Rosen, *My Voice Will Go with You*, p.52.

41. Rosen, *My Voice Will Go with You*, p.53.

42. Rosen, *My Voice Will Go with You*, p.28.

43. Rosen, *My Voice Will Go with You*, p.28.

44. 關於這一點，參James E. Dittes, *When The People Say No: Conflict and the Call to Ministry* (San Francisco: Harper & Row, 1979)一書內，頁73～90的這一章："Seeing Through Expectations to Find Ministry"。這一章我在本書第四章討論。

45. Rosen, *My Voice Will Go with you*, pp.126～127.

46. 參Mary Louis Bringle, *The God of Thinness: Gluttony and Other Weighty Matters* (Nashville: Abingdon Press, 1992)。

47. Gordon W. Allport 在其文"The Analysis of Rumor"，收於 *Personality and Social Encounter* (Boston: Beacon Press 1960), pp.311～326中說明，當故事傳開的時候，它們趨向於變得簡短，更容易被人掌握和講述。經過漸次的演變，當初的細節有愈來愈多被刪去；用的言語愈來愈少，包含的元素也愈來愈少。與此同時，當細節被陸續刪除之時，餘下的細節就必然被強化了，這強化意味著從原本是較寬廣的文脈經去蕪存菁後作出轉述。這強化的過程是必經的，但被強調的細節則不一定相同，很大程度是在乎傳播故事的羣體的組成結構；轉述的人特別關注甚麼元素，甚麼元素就會被強化。為甚麼刪去部分的細節而強調其他？這要從同化的過程找答案。聽故事之人的思維中，早有一套習慣、興趣、想法，它們形成一股強大的吸引力，產生同化的過程。譬如說，在重複講述一個故事的過程中，明顯有被大主題同化的現象，故事的元素或被強化或被刪去，好切合它的大主題，這些元素與主題互相配合，產生一個更加一致，看來更可信、更合理的故事來。Ernest L. Abel把Allport (與Leo Postman合創) 的理論應用到福音書的故事上；參"The Psychology of Memory and Rumor Transmission and Their Bearing on Theories of Oral Transmission in Early Christianity"，載於*Journal of Religion* 51 (1971): 270～281。

第三章

弔詭故事：解開矛盾癥結的技巧

從一九四八年直到一九八〇年離世之日，艾力遜在亞利桑那州的鳳凰城居住，並在那裏工作。一九五三年，位於加州帕洛阿爾托 (Palo Alto) 的心智健康所 (Mental Health Institute) 的總監貝特森 (Gregory Bateson) 聘請了希利參與他那個有關人際溝通的研究計劃，並有韋克蘭 (John Weakland) 加入。據希利説，貝特森給他們「百份百的自由，我們想研究甚麼都行，總之是有關溝通過程中出現的弔詭 (paradoxes) 。」[1]是年，艾力遜去帕洛阿爾托主持一個有關催眠術的研討會，希利向貝特森表示有興趣出席。希利出席了該研討會之後，就開始把催眠過程中的溝通納入其研究範圍內，他和韋克蘭開始經常往返鳳凰城與艾力遜詳談。如此，貝特森研究小組就與艾力遜發展出一種非正式但重要的關係來。

一九五八年，杰克遜 (Don D. Jackson) 在帕洛阿爾托創立心智研究學院 (Mental Research Institute) ，貝特森在心智健康所的幾個同事受聘為職員，其中有希利和韋克蘭。美國沒有幾個地方做家庭治療，這研究所是其中一個。他們

稱所用的方法為「聯合家族治療」(“conjoint family therapy”)。那就是

> 在相同的時間和地點，與多個家庭成員見面，而不是(譬如說)由同一位治療師或甚至不同的治療師在不同的時段與家庭成員逐個面談，這些不同的治療師有可能會，也有可能不會就個別的努力彼此交流。[2]

隸屬於心智研究學院的短期治療中心(Brief Therapy Center)在一九六六年成立，它在觀念上融合了有關人類溝通、互動療法(家庭及婚姻)、弔詭(稱為雙困)的致病性及治療性效果，而問題的解決，則採用行為治療法而不是追本溯源的方法。互茲拉威克是在一九六〇年來到心智研究學院的，他在短期治療中心成立之初即參與其中。而希利則前往哥倫比亞州的華盛市，創辦了他本人的家庭治療所。

在這一章我會特別留意互茲拉威克的著述，我這樣做的主要理由是，他是短期治療中心最多產的作者。但他寫的許多理念，在他還沒來到研究所之前早經發表；該中心的很多治療理念和觀念，其實是合作的成果，其中的韋克蘭功不可抹。互茲拉威克的書有很多是相當理論性的，但內中充滿故事，主要取材自無可考究的歷史資料，以及當代的輔導個案。

說實在，這些故事全都離不開弔詭(paradox；或譯：似是而非說、似非而是說、自相矛盾說、雙困說等)。查《新世界詞典》(*New World Dictionary*)，paradox「是看來有矛盾、難以置信或荒謬，但事實上可能是對的句子」。這本詞典又說

(似乎是要示範一下，就連要定義paradox一詞，也都含有弔詭的成分)，paradox「是事實上自相矛盾因而是錯誤的句子」。[3]由此可見，一句弔詭的句子可能是對也可能是錯的；它又可能既對且錯，這也說得通。這顯然是一種奇怪的語言現象，在人際溝通之間可以引起好多麻煩。

貝特森的研究小組專門研究弔詭在溝通方面所引起的行為效應，他們的研究引出了他們所提出的、有關精神分裂症的「雙困論」("double-bind" theory)。該理論是說，兒童患精神分裂症，是因父母其中一方或雙方用弔詭性的語言與孩子溝通。「雙困」的溝通有一個為人熟知的例子。故事說，母親把兩件襯衣送給兒子作生日禮物，一件藍色，一件褐色，第二天早上，兒子穿上褐色的那件襯衣，母親問道：「怎麼啦，你不喜歡那件藍色的嗎？」[4]我們當然相信，他要是真的選擇穿藍色的那件，母親就會問：「怎麼啦，你不喜歡那件褐色的嗎？」

另一個例子是亙茲拉威克的個案。兒子覺得母親過分嬌養自己，最後鼓起勇氣跟她說：「媽，你當我是孩子一樣！」她聽了答道：「可是，寶貝，你*實在*是我的孩子啊。」兒子說的「孩子」，意思是無法表現得像「成年人」的人，但母親帶出的「孩子」的意思是「所生的子孫」，她因而「誤解」了兒子的話。亙茲拉威克指出：

> 這樣一種回答可以有積極的癱瘓作用……兒子若要克服這種被取消資格的效應，把談話重新導回堅實的邏輯基礎上，他就要提出一個不太複雜而在溝通的信息以外的解釋，表明他說的「孩子」是指「不成熟」，而母親說的「孩子」是指「兒子」。兒

> 子要提出這樣的矯正，可能會很困難（特別是如果他是一個所謂病人的話），因為母親不難把他的反應解釋為又一次精神錯亂的表現，因而一笑置之。[5]

互茲拉威克繼續舉出「我們研究工作中的一個類似個案」。有一個母親，其患精神病的兒子突然在家中開槍，當有人問，她對這個危險的情境如何反應的時候，她答道：「我跟他說第一百遍了，不要在屋子裏玩。」[6]

貝特森的研究小組最初是對「雙困」在精神分裂症所扮演的角色感到興趣，但他們從後來的研究得出一個結論：精神分裂原來只是弔詭語言的一個特殊情況，其實弔詭經常在其他類型的溝通——包括不涉及精神病的溝通——之間出現，小組又發現，非有意造成的弔詭，是一個產生問題或錯誤處理問題的典型因素。[7]有關弔詭的系統性討論在互茲拉威克的著作中是常見的；我會集中討論這部合著的作品《人際溝通之語用學》（*Pragmatics of Human Communication*），其中論弔詭的有兩章，一章是關於弔詭性的溝通，一章是關於弔詭與心理治療。[8]

在這兩章的頭一章，互茲拉威克等人指出，弔詭的本質有些東西是

> 對我們所有人都有非常實用甚而是具存在性意義的；弔詭除了能夠干擾溝通，左右我們的行為和頭腦之外，它也對我們以為自身的宇宙是和諧一致的這個信念提出質疑，由此挑戰其合理性。進一步說，我們要嘗試說明，刻意的弔詭……有值得注意的治療

潛力……我們希望讀者會從這裏對弔詭的研究看出，有關其理論的思考是十分重要的，那決不是象牙塔的研究。[9]

互茲拉威克等作者把弔詭定義為「基於和諧一致的前設和正確推斷而引出的矛盾」。這個定義排除了那些基於不明顯的論理錯誤或是有意造成的錯謬而出現的「假弔詭」。他們引述一個熟悉的故事。有六個人，需要六個獨立房間，但旅館老板只能供應五個房間。他用以下方法「解決」問題：他把第一個人帶到一號房間，又請另外一個人同那第一個人站在那裏等數分鐘。隨後他把第三個人帶到二號房間，把第四個人帶到三號房間，第五個帶到四號房間。之後他回到一號房間，把在那裏等候的第六個人帶到五號房間安頓。問題解決了！這裏的錯謬在於把第二個和第六個人當作是一個。有關六個人可以住進五個房間的「事實」，其實只是假弔詭。

至於真的弔詭，作者提出有三類：共數理弔詭 (co-mathematical paradoxes)、弔詭性定義 (paradoxical definitions) 和語用弔詭 (pragmatic paradoxes)。第三類和前兩類不同，出現在非學術性的尋常談話之間，因作者們寫的是一本有關心理治療的書，所以最為注意這一類。

治療師　：X先生，你認為你家庭的主要問題是甚麼？

X先生　：我有份造成的家庭問題是，我是慣性說謊者，很多人會用——唔——啊，虛偽或誇張或吹牛、很多東西來形容的——但事實上那是說謊……[10]

這個回應看上去直截了當而且誠實，但實際上它使治療師處於一個可能是動彈不能的形勢上。她怎麼知道這個父親是不是在説謊，以及甚麼時候説謊呢？遇到這樣一個涉及關係的弔詭信息，治療怎能繼續呢？

上述個案中的弔詭其實不會造成進退不得的情況（一位優秀的治療師必能分辨，甚麼時候X先生在説謊，甚麼時候他在講真話），為了更清楚説明，語用弔詭如何能把一個人置於動彈不能的心理狀態，我多舉一個例子。這個案是一個母親和她那患精神分裂症的女兒之間的對話。

母親：我不怪你那樣説，我知道你是無心的。

女兒：但我是有心的。

母親：親愛的，我知道你不是有心的，你是不能自制。

女兒：我能夠自制。

母親：親愛的，我知道你不能，因為你病了。要是我想一下你其實沒有病的話，我就會大怒。[11]

在此，母親把一個雙困的觀點帶進談話中：假如你説的是真心話，你就是邪惡的，但我不肯相信你是邪惡的，那麼你必定是病了。只有兩個可能，另一個可能是不可思議的。女兒當然是被置於一個不能招架的位置上，變得動彈不能，無論她説甚麼，她説的一切都會被母親拿來作為攻擊她的理由。沉默是她惟一安全的出路，可是，那同樣也在其母的雙困手法的操控之下。

關於這類弔詭性的溝通，互茲拉威克等人引述明尼蘇達州羅契斯特（Rochester）梅約醫學中心（Mayo Clinic）的研究人員在精神分裂症方面的發現：

> 當這些兒童察覺出家長的憤怒和敵意——正如他們多次見過的——家長馬上會否認自己發怒，並要求孩子也否認它，於是孩子就面對著雙困的局面：到底要相信家長還是相信他自己的感覺？如果他相信自己的感覺，他就對現實保持一個堅實的了解；如果他相信家長，他就保持了所需的關係，但扭曲了他對現實的理解。[12]

以下是一個有關語用弔詭的微妙例子，節錄自一個家庭個案，其中頗肥胖的兒子據稱智力遲緩。幾個家庭成員在一起解釋「滾動的石頭不長苔」這句格言對他們的意義。

父親：作為一句格言，它對我們——對你媽和對我——的意義是，如果我們像一塊滾動的石頭那樣不閒著、那樣活躍——你知啦——活動，那麼，哈，我們就不會太——肥，你會變得更加神智清明……

兒子：真的？

母親：那麼你明白嗎？

兒子：我了解。

母親（重複）：——你明白嗎？

兒子（重複）：明白，我明白。

父親（重複）：——它會有助改善——

兒子（插話）：弱智。

父親 (繼續)：——不要悶著——
母親　　　：噢——那看來是不是它對你的意義：
　　　　　「滾動的石頭不……」
兒子 (插話)：要克服弱智，那是的。
母親　　　：那麼——
父親 (插話)：那麼，不要悶著會有幫助，那——我
　　　　　想那是對的。[13]

作者問：「這人的父母或治療師，如何能面對一個會談及克服其弱智的方法，甚至用上『弱智』一詞的『弱智』者？」據他們看，那個兒子不受限於智力遲緩的「診斷所定規的框架」之內，卻是進出自如，因此把診斷本身變成荒謬，因為他對該詞的運用，特別是因他提出了他或可「克服」弱智一事，即排除了該詞本身所指向的情況。另一方面，他就該詞的弔詭用法，引發治療師對那顯示其智商為五十至八十的心理測驗產生懷疑。在治療進程中，他被重新確診為精神分裂症患者，其康復進展好，他在很多方面的表現遠遠超過了智力測驗的結果所預期的。這例子中的語用弔詭，在於說話的人運用某詞 (弱智) 的方式，至少反證了該詞真的適用在他身上。

這個案令人想起艾里克森在《青年路德》(*Young Man Luther*) 中談過的，路德「對號入座」的事件。[14]路德這位年輕修士，正在埃爾富特 (Erfurt) 修道院的禮拜堂內望彌撒。當時誦讀的經課是說，有人帶著「被啞巴鬼附」的兒子來，求耶穌醫治他 (可九14～29)。路德深為故事煩擾，據報曾在人羣中跌倒在地，像一個鬼附之人那樣叫嚷，用公牛似的聲音吼叫道：「不是我！不是我！」這裏的矛盾在於路德的表現在現場的人眼中，正好反證了他的聲稱——他說，自己不是該聖經故事中

被鬼附的兒子；還有甚麼比他本人的否認，可以作為更好的證據，證明他就是故事中的那個兒子呢？難怪那些要損害路德信譽的人會把「對號入座」一事傳開，而他的支持者和朋友們，就不承認或不完全相信它。這需要有像艾里克森那樣有臨床觸覺的人，才能辨認出路德這個矛盾表現，其實是他意圖要解放自己脫離「不能招架的形勢」；作為他父親的兒子，他身處這形勢已經很多年了。當路德在人生一場生死攸關的大風暴之中，以為自己聽見了聖亞拿〔編按：路德時代的主保聖徒〕的保護之聲的時候，他的父親毫不猶疑地說他有幻覺。

正如路德「對號入座」一事所顯示的，在人類歷史上，弔詭經常被用來指控人有精神病患。以下是一個由亙茲拉威克等人引述的個案。一個病人在一八三〇年至一八三二年間寫的紀錄，說出了他聽見的多個聲音，怎樣用弔詭來攻擊他：[15]

> 我受我想像中的聖靈吩咐去講論別的東西，為此受盡折磨，每當我嘗試去講的時候，我就受到可怕的斥責，因我沒有以一個被賜下來的聲音，而是以自己的聲音發言。這些自相矛盾的吩咐是我行為之所以前後不一致的因由，如今是，之前也是；這些想像出來的情景構成了我最終全然混亂的主因。因為我受吩咐去講論（在可怕的折磨，在痛苦之中）惹動聖靈的怒氣，以及招致最大的忘恩負義的罪過；與此同時，我每逢要講的時候，我就受到嚴厲的斥責，為了我沒有以一個被差來的靈的言語說話；而當我再嘗試的時候，我又做錯了，當我內心懇求，我不知道該怎麼辦的時候，我就被指為虛假、欺詐，又被指為其實不樂意去做我被吩咐去做的事。於是我

就失去耐性，進而極度紊亂地講出我被期望去講的東西，決心要證明，害怕和不願意的感覺都攔阻不了我。可是，當我這樣做的時候，我又像之前那樣，一開口就感覺上顎和喉嚨的神經疼痛，指責我不但叛逆神，更是違反自然；於是我再陷入絕望與忘恩負義的痛苦感覺之中。

據作者解釋，該病人(一位精神分裂症患者)「被他聽見的多個『聲音』安置在一個招架不來的形勢中，然後，當他發覺自己無法配合他們雙困的命令之時，就被指控為欺詐或不甘心樂意。」[16]

上述幾個例子主要聚焦在雙困的命令上。互茲拉威克的書中又有幾個例子，説到關乎弔詭預言(paradoxical prediction)，又或，他後期稱為「自證的預言」(“self-fulfilling prophecy”)者。在《虛構的現實》(*The Invented Reality*)一書中，他舉出汽油短缺的問題作為例子，説明雙困的處境如何能造成並且自我維持下去。在一九七九年三月，加州報章開始刊登轟動一時的汽油嚴重短缺的消息，加州的駕車人士紛紛湧到加油站去，給車子的汽缸注滿汽油。這次把一千二百萬個汽缸注滿汽油的行動(本來平均百份之七十五是空著的)，一夜之間就把儲存的大量汽油耗盡，因而帶來所預言的短缺。公眾竭力盡量把汽缸注滿，而不是在汽油差不多用光的時候加油(絕大部分駕車人士的普遍做法)，結果引來加油站沒完沒了的人龍，以及無盡的等候，因之又加強了各人的恐慌感覺。熱潮過後才發現，加州的汽油配給根本沒有遭削減。[17]

這是個弔詭故事。駕車人士因擔憂沒汽油，就實實在在地製造了汽油供應短缺的問題。要是你請人龍中一位駕車人士解釋他為何在那裏，他會給你這類答案：「因我要確保我不會沒汽油用。」要是你指出：「但事實是，有數以千計像你這樣的人實際上**正在製造**汽油短缺的問題」，他想一想之後，或許會接受你這個怪論，但隨即會說這類的話：「可是我——一個司機——可以怎麼辦？我的車子需要汽油，假如我當作是沒有汽油短缺的問題，照常過活，那麼我就會是惟一一個沒汽油用的人。」可見，人們之所以繼續做出一些本質上是自相矛盾的行為，是因為他們相信自己沒有別的選擇。即使他們承認該處境中所含的矛盾性，他們還是覺得並無實際可行的途徑，讓自己脫離窘境。這就是為甚麼語用弔詭會令人經驗到心埋上的動彈不能。

尋求輔導的人經常被困於一個雙困的局面，正尋找方法讓自己從中得著解脫。例如這個案：「要是我讓男友搬到我那裏住，他就可以支付部分租金，我就可以繼續住那房子；可是，他也會因此以為，我是比之前更願意和他結婚，但我不是。」為解決問題(即要遷出房子)而構想的行動，造成了另一個可能的問題(即男友誤以為，她比之前更願意和他結婚)。她的處境是雙困的，因它基於一個根本的矛盾。她面對的處境與精神分裂症患者一次又一次經驗的不無相似。韋克蘭與杰克遜

> 當嘗試在兩個可選擇的事物之間作出決定的時候，精神分裂症患者遇到一種典型的雙困局面：他們(因著溝通處境的本質)不能作出**正確的**決定，因為兩者都是雙困的重要部分，故病人「做受攻擊，不做也受攻擊」。兩者都不是真正可供選擇的事物，無法從中選出那「應該」選的、「正確」的一個——有關

選擇是可能並且應該作出選擇的整個假設，其實是虛的。[18]

作者補充說，在這類情況的出路是，覺悟到其實並無選擇，即是擺在眼前的其實沒有真正的選擇。如果要有真正的改變，當事人要跳出框架本身，尋找第三個選擇。遇到當事人的雙困局面——「如果我要男友分擔房租的話，他會以為我比之前更有意結婚」——治療師會嘗試幫助她找出或看出這第三個選擇。

改變遊戲規則

在《人際溝通之語用學》一書，亙茲拉威克等人引述一對夫婦的個案。二人前來求助，是因女方妒忌心太重，生活變得難以忍受。丈夫是一個極之嚴謹的道德主義者，以其嚴格克己的生活方式為榮，常自誇道：「我平生之中，從未讓人找著不信我話的理由。」女方出自很不同的背景，一直以來甘於退居次位，一味服從他，除了在一件看來是她生命中的小事上，那就是不肯放棄餐前用雞尾酒。在他一個禁酒主義者眼中，這個習慣是令人討厭的，並且它也成了二人婚姻生活中吵鬧不休的因由。兩年前，丈夫在勃然大怒之下跟她說過一句話：「你要是不停止你的勾當，我就要著手做一件我自己的」，他還補充說他或會開始和另一個女人胡混起來。但該次恐嚇收不到效果，於是數月後，他為了息事寧人就決定「批准」她用餐前酒。正是在這個時候，妻子的妒忌心開始發作了，所根據的邏輯是：他絕對可信（他本人說）；所以，既然他現在接納我喝酒，那麼他一定也在兑現他說過的恐嚇之言（會對她不忠）。他現在被困在自己那帶矛盾性的預言中，因為他無法說服妻子，他的恐嚇之言其實只是一時衝動，不應該當真。作者最後說：「他們曉得自己被困於自製的網羅裏，看不見逃脫的方法。」[19]

這個案中的弔詭之所以產生，是由於可信一詞有兩個不同的意思，即如在上文提過的例子中，矛盾在於孩子有兩個不同層面的意思（指「不成熟」，以及指「所生的子孫」）。可信的第一個意思，是說丈夫一切行動、承諾、態度都與他所聲稱的一致，而另一個意思則把他發出的恐嚇（對婚姻不忠），跟他對妻子用餐前酒的習慣連接起來。既然她繼續餐前用酒的習慣，又既然他暗示了如果她繼續喝的話，他就會發展婚外情，又既然他已明白告訴她，她可以繼續如此行，他不再反對了，又既然他是一個信守諾言的人，按此推斷，自然的結論就是：他有婚外情了。矛盾是，他愈是為自己的清白申辯（「我沒有婚外情」），他的罪看來就愈大，因為他之可信，現在得倚賴他之不可信（那就是，違反了他說過要發展婚外情的話）。

據亙茲拉威克等人的看法，在此需要的是一個解脫方法，讓二人逃出因弔詭而造成的雙困局面。改變夫婦二人沿用的遊戲規則，可使他們脫離窘境：

> 該處境的無法逆轉是由於一個事實：這個遊戲像其他沒結局的遊戲一樣為規則所限，但缺少了可更改遊戲規則的後設規則。可以說，在這樣的個案裏，心理治療介入的要素包括了建構一個擴大了的新系統（丈夫、妻子和治療師），在其中不但可從外觀察那舊的系統（婚姻中的二人），更可以讓治療師利用弔詭的力量作出修正；治療師可在

> 這個新的關係中進行遊戲，配合治療性的目的訂定規則。[20]

以上寫於一九六七年的言論，反映了該時期系統學派的語言，作者在註腳中指出，治療師取得預期改變的機會，在療程的開頭要大得多，因為「不久，新系統就固化到一個地步，治療師被困在其中，逃不出來，從此，要造成改變就要比在治療初期難得多。」[21]到底作者有沒有意識到這句子本身的弔詭性，實在很難說。這句子暗示了治療之所以奏效，並不在於它以一個新系統代替舊的，而在於它利用了一個時機，即當時還沒有構成任何適宜的系統。這話應該叫我們領悟一點：期望中的改變之所以發生，不是由於「建構一個擴大了的新系統」，而由於治療師怎樣利用有關弔詭如何操作的知識。在此個案中的治療關鍵，其實在於治療師利用「弔詭的力量作出修正」。

治療師是如何著手做這一步的？就此個案說，作者提議用「以毒攻毒」的策略，這本身就是弔詭性的，不過，它不像那些叫人陷入窘境的弔詭，它是作為叫人脫離窘境的手段。他們指出，治療性溝通需要違反「常識」，因為基於常識的勸告

> 早經主人翁以及他們的親友慣常提出來，都不見效果，諸如「大家和睦相處」，「不要惹警察的麻煩」之類的處方，總不能歸入治療性一類，不過是天真地說出了預期的改變。這等信息是建基於一個假設：「只要多一點意志力，事情就能改變過來」，因此，要健康還是要不幸，端在乎當事人的選擇。然而這

> 個假設只是一個假象，至少，病人隨時都可以用這攻不破的理由來反駁：「我不能自約。」真正的病人——我們是指那些並非故意偽裝的病人——通常在他們向別人訴說其煩惱，得到「要自律」的勸告之前，早就嘗試過各式各樣的自律練習、意志力練習，而告失敗了。它具有症狀的特質，因它是非自願的，因而是自發的，但這不過是說症狀是一種自發的行為，它真的自發到一個地步，甚至病人自己體驗到它是無法控制的東西，是這種在自發與壓抑之間的擺動，使症狀顯得自相矛盾，這不論是就病人的經驗，或是就它在別人身上造成的影響而言。[22]

於是，他們建議治療師指示病人去做那件他努力防止再做的事。吩咐病人去做那件他一向做著的事，而改變它發生的時間、次數或程度，病人會因此「就其病理來說，被安置在一個不能招架的處境下。如果他遵從吩咐，他因此再不會『不能自約地做』，而是刻意他做出該行為，由是對它有了控制權，正合治療的目的。」反過來說，如果他拒絕吩咐，他惟一的反抗方法，就是消除那引起症狀的行為，那也合治療的目的：「如果說，在致病的雙困下，病人『做受攻擊，不做也受攻擊』，那麼在治療性的雙困下，他『做是改變過來，不做也是改變過來』」。[23] 就那絕對可信的丈夫的個案而言，治療師不會嘗試勸服妻子放棄妒忌的態度、接納丈夫的保證、相信他並沒有婚外情，但會鼓勵她仍對丈夫抱有懷疑，不過與此同時，稍微改變一下用餐前酒的習慣，這樣一來，丈夫就無法在拈花惹草一事上有絕對的控制權，反倒被迫要按妻子的喝酒習慣作出調校，這個習慣是她可隨意更改的。治療師由始至終不會提出也不會暗示，她認為妻子的懷疑是沒有根據的。要是那樣的話，治療師就跟那妻子的親友沒分別，他們早跟她說過：「都是你想出來的」；而對於這類反應，案主事人可以理直氣壯地說：「當然，都是我想出來的，但只因都是我想出來的就意味著它不是真的嗎？」我們腦袋中有很多事物對我們來說，比身外的事物還要真實。那個女人的妒忌心毫無疑問正是一例。

由此可見，就著這個被懷疑是拈花惹草的丈夫的個案來說，治療師擬定了一種改變遊戲規則的治療性介入，這種介入提供了第三個選擇可能，它有效地打破了因非此即彼的假設而產生的雙困（那就是：要麼丈夫說沒有婚外情是說謊；要麼丈夫真的沒有婚外情，但按此理解，他的證言並不可信）。藉著改變她喝酒的習慣，她能夠取得對處境的控制權。換一個模式，總之是不規則的就行。譬如說：她可以星期一喝酒，星期二和星期三不喝，星期四喝，星期五不喝，諸如此類。因模式是不規則的，丈夫不會「知道」自己幾時有婚外情，幾時沒有。「在一個星期之中的幾天有婚外情，其餘幾天則沒有」這個想法變得荒謬，原先的解釋觀點就被打破了。

關於把本來可預測的一個行為模式不規則化，有一個特別叫人困惱的例子（其本質卻非治療性）。那就是，先前每周都上禮拜堂的一位會友，現在來得很不規則（例如，他有兩周來，第三周不來，第四周來，接著連續三周不來）。這種行為叫牧者陷於困惑之中。發生了甚麼事？是因為他不滿意我主持崇拜嗎？抑或，是他的個人生命發生了甚麼事嗎？無論是哪一種情況，我應否向他提出，我留意到一種轉變？如果應該提出的話，該在甚麼時候提出？畢竟，他沒有完全停止出席，這位會友在星期天出席的次數，實際上可能比一位每月逢第一周來的會友要多，可是，和那位出席率較低但有一個可預測的模式的會友相比，他的行為就令人困惱得多。另一方面，正是由於會友之前的行為已失去其理所當然性，眼前的處境就有著前所未有的新契機。牧者可以指出，她留意到該種轉變，但不曉得那代表著甚麼，由是讓該處境向這些種種新的可能開放，不論這些可能為何。如此一來，就會帶來「治療性」效果。就那被指為拈花惹草的丈夫的個案來説，妻子以不規則的模式用餐前酒，使丈夫人人皆知的可信性成為爭論點，於是，它(丈夫的可信性)對夫婦二人的霸權操控就被擊破了。可以希望，這又會創造新的局面，培養出二人之間一種很不一樣、更多從內心出發的信任來。

下面有另一個故事，説明可如何利用第三個選擇，打破一個使人動彈不得的解釋觀點。互茲拉威克講的這個故事，其主人翁是一名住在澳洲斯坦何夫 (Steinhof) 小鎮，叫法蘭茲 (Franzi Wokura) 的男孩。[24]

法蘭茲的小故事

法蘭茲的試煉和磨難在他約十三歲的時候達到頂峯。他站在鎮上的貝多芬公園，眼前是一大片花圃，他看見一個牌子上寫著「不准踐踏」。那勾起了近年來愈來愈困擾著他的一個問題。他再一次發覺自己身處於一個看來只得兩個選擇的處境中，兩個選擇都不可取：他要不就當著這個禁令之前行使他的自由，將花朵踐踏一番，同時冒著被人抓住的危險；要不就遠離那片花圃。但一想到要服從一個可笑的牌子，要做那麼一個懦夫，他就熱血沸騰起來。良久，他站在那裏，絞盡腦汁，猶疑不決，直到霎時間——

> 也許他從未對花朵好好端詳一番——一個全新而迥然不同的念頭在他腦中出現：這些花兒好美。

亙茲拉威克問：「你覺得這故事無關重要嗎？它也許如此，但在法蘭茲的親身經驗不是這樣。」相反，

> 這一覺悟〔「這些花兒好美」〕像潮水湧來，瞬間人被提起，隨水飄去。此時他方才明白，也許可以從一個全新而迥然不同的方式去看世界。我要這花圃維持不變；我要這種美；我是自己的律法，自己的權威；他一次又一次不斷地對自己說。一下子，那個「不准踐踏的牌子」失去了它的重要性，摩尼教那種「要服從，不然就反抗」的二極對立消失了。

法蘭茲再不受困於令人絕望的雙困——要麼藉踐踏花朵來肯定其不服權威的自由；要麼就屈從權威，遠離花圃。他有了第三個選擇，他既不踐踏花朵，也不向外在的權威低頭，相反，他肯定自己的意願，要花圃維持「不變」。亙茲拉威克續説：

> 當然，法蘭茲的欣悦為時甚短，但有些根本的東西改變了；他裏面現在有了一支微弱的妙曲，常是微弱得聽不見的，但有時候，當他似乎將要再次掉進非此即彼的泥沼裏的時候，這支曲子卻是夠清晰的。例如，他學駕車的時候總繫上安全帶，因為他斷定那是一件合理的事，應該做的。之後不久，當公眾就政府有無權規定使用安全帶的問題掀起激烈辯論

的時候，他對一切的吵鬧都全不在乎了。[25]

亙茲拉威克設想有一個「魔鬼似的女巫」控制著法蘭茲的思想，直到貝多芬公園的那一幕，法蘭茲才找著挫敗女巫的方法。這女巫訴說道：

> 你花許多時間精力設計一個看來是萬無一失的局面來，只給他兩個可能，兩個都是偏激的解決辦法，而他不知怎地找到了第三個可能，從此脫身了。我只讓他在懦弱與蠻勇之間作出抉擇，但他選擇了勇敢。我嘗試叫他貪求一些東西，好讓他害怕自己會得不到它，但他對這個或那個都無動於衷。[26]

照樣，那個獲得母親贈送兩件襯衣的小男孩，可以決定兩件都不穿，避開母親造成的雙困局面：「兩件都那麼好，我要留下來給特殊的場合」。那個面對著兩個選擇，或是遷出房子，或是邀請男友和她同住的女子，認為自己別無選擇，可是，這話只在現行的遊戲規則的框架之中才是對的。很多父母補貼女兒的生活費，為了讓女兒不失體面。又或，既然她相信房子實際上足以容納兩個人，那麼它自然就可容納她和一個會分擔房租的女性朋友。這個選擇，或者不及一個人單獨佔用一所房子來得吸引，但它能夠讓她避免在自己和男友之間製造出一場關係婚姻立場的誤會來。還有一個可能的選擇——似乎不可思議，但也不一定如此——就是，她可以判定自己不會長久依戀著房子和男友：他搬進來與她同住的情景，馬上讓她看清了這兩件事。實際上，她的雙困情況幫助她看出了一點：無論是房子或是男友，都不在她的長遠計劃之內。

在《轉變》(*Change*)一書內，互茲拉威克與該書的合著者記述一個故事：一位軍官想出了第三個選擇，讓自己脫離了一個招架不來的局面。它記在題為〈二階轉變〉(“Second-Order Change”)的一章內：[27]

法國司令軼事

十九世紀的巴黎發生了多次暴動，在其中一次暴動中，一名軍方支隊的指揮官接獲命令，要向在城市廣場集結的暴徒開火清場。他指揮士兵就位，鎗口對準羣眾。在一片死寂中，他拔出佩劍，提高嗓門大喊：「各位親愛的先生女士，我奉命到這裏向暴徒開火，但同時我也看到在我面前站著一大羣誠實的、叫人尊敬的市民，我懇求他們離開，好讓我能夠準確無誤地射擊那些暴徒。」不消數分鐘，廣場空空如也。

司令官似乎被困於進退雙困的局面當中：或是遵從命令向羣眾開槍，釀成一場無法形容的災難，或是違抗命令被撤離崗位，由一個不需多加考慮便向羣眾開槍的人補上。他找到了第三個選擇可能，就是給暴民一詞賦與字面的意義。他準備好隨時遵命向暴民開槍，但究竟組成這羣暴民的是誰呢？包括了在廣場上眾集的那羣「誠實可敬的國民」嗎？當然不；因為他們不符合「暴民」的定義。

互茲拉威克及其同僚所抱持的前設是，弔詭可作治療性用途。如果說弔詭可用來束縛人，使人動彈不能的話，它們也可用來釋放人，使人自由。這是藉著超弔詭的手法，把弔詭來一個最後逆轉，結果就把它解開了。這要求治療師能夠辨認出當事人提出的是一個雙困局面，然後幫助她想出一個解開癥結的方法，使她逃出困局。解開癥結可以多種方式進行，其中最主要的方法是「第三個選擇」：把矛盾推前一步，如此就把矛盾化解了。

有時候，解決雙困局面的方法甚是簡單。在《不凡的治療》一書內，希利說到一對開館子的夫婦。二人的問題在於妻子覺得丈夫不盡責，以致她不得不承擔過量的工作。丈夫說他願意擔負更多責任，只是他能做的不多，因妻子又勤快又能幹。在此個案中的治療師艾力遜探知了二人都是在早上七時到達館子的，便給他們一個「處方」，就是把日程作些微調整；妻子要負責一件事，就是留意丈夫必須一個人在早上七時正到達館子，而她自己就要在七時三十分鐘到達。到了第二個星期，二人見治療師的時候回報說，情況改善多了。她七時半來到館子的時候，丈夫已經預備一切，毋須她親力親為了。當時間逐漸過去，妻子覺得自己可以在七時四十五分，甚至八時才到達館子。[28]看來是日程表上一個很小的改變，其影響重大。重要的是，艾力遜針對矛盾本身，不試圖探究有關所謂「深藏的動力」，諸如妻子「需要」支配丈夫，或丈夫「需要」退居次位等問題。另一方面，艾力遜認為頗重要的一點是，他派給妻子一項任務，就是要她留意丈夫有沒有在早上七時到達館子，因為這項任務在她放下了早上七時正到達館子的「責任」之後，給她一個可扮演的角色。

有時候，脫離雙困的辦法是向矛盾背後未經驗證的假設提出質疑。試看以下個案，一對父母來到治療師那裏，提出一個雙困的局面：雙方同意孩子們都需要管教，但二人各有很不同的管教方式，母親對孩子們十分強硬，而父親則極其通融。他們請求治療師協助他們找出令雙方都感自在的「快樂的中庸之道」，其理由是，這樣在孩子們面前，他們會比較接近「同一陣線」。治療師指出，她會幫助他們取得快樂的中庸之道，如果那真是他們想要的東西的話；只是她提出一個疑問：為甚麼他們以為這一點那麼重要？「你們的孩子在一生之中，會遇到一些在行使權柄上作風強硬的人，又會遇到一些在行使權柄上作風通融的人。為甚麼要消除他們身為孩子要學習應付兩種風格的經驗？」

這個思考方向叫二人大感意外，因他們簡單地以為，治療師會贊同，父母需要在孩子面前成「同一陣線」，免受孩子支配的說法。可是，當他們細想治療師的話，才發覺自己也贊同她的說法，於是回應道：「那麼，我們兩個都不需要改變了，我們只要讓孩子知道，我們都尊重對方管教孩子的方式。」治療師對這個結論表示贊同，就結束了面談。

還有一個例子，說明可如何向矛盾背後未經驗證的假設提出質疑。有一次，一個學生來見我，說他為我教的科目寫專文，專文一個星期之內就要交了，但他一直「文思不通」。他繼而說，他花了多個下午，只是坐著，對著空白的紙，甚麼都寫不出來。我問他：「你認為應該花幾多個小時在這篇專文上？」他說：「大約二十五個小時。但是我已經花了那麼多的時間，不見一點成績。」我真的感到出奇，就說：「那是太多了。如果你為寫我的這篇專文用七個小時以上，你就是用太多時間了。」這回應明顯撩起了他的興趣，我懷疑他曾否聽過一個教授(至少，教這個科目的教授)說這類的話。他答道：「真的？那麼告訴我怎麼可以減到七個小時。」我說：「我只是猜測，不過我想你的問題可能是，你以為寫每一頁都需要思考，但事實上，一份十頁的功課，直到第七頁你才需要開始思考！」注意在此我強調七這數字——七個小時，七頁紙。我心中想著，重複這個數字七，會把他踏進我辦公室之時他腦子裏想的二位數字驅散。

他說：「你說七頁紙『不用思考』是甚麼意思？」我問他寫的是甚麼題目，打算用甚麼書本和／或文章。他告訴了我，我從中推斷，該篇文章已有輪廓。於是我提出，那七頁紙需要的，不外乎是分辨他所用的資料的主要論點，基本上把它們寫下來，略為整理一下，讓它們看來有一個方向就行。我強調：「只要多加引述。」「然後，」我說，「這樣寫了七頁之後，才把餘下的三頁紙用來分析和評論，此時才是你有些個人思考的時間，*但不是在之前*。」我又說：「下星期三是交專文的限期。星期三我和你到自助餐廳吃午飯，你來的時候把專文也帶來。如果你寫的時間*超過*七小時的話，由我結賬；如果*不夠*七小時的話，由你結賬。」星期三，他來了，還有他寫好的專文，他說採用了我的建議，七頁完全不用思考，之後的三頁，頗多思考。我問他：「那麼你花了幾多個小時在它上面？」他說：「十個。」「真的？那麼我想應該由*我*來結賬了。」他笑道：「我是那麼估計的。」

我曉得這種「治療性介入」來得很具操控性，這是對亙茲拉威克的療法一種普遍的批評，然而我相當肯定，在此個案中的學生「看明了」我想要做的是甚麼，並且有意地隨我的計劃而行。事實上，在餐桌上，他跟我說那是「一個很有趣的實驗」；無形中意味著，他曉得我們是在嘗試一些非傳統的東西，看我們會否破解得了他「文思不通」的困局。如果要分析是次「治療性介入」，我們會看見它包含了三件事：(1) 質疑一個普遍為人接受的假設：花*較多時間*寫專文，比花*較少時間*為佳；(2) 質疑一個普遍為人接受的假設：在寫專文的整個過程中，他必須思考——大學生尤其易於墮入這種誤解之中；(3)預先定下慶賀他成功的時間。說實在，他證明了我的想法是錯的，他沒法在七個小時內完成專文——實際上他用了十個小時——可是，他也證明了自己的想法是錯的，他不需要為一份十頁紙的功課花上二十五個小時。吃過了飯，我們沒有得出甚麼理論，解釋為何是次實驗成功了，但這個故事跟之前的幾個例子相似，它說明在一個招架不來的處境下所暗藏著的可能——那第三個選擇——是如何操作的。個案中招架不來的形勢，反映在這雙困的處境中：一方面，「我一定要把專文寫好」；另一方面，「我寫不出這篇專文」。第三個選擇並沒有給學生更多的寫作時間(譬如延長限期)，因為那正是問題所在——不論該學生是不是這樣看，他其實有太多寫專文的時間——所以第三個選擇是採用弔詭性的介入，即給當事人一段大為縮減了的時間，然後提供一些建議，指導他如何能在這段大為縮減了的時間之內，達到一個合理的目標。他應該少一點而不是多一點思考，這個概念本身是帶弔詭性的，因為我們基於常識的一般假設是，寫文章要求很多思考，思考愈多，文章就愈精采。然而，他剛剛才說出一個事實：他坐著幾個小時，想來想去，紙上還是一片空白。故此我建議他不要「思考」，到他寫第八頁才開始思考，這是為了扭轉他的概念，他以為思考和寫是可以用相同標準比較的；我提出一個概念：他用不著思考也可以寫出大半篇專文，他只需要在接近完成的時候開始思考就行。

光怪陸離的迷失世界

閱讀亙茲拉威克的書是走進一個故事世界，事物跟表面看去的全不一樣。在一個由矛盾(弔詭)實行最高管治的世界裏，意義從來都是不穩定，不固定的。我們感到好像是進入了一個鑲滿鏡子的大堂，不久即頭暈目眩。亙茲拉威克的世界跟艾力遜的頗不一樣(即使他們同樣研究混淆不清的語言，以及擾亂性的語言)，因艾力遜的故事傾向強調「心思淩駕物質」，而亙茲拉威克的則關乎「心思淩駕心思」。艾力遜要激發心思，以克服物質那使人虛弱的作用(他自己對抗脊髓灰質炎的掙扎就是一例)，而出身於研究人際溝通模式的亙茲拉威克，長於運用克服呆滯溝通的技巧，他設法用心思來「智勝」充滿矛盾的另一個心思——或另一部分的個人心思。如果說我們傾向於把艾力遜的故事視為比亙茲拉威克的更「優雅」、更「親切」，因為在亙茲拉威克的故事世界裏，人需要智勝對手，那麼我們當記得，在耶穌願意醫治的眾多症狀之中，其中有被鬼附身的症狀。假如艾力遜那令人得著啟發的世界使我們想到福音書內比較溫馨的例子，那麼，亙茲拉威克的故事世界就比較容易使人聯想到福音書中有關被鬼附之人的記錄，那些比較沉鬱的故事。被鬼附之人是雙困命令的受害者，他們逃不出來。醫治的方法是把鬼制服。亙茲拉威克提過的那個聽見多個聲音的人，就是一個適切的例子。

所以，我們不應斷然拒絕進入亙茲拉威克那個奇怪的故事世界去，原來在人生中(甚至在日常生活中)，有些情況是需要運用亙茲拉威克的治療故事中所表現的顛覆手段的。我們大多數人都寧可選擇一個動機明確的世界，在其中人人說的都是實話，我們做的和我們的身分完全一致，但在亙茲拉威克的故事世界中，事物並非如此理想，我們遇著一些不一定是有利的權勢，好人未必得著好報，要冒上的風險不一定小，處於這樣的世界，我們需要學習如何顛覆，像耶穌那樣，他在與鬼魔交鋒之時也採用了顛覆手段。

污鬼：我們與你有甚麼相干？
耶穌：〔不語〕
污鬼：如果我們進到豬羣去，你會放過我們嗎？
耶穌：〔不語〕

於是污鬼進入了豬羣，被鬼附身的豬羣就投向死門關（可五1～12）。既然耶穌知道何時揭示其動機、其用意，並何時將之隱藏，我們也當如此。雖然亙茲拉威克那充滿矛盾的世界叫人不安，因它看來全無信念，全無安全基礎，但要是我們承認，在人外面有執政的、掌權的，在人裏頭有抵擋的力量，決意要挫敗我們的意志，破碎我們的心，那我們就不容漠視它。

耶穌説的警句

不過，耶穌與弔詭故事之間的牽連，並不止於他醫治鬼附之人的故事。當我們讀著亙茲拉威克的書，我們進入的故事世界跟耶穌的言談和他的比喻裏的故事世界，有著明顯的對應。亙茲拉威克在其《促成改變的語言》（*The Language of Change*）一書中討論「右腦語言模式」，有助我們探討弔詭故事與耶穌的警句之間的關係。[29]

亙茲拉威克在右腦語言模式這個大題目下，兼論夢的語言、詩的語言、象徵語言、暗喻語言、幽默和笑話。他又把警句（aphorism）界定為屬右腦的活動，引述韋氏（Webster）給aphorism下的定義：「簡而精的一句話，表達一種智慧或靈明的觀察，或一項普遍真理」。[30]警句把最少兩個概念或兩個意念聯繫起來，這種關聯是不尋常、令人吃驚的，因而大有力量。「靠它養活嫌它少，忍餓不吃嫌它多」(“Too little to live on, too much to starve from”)，此語能抓住人心，因它說出一項真理，即使從技術上說它是不合邏輯的。如果我們假設只有兩種可能——不是生便是死——這警句就違反了該項假設和假設背後的邏輯，但另一方面，它作出了一種質量上的觀察：「那是死亡的前奏，但所維持的生命簡直是不值得活下去的。」除了言語精煉之外，警句之所以有效力，是在於它提出一種出乎意外的關聯。如果說我們一般是把「餓」和「少」、「活」和「多」繫起來的話，這警句就逆轉了一般的期望，把「少」和「活」、把「多」和「餓」聯繫起來。據亙茲拉威克的觀點，警句在表面上看來只有兩種可能的情況下創造了第三種可能。假使我們以為只有生和死兩種可能，這警句就提出了第三種，就是行屍走肉或生不如死的狀況，和死不盡相同，但也相當於死了。亙茲拉威克提出一階與二階現實 (first-order and second-order reality) 的觀念，說警句把我們安置在二階現實的領域裏，尋常的非黑即白的原則在那裏是行不通的。[31]王爾德說過一句名言：「聖人和罪人之間的惟一分別是，凡聖人都有過去，凡罪人都有未來」，此語一舉摧毀了亙茲拉威克所謂的「可怕的簡單化」，即把人性寫成一幅黑白的素描。又或，試看王爾德的另一名言：「上議院的非宗教貴族沒說話，上議院的宗教貴族沒話好說，而眾議院沒話好說又說了。」[32]

有時候，警句是笑話中的靈魂，就如以下亙茲拉威克引述的例子，取材自弗洛依德 (Freud) 的《笑話及其與潛意識的關係》(*Jokes and Their Relation to the Unconscious*)：「X先生與太太過著頗豪華的生活。有人想，是丈夫賺了很多錢，有點儲蓄吧。有人想，是太太留著點錢，所以能賺得更多。」[33]可笑的當然是，X太太與別的男人上床，以此謀利。這個例子以一句警句為靈魂，示範了如何利用適切的警句創作故事，不論是軼事、笑話、比喻或甚至是一則佈局完整的短篇故事。我們可以把「靠它養活嫌它少……」這警句設定在一個框架中，譬如兩個同室囚犯或修士在領取每天配給的食物之時的一段對話；又可以把它與某人的性生活或某牧師的講道拉上關聯。如此，它就不再單純是一句智慧話，而成了故事的靈魂了。基本的條件是，交代此語出自誰的口，又要把說話的對象（無論是個人或一羣人）交代明白。此外，也可附加其他背景資料：

> 凌太太不住向她的新鄰居貝太太稱讚她教會的優點：「我們的詩班一流，青年團契是鎮上最棒的，婦女小組很活躍。我們的牧師也很好呢。」貝太太應道：「我對新教會的其中一個要求是好的講道。你怎樣評價牧師的講道？」凌太太答道：「這個嘛，我得說——他的講道靠它養活嫌它少，忍餓不吃嫌它多。」貝太太說：「噢，就像我們家鄉的牧師。」

我構思的這個故事，證明了以警句作為故事的靈魂（或「笑位」），要創作故事是多麼的容易。

聖經學者們一致認為，歷史耶穌的言論充滿著警句。學者們相信，反映歷史耶穌的思維的警句有：

1 「不要審判人，你就不會受審判，因為你用的標準會成為用來審判你的標準。」

2「盲人能領導盲人嗎？難道不會二人一同掉在坑裏？」

3「好樹結不出腐朽的果實來，腐朽的樹結不出好果實來。無花果是從荊棘上收的嗎？又或，葡萄是從蒺藜上收的嗎？每一棵樹都是憑著它的果實去辨認的。」

4「口中之言，發自滿載的心。」

5「你們中間有哪一個父親，兒子要飯吃的時候給他石頭，或是，兒子要魚的時候，給他一條蛇呢？」

6「不要怕那些能殺身體而不能殺靈魂的。」

7「因為你的財寶在那裏，你的心也在那裏。」

8「遇到有一個人說：『讓我先回去埋葬父親』，耶穌答道：『由死人埋葬死人吧。』」

9「誰要愛護自己的生命，將要失去它；誰為我捨掉生命，將要保存它。」[34]

〔譯按：以上譯自作者引述的書本原文〕

以上清單選錄的最後一語——「誰要愛護⋯⋯」——正好表現了交錯配列的結構。交錯配列是一個交叉式的結構，名稱源自希臘字母*chi* (X)。互茲拉威克在其有關右腦的語言模式的討論中，把交錯配列稱為一種「令人困惑的結構，通過它，事物的複雜狀態看來被約化為絕對簡單清晰的語句。它的『語法』屬於我們的右腦過於左腦。」[35]他補充說，難怪「政治家、民眾領袖和行銷人員鍾情於它。」《共產宣言》(*Communist Manifesto*) 中對資產階級社會有這樣的描述：「做工者無財，有財者不做工。」一八〇九年，席爾 (Ferdinand Schill) 對他那支反拿破崙的志願軍訓話說：「寧可給恐佈一個完結，不要沒完結的恐佈！」而我們都曉得全國步槍協會 (National Rifle Association) 的名言：「把槍械列為非法，即讓非法之人擁有槍械。」可見，交錯配列這類警句排除了第三個選擇(例如，誠實的國民可擁有槍械)的可能，並引導聽者在兩個現有的選擇之間作出決定。對那個會辯說「我不可能藉愛護生命而保存它嗎？」的人，耶穌給的回應是：「不。你只得兩個選擇，一是愛護你的生命並失去它，一是失去你的生命並保存它。」如下圖：

交錯配列的警句

愛護生命的 ╲╱ 要保存它
捨掉生命的 ╱╲ 要失去它

警句的思維模式與諺語的思維模式

克勞生(John Dominic Crossan)在《零碎金言——耶穌的警句》(*In Fragments: The Aphorisms of Jesus*)一書，專論耶穌以警句發話的意義。[36]頭一章論「警句體裁」，突出亙茲拉威克論警句的一些要點，尤其強調精采的警句的弔詭性。他特別著重諺語(不含弔詭成分)和警句(含弔詭成分)的分別。諺語(proverb)是經由口述傳統保存的句子或語句，不過它也可以經由文字傳統保存和傳播。它把一些為人承認的真理或有關實際生活的共同觀察，以令人印象深刻的方式簡明地表現出來。這裏的重點在於「為人承認」以及「經由傳統保存」。「事後補救不如未雨綢繆」(“A stitch in time saves nine”)一語，預期會得到人們首肯贊同或甚至是「多麼真確」的評語。使用諺語的時候，預料不會引起爭論，我們得到的回應，頂多也只是「老生常談」、「眾人皆曉」之類，但這也不過是道出了一個事實：諺語的真確性是毋庸置疑、無可爭議的，我們理所當然地接受它。

警句則是完全不同的一回事，警句的精意在於表現矛盾。克勞生引述阿塞米森 (Hermann Asemissen) 論警句的短文說：

> 凡有效力的警句皆以矛盾為特色，它熱衷於對立……愈令人困惑的矛盾，張力愈大，產生的吸引力就愈大。所以，警句實際上是反駁其權威似乎是無可動搖的、又被人普遍認同的一切事物。[37]

據阿塞米森主張，就連警句的形式「也跟系統性推理思維的強大傳統有著鮮明的矛盾，故此就其內容而言，它尤其喜愛反權威立場、反風俗習慣、反常規及反傳統。」[38]警句既熱衷於矛盾，就無可避免地導致它使用弔詭作為「理想的戰鬥方式」，因為「含弔詭性的自相矛盾，是一切矛盾之中最令人驚訝的，所以最有利於警句的目的。」[39]然而，弔詭又是警句的最大危險，猶如玩火，因弔詭「有(永久的)可能使句子變得荒謬，破壞警句中的灼見(那是它原來的目的)。但這種特殊危險給它一種特別的魅力，它既有覺察得到的力量，又是危險的玩意。」警句尤其「喜愛用現成語句譬如諺語一類，而用出人意表、切合其目的的方式加以修改，或將之引進一種弔詭性的關係中。」[40]

克勞生又引述聖經學者威廉斯 (James G. Williams) 的著作，後者把諺語背後的集體權威跟警句中所表現的個人權威作出區分。威廉斯認為，諺語和警句之間的主要分別是在於它們的功能，這功能卻不一定從形式上的文學標記看得出來：

> 諺語把人類的聲音表現為古代的集體智慧，而警句就……比較突顯個人的主觀性，但兩者都給予說話者一個重要的角色，不論該語句的權威最終以甚麼為基礎。[41]

有一個事實反映了這種區分，就是人們習慣把警句算為個別人士的語錄，即使把警句與其所謂「作者」作出了錯誤的聯繫，這樣的聯繫似乎仍是必需的。人們常會把警句冠以下列人士之名：王爾德、斯坦因 (Gertrude Stein)、巴克爾 (Dorothy Parker)，及較近期的貝拉。警句經常被個別人士用來作為表態的工具，表示她對古代集體智慧抱有異議，並申明她的立場。人們從來沒把韋斯特 (Mae West) (「我曾一度純潔如雪，隨後我流浪」) 列入傳統的諺語、智慧那邊，總是列入警句一類。

另一方面，克勞生指出，隨著時間推移，警句會淡化為日常用語一類。他認為耶穌說的警句經歷了這種轉變。「飢餓的人多麼有福；他們將要得飽足」依然保留警句的矛盾語調，但「你們飢餓的人有福了，因為你們將要得飽足」這普遍譯法，就以未來的應許代替了矛盾。故此，分析到最後，警句與諺語的區分並不在於文學形式而在於功能，特別在於它是具有權威的主張：

> 兩者都是言簡意賅的語句，兩者都堅決拒絕附加任何理由、論證或解釋。但諺語之不附加理由，是由於它不需要甚麼理由，它是前人的智慧集成；而警句呢，它之不附加理由，是由於沒有合用的理由，它是有關未來的智慧錦囊。諺語是結束的話語，警

> 句是起首的話語……不論是單就形式或是單就內容說，或是就形式和內容說，警句都像是來自伊甸的聲音，是晨曦中的金言。[42]

另一方面，耶穌的警句不止於矛盾。如果我們單把焦點放在句子的前半部分，「飢餓的人多麼有福；他們將要得飽足」就語帶矛盾（飢餓的人怎麼會有福呢？），但若把句子作為一個整體去理解，它就從表面的矛盾轉為含有弔詭的深意。故此，請看那些很少嘗到食物的人，當獲得食物之時，他們是如何領略食物的美味！與此同時，這含有弔詭成分的句子暗示了一種批評：「有些人習慣了隨意選擇吃的時間，以及吃些甚麼，以致他們老早就忘記了吃的樂趣。」

警句之所以和諺語不同，也在於它的隱晦。諺語的適切性、其意義和應用通常都不說自明。「事後補救不如未雨綢繆」，不難應用到很多情況。但耶穌說的「掩蓋的事沒有不露出來的，隱藏的事沒有不被人知道的」，就有一種神祕感，叫我們摸不著頭腦。他究竟在說甚麼？這話是指著甚麼說的？它含有恐嚇之意嗎？可見，即使耶穌的警句表面看來矛盾不大，又或，看來沒用上弔詭的手法，我們總可覺察到它們的隱晦，其所含的模糊性，並看出警句之所以像伊甸之聲，像晨曦金言，也在於它利用了這種修辭手段。

再者，如果警句反映了發話之人的個人權威，我們就視之為出自一個單一的聲音，與我們用來辨認諺語的集體聲音無關。諺語之具有權威，是因為我們從眾多人口中聽過它，要回想誰是第一個向我們講說某句諺語的人，是徒勞無功的。畢竟，我們說諺語具有的權威是古人的集體智慧，就是這個意思。我個人來說，第一次聽到「心急水不沸」（“a watched pot never boils") 是甚麼時候，又或，是誰跟我說的，我都記不起來。但家父跟我說過一句話，當時的情景還歷歷在目。我在割草，父親在修理籬笆，我發現草叢中有一隻死去的知更鳥，我怕拾起它，只知道不能就此讓割草機輾過，就叫父親來。他過來，低頭看了知更鳥，就抬頭望天道：「祂看顧麻雀，但我看見一隻死去的知更鳥。」他當下解決了割草機前的知更鳥的問題，但與此同時，他丟給我難接的一球，我感到驚奇、好笑、難以忘懷，在同一時間。因說話之人是我的父親，分別就很大了。

耶穌說的警句也是如此，說話之人的聲音跟所說的言語分不開。「我在暗中告訴你們的，你們要在明處說出；你們耳中所聽的，要在房上宣揚出來。」凡從耶穌口中聽過這話的人，怎會不時常將之聯想到祂的聲音呢？絕不會有我們經常聽見的含糊其詞：「有人說……」；「我不曉得是誰說的，但……」；或甚至是「研究顯示……」。相反，說話者和所說之話是一個單一的形像，言語和聲音融合為一。當耶穌的跟從者周遊各城之時，隨行在身的有他們最寶貴的產業，就是差派他們那一位的話語，以及祂的音容。在祂死後依然存活的正是這副音容，它繼續給他們一種感覺：祂與他們同在。這聲音能夠在公開爭辯中獨樹一幟（「先生，誰立我作你們的審判官，你們的律師？」），能夠提出艱難的抉擇（「人若不恨他的父母，就不能從我身上學習；人若不恨他的兒女，就不能進我的學校」），又有不尋常的安慰力量（「我告訴你們，不要為生命憂慮吃甚麼，為身體憂慮穿甚麼；因為生命勝於飲食，身體勝於衣裳」）。然而就連這安慰也是帶弔詭性的安慰，因為那與我們同在的聲音沒告訴我們，我們*將要*得著飽足、我們*將要*有蔽體的衣裳；它只告訴我們一件我們已知的事，就是我們是有生命、有身體的人，因此我們沒有理由憂慮。如果我們以為這算不上是安慰，就是看不出其中的弔詭：它根本不談將來可能發生的事(我們在今天稍後的時間、在明天或後天有衣食與否)；它反倒是說：「我看著你，就是看見一個生命，還有甚麼足以比較的？」

我在上文談過耶穌傾向使用警句，好在福音的好消息與亙茲拉威克在無望的雙困以外尋找第三個選擇之間作出關聯。好消息極少在我們的預測或設想之內，因我們的預測和設想，都是基於那把我們困在解不開的雙困之中的非此即彼的思維模式；相反，好消息是來自向雙困背後的假設提出質疑。那個獲得母親贈予兩件襯衣作為生日禮物的兒子，可以決定不在第二天穿上其中的任何一件。被困在順從外在權威與行使個人自由的雙困之間的法蘭茲，發現了他希望花朵維持現狀，因為它們很美。當有人來到耶穌那裏，請求耶穌吩咐他的兄長和他分家的時候，耶穌向該請求背後的假設提出質疑：「誰立我作你和你兄長的審判官呢？」如果說耶穌是次根本沒有上當，那麼我們也該知道，在別的情況下，耶穌是正面回應挑戰的，就如在那個因行淫被抓之婦人即將要被那些曾經與她作伴，並從中獲取快樂的男人用石頭打死的例子中，他說：「誰沒有罪，就讓他先拿石頭打她」。他們以為那是件簡單案子，不過是施與當得的刑罰而已，但耶穌把它轉化為給他們的一個進退雙困的局面，他們有罪的手中拿著的石頭，再也拋不出去了。

這故事也示範了耶穌解開癥結的方法——他看出了有第三個選擇的可能。假如他不去定那婦人的罪，就似乎要觸犯摩西律法了，但假如他真的定她的罪的話，那就會觸犯羅馬人的法律，因為人們相信，根據這時期羅馬人與猶太人的關係，猶太議會執行死刑之權早被羅馬人的諭令廢止了。耶穌以出人意表的方法避過了是次老謀深算的雙困局面——一個處於兩套法律(一是宗教的、一是世俗的)之間的雙困局面。祂向聚集的眾人宣告：「你們中間誰是沒有罪的，誰就可以先拿石頭打她。」祂採取的行動，其所出的結果，大約也就和那個法國司令的差不多，後者曾被困於或是遵從命令，或是釀成無可形容的慘劇的雙困局面之中。耶穌宣告說：「誰沒有罪，就讓他先拿石頭打她」，如此就以警句式的第三個選擇，代替了諺語式的非此即彼，行動中祂向雙困背後的假設提出了質疑，宣告了福音的好消息。

情節變得複雜了

我提出一點：亙茲拉威克講的故事，有助解釋牧者為何對牧養輔導有典型的不安感覺。輔導會友與嘗試解開癥結的感覺的確很相像，愈是努力，問題就更是「糾纏不清」。當一位妻子來跟牧者說，丈夫拈花惹草(就此個案說，她的投訴是有根據的)，牧者就開始有一種往下沉的感覺：他聽下去必定會頭昏腦脹。或者，一位會友來談及她的女兒，為管教她感到煩惱，又抱怨說丈夫無能為力，他「鼓勵」女兒有不當的行為。或者，一位會友跟牧者說，他那個十三歲的兒子和朋友們到公園流連的時候，因踐踏花圃給抓去了，人問他為甚麼踐踏花圃呢，他答道：「不知何故，我就是喜歡這樣子。」這些故事也都為牧者造成沉重的感覺，她要不是已經覺得頭痛的話，也就離那一刻不遠了。

如果說，艾力遜的故事反映了故事會自然傳開的這個特質，那麼，亙茲拉威克的故事就反映了故事的另一個特質，就是情節趨向複雜化，而當情節複雜起來的時候，聽者就變得緊張和著急。我們閱讀小說或看電影，所要求的正是劇情的發展，如果沒有這個出現，我們就會感到失望。試觀察一羣圍坐聽故事的小孩子，當情節沒有發展的時候，他們的反應如何。「這故事很悶呢」，「沒有甚麼好聽的」，或甚至「你是不是忘記了說甚麼？」；這些都是可預料的反應。可是，在牧養輔導的處境下，我們就預期要對所說的故事作出有利的反應，我們大有可能會對情節的發展提高警覺，甚至會帶著惶恐的心情。這類故事比我們預想的還要複雜。儘管我們真心誠意想提供幫助，我們卻不願聽見一個故事，在其中說故事的人陷入一個又一個難解的結中，深怕連我們自己也被纏住了。無怪乎當故事徐徐開展，情節複雜起來的的候，我們就開始想法子提供「高明的轉介」，好把我們自己從故事中解救出來。

可是，在我們因一時衝動而有所行動，要從故事得解脫之前，我們應該記得，在那個因行淫被抓的婦人的故事裏，使情節複雜起來的不是別人，正是耶穌。在耶穌出場之前，故事頗為簡單、一點也不複雜，有一個婦人犯了罪，即將為此受罰；可是，一旦耶穌說出了這句似乎是言不由衷的話——「你們中間誰是沒有罪的，誰就可以先拿石頭打她」——祂就使故事的情節複雜起來。聽眾曉得，本來似乎是一目了然的形勢，頓時變得不可預測，帶點兒不祥的氣味。發生暴力的可能還在，而事實上，這個可能性是提高了而不是減低了。一個有秩序的、集體執行死刑的例常程序，被一個新的處境代替了，此時各人察看自己的良心，按其所得的結果有所行動；這既是個人化的內省過程，而不是經周密安排、精心策劃的一幕社會戲劇，天曉得下一步會發生甚麼呢。其間耶穌在地上寫字，說故事之人沒告訴我們祂寫的是甚麼（大概他自己也不知道），反而令聽者更為焦慮緊張。當情節的複雜性由最高點滑下，一個又一個的控告人「從老到少」離開衝突現場之時，聽者才大為鬆了一口氣。[43]

我們有一種自然而可理解的意願，是逃避情節的複雜化，儘管如此，牧者仍需付出若干時間精神，去聆聽複雜的故事並作出回應。他們需要做這事的主要理由是，當情節複雜起來的時候，神要在其中有所作為，並藉此作工。正如利科 (Paul Ricoeur) 曾在一篇名為〈聆聽耶穌的比喻〉的講章裏說：「耶穌不是以那個……的男人、那個……的女人、那……的酵比喻神國，而是以故事裏*所發生的事*比喻神國。」因此他指出，我們不應過分注意比喻所描述的情景 (那個農業或鄉村的社會)，而應當多注意*劇情*：「戲劇的骨架血肉、高潮和結局」。[44]這也意味著神不只是故事中的一個*角色* (儘管有浪子的比喻)，而是故事中所*發生*的一切把神自己顯明了，那就是說，當劇情變得複雜並由此開展的時候，神在其中。尤其與會友跟牧者講的故事有著密切關係的，是克勞生的這一點觀察：比喻和神話不同，結局不常是復和，在比喻來說：「復和是一條與不復和一樣基本的原則。你建造了可愛的家，神話給你安慰和保證；但，低聲說個比喻吧，你就恰好站在地震的斷層上。」[45]這意思是說，我們不可假定神總是給我們令人滿意的結局的；結局不明的故事給聽者留下問號，也許那正是神的用心。我們不應把我們自己的故事標準，加諸神的身上。

反過來說，我們要是不去留意故事的這個特質——容易複雜化的趨向——我們就會對神在會友的生活上*正*如何作工一無線索，也就沒法幫助他們看出一件事：神並沒有撇棄他們，祂正活躍地參與在他們的生命裏，使那個有待顯明的「第三個選擇」變成現實。我提出一點：當情節一旦複雜化的時候，牧者就直覺地曉得，一個牧關的處境已轉變為一個牧養輔導處境了；再者，使該處境成為牧養輔導處境的，正是情節的複雜化，而不是地點(譬如牧者的書房)或其他處境因素(譬如，事先安排的時間)。故此，假如有牧者到醫院去探望一位因心臟病發住院的會友，而在她與會友交談的過程中，知道他的毛病是「因擔心女兒婚姻失敗」導致的，那麼，當初的牧關行動就變成了牧養輔導的處境。只因會友估計(斷言？)，他的健康問題是由女兒的婚姻問題所造成的，情節就複雜起來，而牧者也就別無選擇，只得承認情況就是如此。

雖然，會友和牧者一樣，都寧可把他們整個團體的人生故事當作是簡單不過的(「我們只是你平常的、友好的會眾」)，照這樣子活下去，但這樣的取向長遠來說是妨礙生產的，因它違反事實。在我那篇題為〈美國教會生活中追求不幸的現象〉(“The Pursuit of Unhappiness in American Congregational Life”)的文章裏，[46]我借用了亙茲拉威克的著作《情況無望卻非嚴重》(*The Situation Is Hopeless but Not Serious*，副題為〈追求不幸〉〔“The Pursuit of Unhappiness”〕)，[47]去分析會眾的故事。我不會把整個分析搬到這裏來，不過要指出一點：據亙茲拉威克看，個別的人有一個習慣，就是每當他們好像快要在人生中抓到幸福的時候，就把自己推進不幸與愁苦之中。他列出個人在無休止地追求不幸的時候所使的招數，其中有幾招是重提過去，其餘的是投射向未來。我在拙文中解釋，教會的會眾也使出這類招數，而我推斷，牧者如意識到會眾在使出這些招數的話(而他經常是他們使花招的對象)，他不但有更高的生存機會，連改進教會風氣的機會也提高了。會眾的故事情節從來都不簡單，它們總是複雜的(經常有幾個故事同時複雜化的情況)，這意味著，牧者如付出部分時間去聆聽個別會友的複雜故事並作出回應的話，他就會更明白一點：會眾的故事其實有著複雜的情節；而他自己也可因而更有效地回應這個現實。

由此可見，情節的複雜化既非好事也非壞事，它只不過是所有稱得上是故事的東西的一個特點，但當情節變得複雜時我們如何作出回應，就決不是一件中性或者無關重要的事。當情節複雜起來，我們可以用自我保護的態度，放下書本或離開劇場，又或我們可以咬緊牙關、正襟危坐，預備要來的一場雲霄飛車。這類弔詭故事向我們見證一個事實：我們最好還是留在原處聽下去，因為即使它真的出現一個不幸的結局(就如真實的人生故事那樣)，我們也必會看見神如何進入我們各人的生命之中，祂要驅散那繚繞著複雜情節的一片煙雲，準備清理一番。我認為在那個因行淫被抓的婦人的故事中，當控告她的人都離開了現場，耶穌抬起頭來之時，這樣的清理就發生了。

耶穌：婦人，那些人在哪裏呢？沒有人定你的罪嗎？
婦人：主啊，沒有。
耶穌：我也不定你的罪。去吧，從此不要再犯罪了！

假如我們在劇情變得複雜的時候放下書本或離開劇場，我們就不可能目睹了這一幕；此刻，一切都變得清晰了，我們再次看見了她和祂面上的色彩。[48]一個鮮活的故事。

註釋

1. Jay Haley, *Uncommon Therapy: The Psychiatric Techniques of Milton H. Erickson* (New York: W. W. Norton, 1973), p.9.

2. Paul Watzlawick and John H. Weakland, eds., *The Interactional View* (New York: W. W. Norton, 1977), p.xi.

3. *Webster's New World Dictionary of the American Language* (Cleveland: World Pub. Co., 1966), p.1060.

4. 這個以及其他有關「雙困」的例子，可見於Dan Greenburg, *How to Be a Jewish Mother* (Los Angeles: Price／Stern／Sloan, 1964)。

5. Paul Watzlawick, *Münchausen's Pigtail* (New York: W. W. Norton, 1900), pp.27～28.

6. Watzlawick, *Müchausen's Pigtail*, p.28。從這個及前述的例子引申一點：孩子患精神分裂症的主要原因是由於家長，特別是由於母親。Bateson的這個理論(即精神分裂症主要是由家長造成的溝通上的「困局」所導致的)在一九五○年代頗流行，卻未為當時的人一致接受，在今天就更難為人接受了。Erik H. Erikson 在一九五○年初版的*Childhood and Society* (New York: W. W. Norton)一書中，極其慎重地沒為他處理的一宗有關精神分裂症的女童的個案怪罪於其母 (ch.5)。事實上，人們批評他似乎是為該女童的不幸怪罪於女童本人。基於是次批評，他在一九六三年的修訂版中附一註腳，強調兩點：任何情緒障礙病必然是由多個因素造成的；有關精神分裂兒童的研究大抵還在起步階段 (p.207)。無論如何我相信，家長的溝通方式對兒童的情緒發展有一定的影響，而部分家長用「雙困」的溝通方式的這個事實，的確也促使Bateson的研究小組發現了這類溝通方式可怎樣作治療性用途。Watzlawick以弔詭故事及解開癥結的手法作治療性用途，這並不要求必須先接受Bateson小組對精神分裂的成因所作的解釋作為先決條件。

7. Paul Watzlawick, John Weakland, and Richard Fisch, *Change: Principle of Problem Formation and Problem Resolution* (New York: W. W. Norton, 1974), p.63。此書的前言是由Milton H. Erickson執筆的，因他健康欠佳，其文甚短，惟以此作結：「我很高興自己的研究對本書所陳述的理念有所助益；我得以寫這幾句感言，實感榮幸。**在此，也許正如在別處一樣，這麼一個小小的姿勢，才是個人要做的一切急務**」(p.x；粗體字為本人強調者)。

8. Paul Watzlawick, Janet Beavin Bavelas, and Don D. Jackson, *Pragmatics of Human Communication: A Study of Interactional Patterns, Pathologies, and Paradoxes* (New York: W. W. Norton, 1967), pp.187～256.

9. Watzlawick et al., *Pragmatics of Human Communication*, pp.187～188.

10. Watzlawick et al., *Pragmatics of Human Communication*, p.198.

11. Paul Watzlawick, *The Language of Change: Elements of Therapeutic Communication* (New York: Basic Books, 1978), p.109.

12. Watzlawick et al., *Pragmatics of Human Communication*, p.202.
13. Watzlawick et al., *Pragmatics of Human Communication*, pp.198～199.
14. Erik H. Erikson, *Young Man Luther: A Study in Psychoanalysis and History* (New York: W. W. Norton, 1958), pp.23～48.
15. Watzlawick et al., *Pragmatics of Human Communication*, p.202.
16. Watzlawick et al., *Pragmatics of Human Communication*, p.202.
17. Paul Watzlawick, "Self-Fulfilling Prophecies", 收於*The Invented Reality*, ed. Paul Watzlawick (New York: W. W. Norton, 1984), pp.95～116。該例子載於頁95～96。
18. Watzlawick et al., *Pragmatics of Human Communication*, pp.231～232.
19. Watzlawick et al., *Pragmatics of Human Communication*, p.235.
20. Watzlawick et al., *Pragmatics of Human Communication*, p.236.
21. Watzlawick et al., *Pragmatics of Human Communication*, p.236.
22. Watzlawick et al., *Pragmatics of Human Communication*, pp.236～237.
23. Watzlawick et al., *Pragmatics of Human Communication*, p.241.
24. Paul Watzlawick, *Ultra-Solutions: How to Fail Most Successfully* (New York: W. W. Norton, 1988), p.42.
25. Watzlawick, *Ultra-Solutions*, pp.42～43。在第二章我自己的減肥個案，也是第三選擇的例子。我曾面對著不做運動便要節食的勸告，而發覺自己對兩種方法都感到抗拒。我發現了我可以接受的第三個選擇，就是每天給自己過量的睡眠時間。這第三個選擇顯然跟尋常的結合運動和節食的減肥法很不一樣，因它引進一種全然不一樣的行為，而非結合先前分別遭拒絕了的兩種行為。被一個人逐一拒絕的多種行為，若是將之結合起來，也不大可能為他本人接受。
26. Watzlawick, *Ultra-Solutions*, p.44.
27. Watzlawick et al., *Change*, p.81.
28. Haley, *Uncommon Therapy*, pp.225～227.
29. Paul Watzlawick, *The Language of Change*.
30. Watzlawick, *The Language of Change*, p.73.
31. 在*Change*一書，Watzlawick等人談到，個人尋求取得的改變是屬於甚麼類型，是根據這個一階與二階現實的區分來決定的。他們指出，人們在想望中需要二階轉變的情況下，仍傾向使用那些適用於一階轉變的方法(pp.77～91)。在《易構》一書，我曾頗詳細地討論過這個議題。
32. Oscar Wilde, *The Soul of Man and Prison Writings*, ed. Isobel Murray (New York: Oxford University Press, 1990), p.x.

33. Watzlawick, *The Language of Change*, p.77.

34. Burton L. Mack, *The Lost Gospel : The Book of Q and Christian Origins* (San Francisco: HarperSanFrancisco, 1993), pp.73～80。譯文出於Mack之手。

35. Watzlawick, *The Language of Change*, p.75.

36. John Dominic Crossan, *In Fragments: The Aphorisms of Jesus* (San Francisco: Harper & Row, 1983).

37. Crossan, *In Fragments*, p.6.

38. Crossan, *In Fragments*, p.6.

39. Crossan, *In Fragments*, p.6.

40. Crossan, *In Fragments*, p.6.

41. Crossan, *In Fragments*, p.20.

42. Crossan, *In Fragments*, p.22。Crossan的作品*The Dark Interval: Towards a Theology of Story* (Niles Ill.: Argue Communications, 1975)在神話和比喻之間作出類似的比較，並強調後者的弔詭性。他又按我們在上文有關Watzlawick的討論中所提的交叉配列結構去分析耶穌的一些比喻。特別參ch.4, "Jesus as Parabler"。

43. Edwards P. Wimberly在*African American Pastoral Care* (Nashville: Abingdon Press, 1991)一書把**複雜化**列為「終末劇情」的四個特性或功能之一；這「終末劇情」「支持著黑人基督徒的信仰歷程」(p.13)。其餘三個特性是開展(unfolding)、進展(lining)和扭轉(twisting)，就這終末劇情而論，複雜化「指那些闖進神開展中的故事的事件，它們是要改變該故事的方向，使其中一切蒙受損害」(p.15)。故此，情節的複雜化本質上是對開展中的故事構成干擾，由於這個複雜化，故事需要被**扭轉**過來，以求符合「神原來的目的，儘管有那妨礙劇情的複雜化」(pp.15～16)。我的看法跟Wimberly的不同，我認為神可是情節複雜化的施事者，這也意味著神能夠運用逆轉意圖療法；這一點，我早在《易構》(中譯本頁190～193；原著pp.167～168)提出過了。

44. Paul Ricoeur, "Listening to the Parables of Jesus"，收於*The Philosophy of Paul Ricoeur: An Anthology of His Work*, eds. Charles E. Reagan and David Stewart (Boston: Beacon Press, 1978), pp.239～245。

45. Crossan, *The Dark Interval*, p.57.

46. Donald Capps, "The Pursuit of Unhappiness in American Congregation Life"，載於*Pastoral Psychology* 39 (1990): 3～23。

47. Paul Watzlawick, *The Situation Is Hopeless but not Serious: The Pursuit of Unhappiness* (New York: W. W. Norton, 1983).

48. Patricia Klindienst Joplin在 "Intolerable Language: Jesus and the Woman

Taken in Adultery"一文中評論說，這故事容易被忽視或略過，因它是個「游離的片斷」。Revised Standard Version將之放在註腳，並指有其他古卷把它放在約翰福音的最末或路加福音的二十一章38節之後，正好在耶穌之死之前。Joplin指出，耶穌為是次社會危機承擔了解決之責，無形中把自己的命運跟她的連上了。這「游離片斷」在路加福音的位置就帶有這個含義。載於*Shadow of Spirit: Postmodernism and Religion*, eds. Philippa Berry and Andrew Wernick (New York: Routledge, 1992), pp. 226～237。

第四章

神蹟故事：識別例外情況的技巧

狄世沙有份於創辦威斯康新州密爾瓦基 (Milwaukee) 的短期家庭治療中心，也是該處的高級研究員。他先是在帕洛阿爾托的短期治療中心接受家庭治療師的訓練，並視韋克蘭為影響他事業的主要人物。同樣重要的是其同僚燕素金柏 (Insoo Kim Berg) ，也是在密爾瓦基短期家庭治療中心工作的一位治療師。狄世沙與艾力遜不同而與亙茲拉威克相近的地方是，他著意以哲學思想作為研究的基礎。他像亙茲拉威克那樣，在其事業生涯由始至終都對維根斯坦 (Ludwig Wittgenstein) 的哲學思想有著濃厚的興趣，經常在著作中提到他。他又對法國哲學感興趣，特別是因為它和心理學之間有交疊的地方，故他經常引述傅柯 (Foucault) 、德里達 (Derrida) 及拉康 (Lacan) 等人。

他最關注的其中一個哲學問題是，人們隨便用系統一詞來描述在他們心目中家庭治療所關注的東西。他擔心一個問題：當初作為「解釋性的比喻」的「系統」一詞，已經給具體化了：

> 當然，要把概念和解釋性隱喻具體化，實在太容易了。「好像是」這個簡單的詞組，最容易為人有意無意地忽略或甚至遺漏。從「家庭可被視為好像是一個系統」，到「家庭是一個系統」；從説「一般系統理論原則有助了解對家庭的認識」，到「家庭是如此運作，因它是一個系統」，不過是一步之差。這類誤解把概念具體化，把整個論述推進因果臆測的範疇。這臆測類乎為行為提供一個解釋：把行為歸因為「自我力量不足」。就如自我的概念，系統是無處可見的，因為它並不存在。[1]

他又關注一點：「在有關家庭治療的論述(反映在文字作品中)之間，家庭和系統二詞經常並列出現(即「家庭系統」)，成為共生或互為解説的一對詞語。」[2]這樣把「家庭」與「系統」配為共生詞，其理據通常是，這已經成了一種區分家庭治療與別類治療的方式，尤其要突出一點：有關病理不但是從某個家庭成員的行為去界定，而是從所有家庭成員之間的關係去界定的；故此，病人就是「那被等同為『系統』的家庭，它因而也是家庭治療介入的對象」。[3]

然而，這個把「家庭」與「系統」並列，以之為共生或互相解説的一對詞語對狄世沙造成的困難是，它製造了一種「無形」的對立，把家庭與治療師和案主在治療處境中的共同努力對立起來。這個視家庭為系統的方法論把家庭圈在一度界限內，把治療師置放於系統之外，因此否定了治療師和案主之間的關係。為了説明由此帶來的問題，狄世沙引述一組治療師的看法；據他們認為，典型的情況是，家庭成員使出「不正當的花招」，治療師的任務於是就「像獵人一般」捕捉那個家庭，「其介入近乎魚叉」。他主張，這樣的比喻把「互動系統（整體的治療形勢）」拆毀，而由此產生的假想差異，就引出一場涉及強暴的權力之爭。[4]到了這個極端，「把被視為系統的家庭圈在方法論的界限之內，由此而發展出來的那個概念已經失去效用，需要棄掉，因為一經具體化以後，它再也無法作為一個有用的比喻了」。[5]

故此，叫狄世沙感到興趣的，是那個把案主連治療師都納入其中的「系統」；又因為他利用透視鏡讓組內其他治療師目睹面談過程並提出建議，他們順理成章也是系統的組成部分。

這並不是說，他不會以家庭為面談和治療對象——他到底是一個家庭治療師——這是說，他的治療工作不一定需要所有或大多數家庭成員出席。如果有人想講及一個由多人組成的「系統」，狄世沙寧可把這個詞用來指稱治療系統本身。不過，他也把*系統*一詞應用到語言上。有了這個應用，重點就從社會系統（無論是傳統所界定的「家庭系統」，或是狄世沙較喜歡的「治療系統」）中的人際互動，轉移到治療性談話所採用的語言系統上。

這就是維根斯坦起作用的地方。狄世沙認為，要把治療工作的系統概念化、要描述它的一個方法是，借用維根斯坦的一套理論，把治療看成是「一個例子，一項活動，是一輪彼此相關而又個別獨立的『語言遊戲』」。據維根斯坦看，「語言遊戲」（"language game"）一語是要突出一個事實：語言的講論是某項活動的一部分，或者說，是某種生命形態的一部分。故此，

語言遊戲是一項活動，看來是一種自足的語言，是

> 人際溝通的一個完整系統。語言遊戲之完整，在於你有甚麼就有甚麼，那裏有的就是全部，沒有需要看背後、看底下，因為你需要的一切都是隨手可得、看得見的，沒有隱藏的東西。[6]

據狄世沙的看法，語言遊戲比社會系統（例如家庭）更基本，因為它們是「社會現實與社會關係賴以建構及維持的活動。遊戲中的每個符號（或每一著），是由字詞、手勢、面部表情、姿勢、思想等組成的語句（或符號）。」[7]它既是自足的系統，「任何一個特殊符號都只能通過其語境——所涉及的活動的模式——去理解，因此，任何一個字的意思，全在乎語言遊戲的參加者如何運用該字。」[8]他的結語是

> 治療關係是一份經協商後彼此同意的共同努力，在其中治療師及案主聚焦於解決方案，著手產生一輪語言遊戲，以 (1) 例外、(2) 目標和 (3) 解決方案為主。這一切都是在治療師和案主就本來含糊的事件、感覺和關係一同去作出誤解、澄清並賦與意義的過程下協商並產生的；在此舉中，治療師和案主著手為案主的生活層面賦與意義，並為行為賦與理據，務求發現解決方案。[9]

這樣子定義治療關係，就把系統定位在治療師與案主之間所發生的談話、在雙方就本來含糊的事件、感覺和關係而有的誤解和片面的理解上。注意力的焦點及改變所在，正是這個語言系統，而非「家庭系統」或甚至「治療師－案主系統」。

狄世沙為說明這樣把焦點放在語言系統上的治療是如何操作的，就引述了一對夫婦的個案。二人到來尋求治療的原因是，據女方說，六星期前，她成了「慕男狂患者」(“nymphomaniac”)，她把這情況歸因於「嬰兒期的一個問題，需要深度治療」。[10]是次面談之前，她能做到連續兩個晚上克制自己，沒纏著丈夫，連一身衣服睡在床墊上。治療師燕素金柏先利用這兩個「例外的晚上」在女方的心中播下種子，叫她懷疑她給自己的診斷；即是說，燕素金柏不「接受」這兩次成功的自我克制為案主的性需要變得如何無可滿足的明證，反採取另一條理解進路，把這兩個「沒有性行為的晚上」「誤解」為真正的例外情況，促使案主考慮，那或許會是對她的問題一個可行的解決方案。但她是不會得到這類反應的：「如果她〔惟一的〕選擇是強迫自己克制性需要的話，那麼在她來說，這就意味著她的婚姻不好」。[11]

燕素金柏繼續就案主聲稱的問題，尋找某個或可用來充當焦點的元素——從問題的行為元素，或從所涉及的意義去找；這個焦點必須包括該問題的某些不可決定的元素，可用來著手建構一個解決方案的。但燕素金柏並無甚麼發現。女方對問題的描述只有愈加嚴重。她想要過正常的性生活，不攙雜強迫性的動機，她也想不必先行房就能入睡。談話轉到她丈夫身上，他談到她的慕男狂之苦和他的困倦。在他看來，他被奪去了和她一起浪漫的機會，他不過在那裏讓她得到性方面每天所需的「份量」，少了那個，她就無法入睡。他繼而補充說：

丈夫　：可是，在我看來，那對我們來說比較屬於睡眠的問題。

治療師：我懷疑有這個可能。也許我們過去的看法是錯了。

妻子　：你有沒有治療失眠的辦法？

治療師：我不曉得。我們一直把它當作是性生活的問題，但它開始看來比較像是睡眠的問題。[12]

狄世沙認為丈夫的觀點是一種「誤解」，因它等於丈夫不能從妻子理解事情的角度去「理解」事情。但他這種「誤解」在各人心中造成一團疑雲：必定要按照案主原來理解事情的方式去理解它嗎？正如狄世沙所言，「現在，是問題本身變得不可決定了：案主的行為表現至少有兩種可能的意義。」[13]其一是，案主有性生活的困擾(附帶有睡眠困擾)；另一個可能是，案主有睡眠困擾(附帶有性生活的困擾)。又有可能是，案主有別類全然不同的困擾(附帶有性生活和睡眠方面的困擾)。

當他們繼續談「睡眠問題」的時候，女方才看出，兩個問題的出現時間，恰好是在她開始擬定每天運動一個小時的時候。那麼，它會是一個「運動問題」嗎？「到了面談的這一點，正發生的事所包含的意義(一個或多個)，就在許多個可能的意義之間飄蕩不定。」[14]燕素金柏開始提出有關睡著或睡不著覺的問題，要找出哪些時間是女方正常地自然入睡，毋須先有性行為的(例外情況)。她提出這些問題的邏輯是：假如可以找到這類例外情況，那就可以從女方近期的經驗找到一個正常入睡的模式。有一些罕見而又不清晰的例外，但夫婦二人都認為是僥倖的而被擱置一旁。然而，當他們繼續談睡眠的問題，有一點逐漸變得清晰：用「睡眠問題」這個名稱去界定她的困擾，就沒有「性生活問題」所含的強烈的病理意義。

既然她接受了這個新名稱，燕素金柏就把談話焦點放在睡眠的困難上，並強調間中失眠是很正常的。正如狄世沙指出的，「當然，要為一個『正常的問題』謀求解決方案，要比為一個『起源於嬰兒期的嚴重的病理問題』謀求解決方案容易得多。」[15]

在該次面談的其餘時間，燕素金柏把談話「嚴格限於行為層面」，不再討論想法、感受和意義。婦人的「睡眠問題」變成了一個行為上或技術上的困難，得靠技術性的方法去解決。燕素金柏經諮詢透視鏡後的小組，提出兩個方法：一是暫時停止運動，看看她的睡眠問題會不會自動消失。另一個方法是，用傳統的短期治療干預法對付失眠（那就是，上床一個小時後仍醒著的話，她可以起床做點討厭的家事，或者眼睛睜開躺在床上，注意不讓舌頭碰觸上顎）。

是次面談之後兩個星期，婦人寄來一封短柬，感謝治療師看見她「那無法滿足的性需要」不過是「她的失眠症狀」。她還說「我的睡眠習慣和性慾即時回復正常了」。她沒說到底有沒有採用小組的建議，嘗試暫時停止運動或使用對付失眠的方法。正如狄世沙的結論，「也許這個新的名稱和它的含義，已足以解決案主的問題，連建議也不必了」。[16]

狄世沙在討論這個案的解決方案時指出，**失眠**（*insomia*）一詞所盛載的情感，遠比**慕男狂**（*nymphomania*）輕微。從字典的定義看得出來：

nymphomania：女性過度及不能自約的性慾，源自希臘文*nymphe*（意即新娘）及*mania*（意即瘋狂）。

Insomia：持久或不正常的睡眠失調，源自拉丁文*in*（意即不）及*somnis*（意即睡）。[17]

在第一個情況出現的，是過度和無法自制的慾念；在另一個情況則是一種無能。這兩個問題，要「治療」的話，第二個要容易多了，所以比起第一個要好得多。狄世沙警告說：「當然，治療師不能隨便採用一個新意義或一個新名稱。新的意義一定要配合語境，配合談話的模式」。在這個案裏，「配合是一件簡單事，因為問題的新名字，不過是把本來被視為次要的東西（睡眠困擾）與本來被視為主要的東西（性生活的困擾）互換。」[18]他又說，像慕男狂一類字眼，就像載重的一列火車，後面拉著盛滿先前的一切意義的箱車。參與談話的每一個人——婦人、她的丈夫、治療師——把這個字眼先前對他們的一切意義帶進這個特殊的新語境中。因為我們不知道這一切意義對他們每一個來說將是甚麼，結果引起誤會的可能就大於了解。

因此，當前的議題不是，治療師能不能徹底或概略地「了解」案主，而是，她會不會以一種建設性的方式去「誤解」案主，而這方式是有助案主發現問題的解決方案的。狄世沙總結說：

> 治療系統可被視為一輪「語言遊戲」，一個自足的語言系統，它在治療師與案主的商談之間創造意義。治療師與案主在面談之間所做的，近乎編寫或合著並閱讀一本書。而在透視鏡後小組的其餘成員所做的，就近乎閱讀一本書……於是，治療性面談就是把各種誤解（誤讀）湊合起來，不論意義為何，都是治療師和案主一致同意如何去誤解（或誤讀）所說的話的結果：「慕男狂」變成被誤解為「失眠」。次要的變成主要，主要的變成次要，這誤讀對案主有益。[19]

狄世沙認為，這誤讀與維根斯坦的看法一致；維根斯坦說：「我們只能憑著參與談話之人的用法，知道一個字的意思」。但狄世沙把這誤讀推前一步：

> 在治療的處境中(打個比喻說，它依從熱學的第二定律)，誤解(混亂)遠較了解(秩序)有更大可能發生，而治療師能做的最好的一件事，就是以創意去誤解案主的話，為他們的字詞選擇較有用、有益的意義。故此，創意誤解(creative understanding)讓治療師和案主得以一同建構一個令案主更稱心的現實。[20]

我們可以指出(雖然狄世沙沒有探討這一點)，這個案中的案主所玩的「語言遊戲」實際上比治療師所玩的，含有更重的心理學成分。婦人提出經她自我診斷為「慕男狂」的問題，並認為那必定是和起源自她嬰兒期、需要深度治療的一個問題有關。她在給治療師的謝函中表達她對治療師的感激，因治療師看見她「那無可滿足的性需求」不過是「她的失眠症狀」。馬上，她的「性慾」回復正常了。慕男狂、症狀、性慾——這些是她從我們身處的心理學文化借來的字眼。我們或會以為，**治療師**會用這些字來「解釋」她的問題。事實恰好相反，治療師的「誤解」，是把她的心理學語言擱置一旁，因為那很可能是妨礙而不是幫助她去為案主的問題發現一個令人滿意的解決方案。

治療是編寫及重寫故事

如上所述，狄世沙把「治療系統」描述為治療師與案主之間的一種「協商」(“negotiation”)，「近乎編寫、合著並閱讀一本書」。從把治療看作「語言遊戲」，到把治療性談話看作故事，其中推進了一步。狄世沙說：

> 可以把治療師和案主之間的談話視為故事。像任何一個故事，每個個案或每個個案的每次面談，都有開始、中間和結局(或至少結局之類)的部分。像任何一個故事，談話是由其中的故事模式、由劇情(plot)貫串著的。像許多故事一樣，治療性談話是關乎人們的際遇、危機、解決之道，及已嘗試的解決方法。[21]

當我們把治療性談話設想為故事，轉變就成了一項重大的關注。狄世沙續說：

> 把治療師和案主之間的談話看成是故事，當雙方就談話中所浮現的議題共同協商、處理的時候，談話本身在個別形勢下或形勢的變換之間必有所轉變。實在，可以把意義上的中斷或變化，理解為治療師和案主在說故事的活動上有的轉變。這類轉變部分是因為有新「劇情」的發展……那就是說，對事件有新的描述，這些描述連貫起來，產生新的模式和意義。治療師和案主之建構案主的人生，是通過他們對意想不到的事件及對例外情況的描述，在於如何把這一切描述成更大的解決方案的組成部分。進一步說，在發展新劇情之時，治療師和案主把案主的人生際遇及已採用的應付方法，重新分配角色。[22]

因此，轉變的可能在於治療師和案主合作建設新劇情的能力。素材是一樣的，因諸如此類的事件發生了是一個事實，是不容否定或忽視的。但事件的意義是來自它們所在的語境。這個意義語境 (meaning-context)，我們用劇情一詞表示。因此，相同的一組事件可以經改寫構成新的劇情，而由此取得一種全新的意義。可以把它們寫成是「慕男狂患者的個案」，或者「失眠者的個案」。後者不那麼駭人，也許少了一點前者有的駭人和神祕的感覺，但從治療的角度看，它引出一個比較滿意的解決方案。正如亙茲拉威克指出，「凡現實檢驗 (reality testing) 必帶來叫人失望的反高潮」。[23]該婦人發現自己不是慕男狂，也許暗地裏有點兒失望，但她也鬆了一口氣，因為她的問題可以那麼輕易解決了。再者，她的問題不是慕男狂而是失眠的這個「事實」，並沒有取消以下「事實」：她是有「性慾」的（她本人對所發生的事的誤解）。

狄世沙引述居根夫婦 (Kenneth Gergen and Mary Gergen) 的分類法；二人把可用來描述並評價自己以及別人的人生的「故事類型」分類如下：

1. 前進的 (progressive narratives)，從中得出的合理結論是，人和際遇正朝著他們的目標前進。
2. 平穩的 (stability narratives)，從中得出的合理結論是，人生沒轉變。
3. 脫節的 (digressive narratives)，從中得出的合理結論是，人生正遠離他們的目標。[24]

據狄世沙看，把治療性談話分為前進、平穩或脫節的類型，有助評估期望中的轉變實際上有沒有發生：

> 顯然，平穩的故事對治療師及案主來説是有問題的，因為它們反映並引出一點：可以看出，案主的問題和人生沒有轉變。雖然前進和脫節的故事都有某種轉變，但兩者對治療性談話的意義就很不一樣。前進的故事是產生希望有的轉變的來源，而脫節的故事則涉及不希望有的轉變。實在，如居根夫婦所指出的，脫節或倒退的故事結構，對講述悲劇故事是最重要的；這些悲劇故事的重點在人們逐漸遠離他們所希望的人生狀況。[25]

他並指出，治療師的關注和責任，要視乎治療師與案主的談話之中由甚麼類型的故事支配而有所不同。如果是平穩和脫節的故事，治療師的關注就是要協助案主建構新的故事，新故事反映並引出希望有的轉變。如果是前進的故事，治療師要指出案主正以甚麼方式邁向目標，並協助他們訂定適切的新目標，以求取得進一步轉變。他總結說：

> 這些故事或敍事具有系統所有的特質。那就是說，是面談中由案主及治療師共同講述的整個故事（或至少整篇敍事），不同於故事（敍事）各部分的總和，那包括了案主對形勢的描述，以及治療師從另一個觀點出發的描述。這是最容易取得的互動形態。[26]

這當然比案主與家庭成員（一個或多個）之間的互動（案主是為此尋求治療的）更可利用。

閱讀小説的經驗：閱讀個案如讀故事

在《字句本神奇》(*Words Were Originally Magic*) 一書裏，狄世沙講述的心理治療刻意遠離結構主義的觀點，而採用一個敍事 (故事) 進路的觀點。[27]在有關治療的同期講論之中，班德勒 (Richard Bandler) 及葛瑞德 (John Grinder) 明顯繼承結構主義的傳統。據狄世沙説，這意思是，在他們看來，案主實際説的東西 (所謂「表層結構」) 不一定是她的意思——或至少，她全部的意思；因為據他們看，「就表層結構 (Surface Structure) 來説，它的源頭及最圓滿的表現是深層結構 (Deep Structure)」。[28]故此，在班德勒與葛瑞德看來，要掌握案主真正的意思 (即在表層結構中遺失的碎片)，治療師或會選擇作出詮釋或猜測，而這樣的詮釋「可被視為發現一項真理，它在表層結構中遺失了、而藏在深層結構中，因此一直未為人知」。[29]

曾經是而不再是結構主義的狄世沙，認為這個有關語言的結構主義理論把表層結構與深層結構分家，有一個致命的弊病。那就是：正如表層結構會有遺失的碎片，深層結構也會這樣。正如班德勒與葛瑞德承認，深層結構有時候並不完整，需要詮釋者從結構之外把現實 (realities) 引進來。而且，深層結構所發揮的效用，大約就如一個黑洞，因為沒有方法去判斷，到底在剛才揭開的一層之下，還有沒有潛藏著的真理：

> 這樣子看結構主義的一個結果是，在深層結構與表層結構之間的關係所建立的肯定性，同時也包括了不肯定性，因為這圓滿地表現表層結構的意義的深層結構，原來會是不夠圓滿的……我們無法有甚麼把握——不管我們往哪裏看——能找到遺失的碎片。[30]

故此，於狄世沙來說，結構主義所謂語言有表層結構及深層結構的理論，其實是千瘡百孔的。還有另一點批評（從他先前對「家庭系統」語言的批評，已露出端倪），那就是班德勒與葛瑞德容許某種強暴侵入治療關係之中。他們採納結構主義的觀點，認為案主沒意識到所用語言的潛在系統（或操作原則），故此，在治療師和案主之間造成了一度「無形的界限」，因為此觀點意味著只有治療師——他從「反思」的觀點看語言操作——能夠看出那個案主不大為意的深層結構。

狄世沙承認，當他最初思想有關治療實務的時候，他也是在探索它的精髓：「一種精髓，提供一個穩妥固定的中心點或基礎……一套『科學的』、『結構主義的』假設。」[31]他的探索，第一步是再三閱讀艾力遜的著作：「據我了解，這探索是為發掘一套潛在的基本理論，艾力遜是在其上建立其治療法的。當然，你一旦開始閱讀艾力遜的許多文章，就會逐漸清楚看見，這不是一件簡單事。」[32]他愈是努力要從艾力遜的實務中提煉出其精髓來，就愈變得沮喪。叫他繼續下去的是艾力遜自己的話：「我知道我做著的是甚麼，但是要解釋我是怎麼做到的，對我來說就太難了。」[33]這暗示了艾力遜有一套背後的理論，只要稍加努力，狄世沙就能夠用言語說明。然而，他不斷碰到的是「千奇百怪、各式各樣的個案。」[34]不論他以甚麼手法建構理論，他總遇到一些不能妥貼或甚至粗略地切合理論的例外情況。

是次經驗給他上了一課：例外情況至少與一般情況同樣重要，甚或比一般情況更重要：

> 就算這些例外是意外吧（當然，意外總是有可能發生的），這些例外也需要被納入理論之內，再也不

> 可能把屬於……千奇百怪一類的個案看作是僥倖：這些個案內的治療師做了一些似乎是任意而行的活動(規則以外的活動)，它們必須被納入理論之內、規則之內，不應被排拒於外，被當作是表現艾力遜的特異天才的例子。這就是說，這表面的任意而行必要為一套治療理論的規則所涵蓋，它把艾力遜的治療法納入其內，並(部分)以之為基礎。於我來說，這個要命的大計現在看來是無望了。[35]

但這隨即引出進一步的啟悟：假如他一直弄錯了重點又如何？假如祕密是：根本沒有甚麼隱藏的東西，「而多樣化和多元化正是艾力遜的治療法的『精髓』呢？」果真如是的話，那就會意味著

> 我可有的惟一選擇，就是照事物的本相接受它們，這意思會是，我就艾力遜的治療法所提出的理論，是有很多分枝而沒有中心甚麼的。而且，這意思又是，沒有大理論，沒有宏大架構，相反，只有主要是視乎處境而有的局部的、頗獨特的活動。[36]

他最後斷言，他惟一的出路是依從維根斯坦的勸告，摒棄一切理論，並如維根斯坦所言：「把這一切的不肯定，正確地、沒有歪曲地，化為字句」。[37]這結果令他放棄以結構主義為了解治療實務的方式，並把艾力遜的所有案例重讀一遍，如同是初讀一樣，只是這回撤除了結構主義的前設：

> 我得設法接受字句的表面意思，把我的關注限於

> 表面的層次，避免任何或一切弦外之音，並且得設法克服這個衝動——要從字句背後或底下發現甚麼。這不是容易事；結構主義的衝動可以是勢不可擋的。[38]

為了在重讀之時幫助自己，狄世沙決定把這些案例「當作故事——不是當作範例，而是純粹的故事」去理解：

> 那就是，當它們是小說般閱讀，這意味著我已不再把「文學」和「科學」之間的區分看得那麼認真。要我撇下作為讀者的角色去發現作者的用心或他真正的意思，再也行不通了。這就是說，研究的對象由(1)艾力遜和他的文章，變成了(2)艾力遜、他的文章，和我。[39]

由於是次重讀，他所發現的是，艾力遜的個案「是很好的故事，有主要和次要情節，有開始、發展和結局，角色鮮明，經常有意外的峯迴路轉、柳暗花明……一個讀者〔至少，一個不帶上述的理論前設去閱讀的讀者〕想要的一切」。[40]他再看下去，就又逐漸看見，這些故事中的治療師艾力遜(Erickson-the-therapist)是由作者艾力遜(Erickson-the-author)塑造的角色。狄世沙稱這角色為「聰明的艾力遜」(“Erickson-the-clever”)。他也發現自己看艾力遜就如福爾摩斯之類，以希利為其助手華生。他尤其驚訝有一發現：聰明的艾力遜的故事像福爾摩斯故事，實際上沒充分發展或充分表現故事裏的其餘角色，特別是案主的角色。案主就像是剪紙人物。而且，「說到他們對治療方面的功勞，我們幾乎一無所知」。[41]

當他開始把自己的個案從故事的角度重新閱讀一遍的時候，他發現恰好相反，他的案主才是聰明的角色：「在千奇百怪一類的個案中，大多數『不尋常的干預』，其意念事實上是來自案主本身！」[42]就他的同僚來說，情況也是一樣。例如，他記得燕素金柏有一個個案，案主設計了一份作業，跟他的導師韋克蘭過去為一位案主設計的很相似。再看，在那由慕男狂患者變為失眠患者的個案中，想到「答案」的是案主的丈夫，儘管該婦人在給治療師的謝函中，把是項發現歸功於治療師。以下結論是無可避免了：

> 不幸地，從聰明的案主的角色來重讀我自己的個案，免不了使故事中的治療師看起來像是難以置信的愚拙。毫無疑問，我們身為治療師的，從愚拙的狄世沙身上學會的，無法跟我們從聰明的艾力遜身上學會的一樣多，也許我們全都需要記得，治療實務的性質是對話或談話，並以這種互動為焦點，把這些故事重讀一遍，那會叫我們想到：聰明的治療法有賴案主和治療師以聰明的方式，聰明地著手合作。[43]

至此，狄世沙相信有一套比結構主義(區分表層結構與深層結構)更有效的理論，是介乎「文本中心」與「讀者中心」之間的。他認為，凡帶著一套理論前來面談的人，會是讀者中心的；而不帶著理論前來的，就會是文本中心的。在《字句本神奇》的一篇裏，他把艾克曼(Nathan Ackerman)與韋克蘭的一次家庭治療面談作個對比，說明前者是「讀者中心」，而後者是「文本中心」。艾克曼把案主的歎氣理解為有甚麼不對勁的信息，它透露了一個深層結構，而案主自己則認為那不過是簡單平凡的一聲歎氣，表示他辛勞工作了一整天。而狄世沙的觀點就認為，艾克曼因此是「讀者中心」的，特別因為據他看，「沒有一事是它表面看的那樣子」。[44]對比之下，韋克蘭「盡力『只讀字句』」，把焦點定在文本上，沒以為甚麼是當然的，也不作任何假設。」[45]他看艾克曼的手法是試圖探索問題的「底層」：「在艾克曼的個案，治療師的角色是詮釋曖昧信號的權威，這暗示了只有他知道——案主並不知道——真正在發生的事；治療師的角色是專家，而案主則是對自己在做著的事無知的。」在韋克蘭的個案裏，

> 治療師所扮演的角色，雖然擁有特殊的知識（知道問題如何停滯不前），案主的角色，卻擁有解決問題所需的一切資料／知識……故案主的解釋是被尊重、被認真看待的；這與艾克曼的個案裏，案主的解釋被視為不夠水準，而治療師的則被尊重的情況相反。[46]

識別例外

狄世沙不諱言自己比較喜歡文本中心的讀法，這偏好在他先前對結構主義（區分表層結構與深層結構）的批評中已見端倪。但他想在閱讀文本上運用多種策略（不算理論），以協助案主在講述故事之時產生更正面的結果，這些策略由他之前的發現引申出來；他發現艾力遜的故事有許多是在他所構想的理論或規則之外的。有那麼多的例外個案，這一點可有甚麼意義？從讀者中心的角度看，會把這些例外歸因於治療

師，歸因於他這次做了一些他不常做的事。從文本中心的角度看，例外情況早已存在，就在案主本身的「文本」中，而治療師的高明之處，就是注意到它們。譬如說，假設一位案主說自己有抑鬱的問題。案主與治療師的談話很可能有不少是圍繞著她如何談及自己的抑鬱，若要治療師對這故事有所參與的話，就要向案主提問這些問題才行：有甚麼引發抑鬱的典型誘因？你能怎麼樣擺脱抑鬱？隨著抑鬱而來的痛苦有多嚴重？諸如此類。這些都會是十分有價值的問題。但如果治療師問，甚麼時候*沒有*抑鬱，它甚麼時候「舒緩」了，那麼雙方就會共同發現一個解決她的抑鬱問題的策略，即盡量增加抑鬱狀態不存在的次數。是甚麼環境因素導致它的不存在？當抑鬱*不存在*的時候，案主做了一些甚麼事，是她在抑鬱*存在*之時沒有做的？在此的概念不是，例外證明了一般原則，而是，*例外證明了例外本身*。

狄世沙進一步探討一個假想的抑鬱個案，以說明識別例外的策略：假設你來見狄世沙，為抑鬱尋求輔導；你知道自己是抑鬱，因為你對自己的這個看法跟你在真實生活的處境所遭遇的很吻合，有真正的預測值。例如，你知道當別人嘗試使你寬顏時，你會如何反應；你也知道，當你消沉之時，別人可預料的反應會是甚麼。狄世沙並不就你*知道*自己是抑鬱的這個事實提出辯駁，但是，他沒有從你的說話*知道*，你是抑鬱了。說你是抑鬱了，等於你*正在*抑鬱的*狀態*中，這種推論跟說「我是慕男狂患者」等於實際上是慕男狂，是同一道理。於是他會問：「你怎麼知道自己抑鬱呢？」他這樣問不是因為他要質疑你的聲稱，而是因為他只有憑這個方法才能知道，抑鬱對你來說是甚麼意思。你可能會這樣回答：「因為我一生都抑鬱。」然而，這樣回答是不行的，因為有可能你一生都搞錯了。於是他再問：「你怎麼知道？」這一次，你提出具體證據來：「我從來沒做好一件事，我不是睡的太多就是睡的不好，不是大吃大喝就是不肯進食。」這是進步了，因為現在你和狄世沙都知道，你是怎麼用**抑鬱**這個字的。你們雙方會同意或不同意這個用法，你們可能同意改用別的字眼，或者照舊叫它「抑鬱」，而狄世沙（刻意地誤解）就叫它別的東西。只是你們兩個都知道，每當你用該字，你就是指著那些情況而言：你從來沒做好一件事，或者你睡的太多或睡不著覺，或者你大吃大喝或不肯進食。

接著，狄世沙會提出那個「例外」的問題：「你最近不察覺自己抑鬱是在甚麼時候？」你會回想一下（因為你大概沒有準備要回答這類問題），然後答道：「噢，上星期二。」他會問：「上星期二你做了甚麼？」你會說：「我很早起床，八個月來第一次去玩高爾夫球。」他可能會說：「星期二可還有甚麼不同的？」你會說：「我去吃意大利薄餅、喝啤酒，和幾位女士跳舞，還沒上床就倒在長椅上睡了。」現在，你和狄世沙對你所用的**抑鬱**一詞，已經有一個意思，那**不**包括玩高爾夫球，**不**包括上街吃意大利薄餅、喝啤酒，**不**包括與女士們跳舞，**不**包括在預備上床之前不知不覺倒在長椅上睡了。他總結說：「這個定義，我們所一致同意的、你用的『抑鬱』一詞所指的意思，跟你到來面談之時心中所想的意思，也許有互相重疊、也許沒有重疊的地方，並且它跟我到來進行面談之時心中所想的意思，也許有互相重疊、也許沒有重疊的地方。」[47]然而，藉著提出有關「例外」的問題，他取得了一些重要資料，解釋了你說的「抑鬱」意思是甚麼、你說的「抑鬱」意思**不**是甚麼：有一天你去玩高爾夫球，上街吃意大利薄餅、喝啤酒、和幾位女士跳舞，然後倒在長椅上睡著了，那天你沒經驗到抑鬱。你也提供了反面證據，證明你並非總是抑鬱，或從來都沒有不抑鬱的時間；至少，上星期二，你的抑鬱舒緩了。

狄世沙指，案主到來面談的時候，經常會抱怨說，他們沒比上星期好一些。可是當他問及一些具體的日子——「我們上次見面之後第二天如何呢？星期四呢？星期五呢？」——案主就通常會想起，的確有一些日子比其餘的過得順利。那麼，怎麼解釋這個現象呢？在那些比較好的日子發生了甚麼事，是其餘的日子裏沒發生的？

建構神蹟

狄世沙根據這個概念——例外證明了例外本身(不是證明了一般原則)，進一步推斷說：「不是會有一個自然的推論：例外比一般原則更真實，以致神蹟是可以例常地發生的嗎？」畢竟，如果把神蹟定義為「一件看來和已知的科學定律相違的事件或行動」，而宇宙間根本沒有這樣的常規或定例，那麼神蹟必定無時無刻不在發生。[48]我們不過還沒有把神蹟一詞和這些事件拉上關係而已。這種推論導致狄世沙向案主發出這個問題：

> 假設今天晚上你去睡覺以後，發生了一件神蹟，你尋求要治療的問題都即時解決了。可是，因為當時你在睡覺，你無法知道這件神蹟已經發生。第二天早上你一旦醒來，你怎麼會曉得發生了一件神蹟呢？你若是不說出來，別人怎麼知道發生了一件神蹟呢？」[49]

他坦白承認，這樣一件神蹟似乎「不現實、不可能」，而且「大部分人都不信神蹟」。再者，即使在那些信相神蹟之人來說，「那樣的事件實在是很罕見的」。故此我們會預期，案主會覺得這個問題沒意義、沒效果，或至少，案主會說：「我不知道。」然而，根據狄世沙的經驗，回答「我不知道」的人是很少的。相反，案主盡量回答這個問題，而他們的回應常常透露很多事情：

> 這條「有關神蹟的問題」是一個方法，圍繞著(未來的)治療成就，在治療師及案主之間建設一度橋樑。在問題的設計中徹底區分問題和解決方案，這是根據我們注意到的一點而設計的，這一點就是：解決方案之形成，不一定跟案主所提出的問題有甚麼關係。[50]

換句話說，問題消失了是一個假定已有的事實，治療師請案主描述它的效果，就是描述一下在神蹟發生後(或在沒有原因，或至少沒有已知或可知的原因的情況下成功了以後)的第二天：「案主給這問題的答案，他對神蹟發生翌日的描述，使案主和治療師得著一點兒頭緒，知道案主實際想要從治療中獲得甚麼。」[51]

因為有「神蹟」介入的緣故，解決方案就不一定可以根據先前對問題的探究預計得到。那個去玩高爾夫球、吃意大利薄餅、喝啤酒、跳舞，然後不自覺地睡著了的案主，雖然在該天的抑鬱舒緩了，卻不一定把神蹟發生之後的第二天，描述成該天的翻版。相反，他或會這樣描述它：他睡過頭(卻沒因此煩惱)，整天無所事事(卻沒因此感到罪疚)，吃了一頓豐富大餐（而且享受每一口食物）。換言之，他有著平常「抑鬱」日子所做的一切，但實際上卻享受著。又或，那可以是完全不同的另一回事（例如，他快快樂樂地驅車到郊區，參觀藝術博物館，打電話給一個老朋友，又到附近一家書店逛逛）。

狄世沙在提出這「神蹟問題」時有一點很重要，就是必須有旁人對「神蹟」加以肯定：「你若是不說出來，別人怎麼知道發生了一件神蹟呢？」這樣子發問，暗示了神蹟是需要旁人——特別是在我們生命中的重要人物——看得出來的，不然的話，我們的聲稱就必要受懷疑、質疑或甚至被抹去。以下個案關乎一個行為不良的十五歲男孩，他沮喪的父母無法想像神蹟之後的第二天，但男孩自己就給了以下的回應，印證了狄世沙的觀察：「案主經常能頗具體而詳地回答這個『神蹟問題』」：[52]

> 兒子：我會七時半起床，用不著人叫。我會洗個澡，把毛巾放進籃子內，穿好衣服，下樓去吃早餐——記得把我用過的髒碟子放進洗碟機去。然後我會坐最早的一班公車上學，準時到達學校，上齊所有的課——甚至也許還學會一點東西。然後坐最早的一班公車回家，做家課，擺好飯桌，和家人一同吃飯，把髒碟子放進洗碟機去，然後和朋友上街，十時半回到家裏。
>
> 父親：那可真是神蹟了！

既然男孩那麼具體而詳地描述了神蹟之後的第二天，治療師燕素金柏就請他在未來兩周內選兩天，在那兩天內表現得好像是發生了神蹟一般，同時觀察父母、同輩們和老師們的反應如何；而他父母的責任就是，看看自己能否分辨得到，兒子選擇了哪兩天。兩周後，父親說，兒子在第一周的星期二和第二周的星期三假裝發生了神蹟。母親不同意，說是第一周的星期四和第二周的星期二。兒子說他們二人都錯了，事實上是第一周的星期三和第二周的星期一。父親回應道：「無論如何，那是我們家庭歷史中最美好的兩個禮拜。」[53]

在接下來分佈於六個月的七次面談中，該男孩達到了更多的具體目標，父母對有無解決方案的疑慮減輕了。狄世沙承認，男孩還是會不時有不良行為，但他在學校裏的表現好了，比較接近學校和父母所期望的成績，父母依然間中會想，他的不良行為是某些深層問題的症狀，然而六個多月過去了，他們沒感到需要進一步治療。至於那個兒子，狄世沙認為，假裝發生了神蹟讓他得以留點面子：

> 假設，只是叫人相信的手段；意思是，他可以改變而毋須承認，父母認為他有問題的這個看法是對的。他可以在用不著改變的情況下改變，因為他不過是在假裝。當治療師、父母、同輩和學校的人員以積極的態度回應時，他就可以把假裝的事忘了。[54]

狄世沙沒嘗試去解釋為甚麼男孩間中行為不良，但指他只是「時而」有那樣的表現，顯示了不良行為變成了現在的例外情況。可以想像，男孩是要證明自己還沒有失去表現行為不良的能力！

從一到十，你給自己多少分？

狄世沙運用的第三個策略，是一條「評分問題」。假如說有關例外和神蹟的問題，是利用字句在治療師和案主之間建構一度橋的話，那麼，有關評分的問題，就是用數目來達到相同的目的。他把這個策略歸功於眾位案主，是他們引發了採用評分問題的靈感：「就如我們一向的習慣，我們是從部分案主那裏獲得線索的，他們主動採用評分制，我們則從中發展出利用評分作為簡單的治療工具的做法。」[55]但是，「我們的評分跟大部分根據常規標準去量度的評分制(即量度案主的操作情況，並把它跟統計圖上的普遍總體作出比較)不同，是專為促進治療而設計的。」[56]它們不但是用來「量度」案主自己的認知，也是用來激發動機、鼓勵案主，用來闡明目標、解決方案及其他對個別的案主是重要的東西。狄世沙引述韋克蘭就評分措施所作的評述：

> 遇到一些不具體的東西，你就用一個驟眼看來是很奇怪的方法，把它具體化：你發明一種評分制。你這樣造出一種評分制，就可以把一團無以名狀的東西，在手上化為一個數目；現在，它變得真實具體了。從邏輯的角度看，那是不可能的事。但是你做了，現在，它變得真實⋯⋯〔故此〕遇到它是一團籠統的、無以名狀、混沌的東西——你就給它一個數目。[57]

按常規，評分是由一到十分，十分代表期望中的結果。在這類評分制裏，六分明顯比五分優勝。但沒有一個數目有固定或絕對的意思。案主意欲給它們甚麼意思，它們就是甚麼意思。「評分問題的源起是為幫助治療師和案主談及一些不具體、不清晰的題目，包括情緒狀態，例如『抑鬱』，或模糊的題目，例如『溝通』。太多時候，當人們談到這類題目的時候，聽來像是，這些字眼所描述的經驗，是由一個開關制管著的，一個人不是抑鬱就是不抑鬱，夫婦之間有或是沒有溝通。」但幸而，事情並不是那麼黑白分明的：「即使那些說自己多年抑鬱的人，也常常能夠描述一些時間（時刻、小時、日子），是他們不那麼抑鬱的。引進評分制，就把一堆抑鬱的感覺——包括問題和進展——化整為零，化為粗略的階段。」[58] 如果零分代表案主最近感到的最大程度的抑鬱，又或，代表案主最初致電求助時的感覺，十分代表神蹟發生之後的第二天（譬如，不感到甚麼抑鬱的感覺，因此做到一些案主一直做不來的事），那麼，只要得分在零分以上，就表示問題比較不那麼惱人了，而且，事情改善了，有進展，更接近解決方案的目標了。狄世沙及其同僚所用的評分，大部分是由零分到十分，十分代表期望中的結果，這使案主能預見一些看得出的進步；如果評分是由一到一百的話，案主就很可能看不出這個進步了。評分是「不限內容」的，因為惟有案主自己才曉得，某個數目代表的意思是甚麼。但治療師可以與案主討論，如果她由五分進到七分，她的人生會有怎樣的改變；並且案主認為要發生甚麼，才可由五分進到七分。

評分問題對小孩子和發展遲緩的成年人很管用。例如，一個才八歲大的孩子在商場被陌生人強暴之後，給送來接受治療。在第四次面談的時候，治療師在黑板上畫了一個箭嘴，兩邊分別寫上零和十分，十分代表治療完結的一刻。治療師請孩子在這條線上打個交叉，表示她在法療過程中到了那個地步。她把交叉畫在大約是七分的位置上。接著治療師問她，要從交叉進到十分，她需要甚麼。數分鐘之後，她用相當沉鬱的語調答道：「我們會把事情發生之時我身穿的衣服燒了！」治療師說：「那是個好主意！」是次面談不久之後，孩子和她的父母安排一次燒衣服的儀式，燒完了到一間華麗的館子吃飯，表示治療完結。[59]注意在此個案裏，是孩子自己想到答案的，治療師「純粹是」提出問題，引來她一個有創意的回答。

狄世沙在《字句本神奇》所報導的每個個案，都依著同一基本公式，從有關例外的問題到神蹟問題，到評分問題，令人感到治療師在掌控大局，給予方向，操控著整個過程。可是，夠有趣的是，若把一個典型的狄世沙個案從頭到尾看一回，則會讓人感到，其過程正好配合他所描述的文本中心的進路，在其中「治療師所扮演的角色，擁有特殊的知識(知道問題如何停滯不前)，而案主的角色，卻擁有解決問題所需的一切資料／知識。」[60]再者，不論是「例外問題」或「神蹟問題」，都是邀請案主講述一個故事，而治療師在兩種情況下的角色，是鼓勵一個「不斷擴大」的故事。在其中的一個個案，這結果令狄世沙用上幾個標題來報導有關例外問題的部分：「建構例外」、「建構第二個例外」、「第三個例外」。在另一個個案，神蹟問題有兩個標題：「建構神蹟之後的早上」，及「把神蹟之後第二天的範圍擴大」。這些標題，以及標題下治療師與案主的對話，示範了講故事的程序如何由案主主導，而治療師又如何鼓勵案主講述一個愈來愈好的故事。

以下是一則由神蹟問題引出的故事，案主是一個有酗酒問題的男士。我們把治療師打岔的話略去，只保留案主自己的說話。[61]

神蹟之後的早上

我大概會覺得沒有甚麼遺留，因為——你知啦——你在夢中有時候永遠沒有機會把夢做完，於是你覺得像遺留甚麼。其餘纏累我的廢物都過去了。假如那個不見了，我大概覺得精力旺盛，是自然的旺盛。有愉快的美好感覺。我第一次感到，我第一次認識到，甚麼是聖誕老人和很棒的聖誕節。有雪花，有禮物。那種感覺。你大清早一醒來就收到禮物，又有聖誕老人在眼前。那種感覺。有那些日子。我起床情緒很好，一個人在唱歌，做一些我壓根兒不會做的事，起來把整個房子清潔一番，擦地板。我猜想我現在一刻的自卑感還是那麼重，我其實不認為那是值得一試的，對我來說惟一重要的事，是到處搜一下，有沒有明天喝的一罐啤酒。然後睡覺去。

這是個很好的故事，說到神蹟之後第二天，活潑生動、戲劇性、充滿感情；它逐漸凝聚，變得有勁，可是後來，到了最後的幾句話，讀者可以感到它洩氣了，因案主變得自我譴責，甚至自暴自棄。故事開始時是有關夢的感想，結束時則是躲去睡覺。

然而，一如狄世沙所言，看一下他的個案就可從中窺見他有的是「多麼聰明的案主」；更確切地說，他們是多麼精於講故事。狄世沙的《字句本神奇》跟艾力遜的《催眠之聲伴隨你》不一樣，它表現的不是狄世沙自己講故事的本領，相反，它表現的，是他和燕素金柏能夠怎樣激發前來求治療之人，讓他們發揮講故事的本領。治療師問案主神蹟之後第二天的情況（看似是一條簡單而無關痛癢的問題），就在他們回應之時，自己編出故事來。

可是，有人會問，這有甚麼價值呢？它實際上可有造成不同嗎？狄世沙在《字句本神奇》的後記中的回應能幫助我們，因那表明了他相信他的治療法做得到和做不到甚麼。他以維根斯坦的這句話作為該篇的引語：「問題的格式是這樣的：『我看不見出路』」，[62]並說明：「經常是，到了面談結束之時，案主開始看見他們的出路，或至少，開始有一點把握，他們可以自己找著出路。」他接著指出，他不再，或只會極少制訂，他在帕洛阿爾托短期治療中心受訓期間學會設計的那類複雜的「任務」，讓案主諸實行：「在絕大部分的個案裏，案主說出了自己知道怎麼辦；精心設計的任務，其效果不比一些較簡單的任務更有效（也許甚至不及後者奏效），這些較簡單的任務主要是以案主所說的話為根據而制訂的。」[63]

但神蹟問題又如何？它會製造虛假的期望嗎？要是相信，神蹟問題實際上會「製造」神蹟的話，那真是妙想天開了：

> 事實上，不論方法為何，治療從來都不會造出甚麼東西來，案主描述的神蹟根本沒〔在治療過程中〕發生，也不能期望它們〔在那裏〕發生。神蹟問題所為之全部目的，是讓案主描述他們想要從治療得到甚麼，用不著為問題以及傳統的假設操心，以為解決方案多少總與了解問題及消除問題有關。[64]

他也小心考慮到有關「神蹟之後第二天」的故事，可能加諸輔導過程的限制：

> 案主要往哪裏去、他們願望得著甚麼，有關的詳情

> 和細節經常在治療的進程中有變，這叫案主和治療師都頗感意外。那就是說，雖然我們是憑著案主為神蹟問題所提供的答案來取得某種方向，但實際上，到底案主能不能在願望達成之前知道所願望為何，是無法知曉的……要治療師期望案主在治療之初就確實知道他們要往哪裏去，是不現實的；假如他們早知道，大概也就不需要治療了。[65]

基於上述理由，他認為沒必要與案主取得協議，彼此同意進行多少次面談、有甚麼具體目標，或怎樣根據具體目標量度進度：「這樣做會再次局限了改變的可能，並限制了案主去創造或發現一些能令他們滿意、達到甚至超過了他們在描述他們對神蹟之後的早上的想法時，所想像或願望有的東西。」[66]這話就是說，他們給所講的故事所定的「十分」，並不是一個絕對的分數，而是相對於案主當時所在的位置的。它沒有——或至少不應該——成為一個上限。人們長久以來曾經相信，杜瓊斯平均指數是永遠不會超過兩千點的，後來人們相信它永遠不會超過三千點，之後四千點。如果說神蹟故事有時候會過於誇張，那麼可以說，有的時候，它會太受限制。對狄世沙來說，評分制是可伸縮的標準；故此，說來弔詭，神蹟永遠沒發生，然而，又說來弔詭，為我們預備的經常是很多更美好的東西，勝過我們預想的神蹟哩。

一個人足以製造問題

狄世沙的治療法，其中一個容易為人忽略的特點是，治療師典型地在某種局限下操作；假如這局限不存在的話，治療就會變得極輕省。在大部分個案裏，治療師遇到一個問題：

有兩個或以上的人對問題為何，或甚至對問題是否存在有著分歧的看法。那對把十五歲大的兒子帶來尋求輔導的父母十分相信：有問題存在；而他們的兒子則同樣深信：**沒有**問題。這情況引出的問題是：治療師無論如何都要對雙方表示尊重：「對，你說有問題是對的。」「對，你說**沒有**問題是對的。」換言之，治療師面對著一個似乎是解不開的雙困。她要是站在父母那邊（「年輕人，看，這裏是有問題的」），她就撤消了一切可用來說服兒子的手段，無法讓他曉得，只要其父母相信是有問題，就有問題存在。她要是站在兒子那邊（「你我都知道父母是怎麼樣的，他們把沒有問題當作是有問題」），她就漠視了一個事實——只要父母相信有問題存在，就是**有問題**了。

狄世沙的「例外」問題和「神蹟」問題，其實是相當聰明的方法，讓治療師得以逃出這個雙困的窘境。兩條問題合起來，使治療師能夠同時對雙方都表示贊同，即使雙方在說著完全相反的東西也無妨。「例外」問題告訴相信是**有**問題的那一方：**有的時候**，問題是不存在的。「神蹟」問題使**不相信**是有問題的那一方，瞻望一些比目前更理想的環境，並且可以這樣做而用不著接受一個前題，即那個所謂的「問題」，與為何他的人生不是他輕易設想到的人生是有關係的。由此可見，這兩條問題使狄世沙得以應付一個情況：只要**有人**相信問題存在，就是有問題了，即使另一方不同意也無妨。

狄世沙曾致力要發現艾力遜治療實務的「精髓」，那是與這一點相關的個案。狄世沙的問題是，他相信在艾力遜的治療實務背後是有其精髓的，不過他至今還未能找出那是甚麼。由於艾力遜隱約透露了他的治療是**有**某種精髓，但他自己覺得要找出它是太難，問題就更為惡化。這足以令一個像狄世沙這樣年輕聰慧的治療師努力追求答案：「我要去把它找出來。」故此，這邊廂我們有艾力遜説：(1) 我的治療實務是有精髓的；(2) 我不知道那是甚麼；(3) 不過，我不知道那是甚麼對我來説不成問題。那邊廂，我們有狄世沙説：(1) 艾力遜的治療實務是有精髓的；(2) 我不知道那是甚麼；(3) 我不知道那是甚麼，這對我來説是個問題。這意思是，只需要其中的一個人 (狄世沙) 就足以覺察當中的問題；如果要覺察並沒有問題的話，就需要兩個人 (艾力遜和狄世沙)。這個案的問題後來消失了，當狄世沙認識到：(1) 艾力遜的實務並沒有精髓；(2) 這對他來説不成問題，就如對艾力遜來説不成問題一樣。

這意思是，一個問題會繼續「存在」，直到雙方認同它不再存在為止。就那個十五歲男孩的個案來説，當父母不再相信有問題存在的時候，治療就告成功了，因為男孩間中有行為不良的表現，父母還有一些揮不去的疑慮，有時候認為，他的行為不良是某種潛藏問題的「症狀」，是他們無法摸著的，只是他們願意把這些疑慮放開些，因為兒子的表現已有明顯改進。在《轉變》(*Change*) 一書，瓦茲拉威克等人引述維根斯坦的名句：「人生問題之得以解決，從問題的漸漸消失看出來」。[67]對此狄世沙不會贊同，但他的治療個案告訴我們，所有在事情上有份的人都需要同意，問題不再有了。當這事發生的時候，治療已成就一件真實生命的神蹟。要達到這個最終目標 (每個人都同意問題已消失)，治療關鍵在於那條例外問題，因它做到了兩面俱圓：對，這裏有問題，但有的時候問題不存在。在那個相信沒有問題存在的人來説，治療師所提出的這個看法 (有的時候問題不存在) 是對他的立場的重要讓步，而同時，治療師對另一個人的觀點的接納 (有問題存在，需要認真看待)，則是對她的立場的重要讓步。「例外問題」播下了種子，讓雙方最後得以同意，問題本身已消失了。它在婚姻輔導中可以作為尤其重要的一種治療介入法，因在婚姻輔導裏有時候的情況是，其中一方相信「我們的婚姻真的有問題」，而另一方則相信「我們的婚姻蠻不錯哩」。而例外問題就讓治療師得以避免左右為難，毋須在那個認為丈夫是「否認事實」的一方，與那個認為妻子「小題大做」的一方之間，作出選擇。

自我語言的重尋

在第一章，我談到家庭治療師跟其他一些治療傳統相比，較少注意奧哈二人所說的「經驗」；我並介紹了羅杰斯的自我概念，好讓我們能以辨識及探討案主講的故事其背後的經驗過程。我想在這裏接續討論這個自我的題目，因為它跟狄世沙如何應付案主所講的故事的手法是直接相關的。我們已看過，結構主義主張，在案主所用的語言之下有一潛藏的深層結構，狄世沙拒絕這個理論，由是他也質疑治療師的任務是去識別案主多少沒覺察到的深層結構的這個理念。另一方面，他覺察到案主有一些難以講述的經驗（例如「抑鬱」的經驗），於是他發明了例外問題，讓治療師和案主就著該種經驗在甚麼時候存在或在甚麼環境下存在，有個一致的看法。雖然案主把某種經驗賦與一個名字（「抑鬱」），但狄世沙沒為「經驗過程」的現象，賦與一個籠統的名字，因我們從他就家庭治療師所用的*系統*一詞所作的討論知道，他是強烈反對用言詞去把象徵性的說法具體化，或從象徵化的說法造出「東西」或「物件」來，又或，為模糊的事件、感覺和關係賦與明確的名字。他不反對用操作名稱，因為若要治療師和案主有溝通（其實是錯誤溝通）的話，這些是必要的，但他反對用明確的名稱，因為如用它們，就把一種元語言 (metalanguage) 帶進治療過程中，一旦發生這回事，治療師和案主都被捲入一語言遊戲中，其中的言詞與案主的實際經驗之間只有一種搔不著癢處的關係。

雖然狄世沙對經驗的理解與羅杰斯的很接近 (若非相同的話)，二人之間卻有一個重大分別：羅杰斯相信，案主可以培養一種能力，能夠愈來愈準確地表述其經驗的過程，而治療師是可以明白案主的經驗過程的。羅杰斯認為，這裏的關鍵因素是艾力遜，因為真正的同理心不只是回應案主的言詞，還要將其經驗內化，如同是治療師親身經驗的一樣。羅杰斯很有把握地認為，同理心能夠產生真正的了解。對比之下，狄世沙採取的看法是，治療師與案主之間的談話是屬於誤解一類，不過他似乎認為，誤解程度有高低之別，某些誤解比其餘的更接近案主的經驗的真相。

另一個重要分別是，羅杰斯把這個經驗的過程以**自我**名之。他這個做法是追隨詹姆斯 (William James) 的腳步。詹姆斯在其《心理學原理》(*The Principles of Psychology*) 一書用過**自我**一詞，其用法大抵與羅杰斯的相似。詹姆斯指出：「我們所經驗的、**我們所遇見的東西**，是一堆混亂而互相交疊的零碎印象。」**我們「在那裏」所經驗的，顯然是無法以三言兩語確實說明的。**[68]詹姆斯也對我們經驗自己的過程感到興趣，這經驗就是意識到我們自己本身和在我們裏頭、在我們身上所發生的事。就如狄世沙指出「自我」其實並不存在的道理一樣，詹姆斯也不肯談到這種經驗的「本質」，並拒絕把它稱為「心靈」(“the soul”) 的想法。不過，他也反對另一個想法，即意識到自己本身的這種經驗，「不外乎是幻想，是由代詞我所代表的那個想像出來的存有。」[69] 他指出，不論把它視為

「一種精神的實質，或只是一件虛妄的作品」，事實是，自我是「感覺得到的」；正如身體是「感覺得到的」，自我也是「感覺得到的」，因我們意識到它的存在。而我們意識到這個自我的「最主要核心」，就是那個在我們裏頭「不斷跳動的內在生命」。[70]

由此可見，即使詹姆斯避免談到對自我的一種「本質性」的了解，但正由於他的這個做法，也就提供了一個根據，讓我們得以把「自我」的語言引進狄世沙的治療法，而毋須將之扭曲。那位抱怨説感到「抑鬱」的案主，是在講説他的自我體悟(經驗)：不是他「患上了」抑鬱，而是他體悟的自己是屬於抑鬱一類。例外問題之設計，是為了激發案主談到他生命中到底有沒有一些時刻，在這些時刻，他所體悟的自我不屬於抑鬱一類，而是別類事情。在那些時刻或那些場合，他感覺得到的自己是另一回事。狄世沙的治療性介入，目的不是為消除「抑鬱」，彷彿治療的目的是一種無我、一種把自我倒空的狀態，目的倒是要識別，案主除了經驗到抑鬱之外，還經驗到甚麼，並且看看有沒有方法，使這些別類經驗更多出現，更經常地發生。

我在此要説的是，假如我們的做法是，避免把自我冠以固定的品格或特質的話，那麼我們從重尋自我概念而得的收穫必會相當豐富。當我們説的「自我」，意思是指「感覺得到、意識得到」的我，或甚而是那個「不斷跳動的內在生命」，我們就能夠看見，狄世沙想要識別並使之在案主的生命中更為突出的「例外」，早在案主的自我體悟的過程中存在，只是她沒有意識到它們，因為有其他遠較它們更為顯著的、感覺得到的自我意識。那被識別為「神蹟」的經驗，對案主的自我來説並不是陌生的，因為它早在那裏；治療師的任務是使這個早已存在的經驗的過程，能更經常地發生，而不只是碰巧、偶然。

要做到這一點，案主受鼓勵去對自己採取一個更有意向的看法。在此，詹姆斯再次大大幫助了我們，因為他不以行動主義者的觀點來看意向 (intention)。意向不是關乎行使意志力，強迫自己去做自己不願意做的事。舉個例子，詹姆斯指出，一個人在實際說出某些話之前，可能會有說該些話的意向。詹姆斯問：「這意向是由甚麼組成？」它是由「明確的感官形像——言語或東西」組成的嗎？詹姆斯說，不，其中沒有具體或明確的東西。可是，當這些要說的言語或東西開始在思維中浮現的時候，那滿懷預期的意向就對它們一一歡迎。」[71]故此，事後說，某人「意向」欲說他剛才說的話，其實是不對的。反倒是，某人有說話的意向，至於這意向實際上怎樣表現出來，是由接著意向之後來的東西決定的。我們也要從這種意義去理解狄世沙的「神蹟問題」。如果這個問題在案主心中激發他的「意向」，並不是說問題「推動」她以任何既定方式改變她的行為，而是，問題使自我體悟的過程進入一種期待狀態，一種感覺：開始會發生一些不一樣的東西了。耶穌的神蹟正是以這個方式出現的。「病人」或「案主」既非主動也非被動，而是「有意向」的。耶穌的問題——「你要痊癒嗎？」——帶出了這種意向（目的性）。他沒有接下去說：「你要怎樣痊癒？」或「你對如何成就醫治有甚麼想法嗎？」所需要的，就只是一種如詹姆斯所了解的「意向」。在一篇題為〈緩和了的自我〉（"The Mitigated Self"）的文章中，狄蒂斯 (James E. Dittes) 形容它是一種「降服」，即讓自己作為接受行動者，而不是常常作為行動者——採取行動的一方。[72]詹姆斯對「自動作用／無意識行為」(automatisms) 大感興趣，這類無意識行為就如我們熟悉的一個現象：某人記不起一個名字，他才放棄去想的時候，那名字在腦中出現了。[73]在第二章「懶惰減肥法」的個案，說明了這個「意向」的概念；艾力遜在其治療法中運用催眠暗示法，也同樣說明了「意向」的概念。這正正就是讓狄世沙激發的神蹟得以發生的那種意向。還有另一個需要在此作出交代的議題，就是這一點：自我是由之前的經驗所模造，因此又是與過去發生的事情有關的。那個女人問艾力遜，如果她停止愚弄自己，放棄她要減肥的意念，艾力遜會不會介意。她經驗的「自我」是有一段歷史的，而感覺到這段歷史，以及它在目前的一刻對自己的影響。這卻沒有把她抽離一個事實：她作出了重大突破——她發現原來自己沒有減肥的意向，而她也接受這個有關自己的事實。再者，這個故事像艾力遜的「仙人掌」故事，表明了當人們為某個問題來見治療師的時候，他們把自己對個人歷史的觀感也帶來了。假如說像詹姆斯所主張的，自我不是一件具體化的事物而是一種意識，那麼，該意識就包括了記憶，確切地說，是包括了有關過去的經驗的記憶；這些經驗被認為是對個人目前的自我體悟過程有多少影響的。

尼可在《系統中的自我》記述他處理過的一個家庭個案。坦普頓斯夫婦 (Mr. and Mrs. Templetons) 感到江郎才盡，因兒子偉文 (Raymond) 曾向學校的輔導員透露他想死。輔導員見那是個危險的先兆，就安排了坦普頓斯夫婦和兒子一起去見尼可，以便得到徹底的治療。在治療過程中，尼可採取了相當標準的系統進路，試著改變家庭關係的品質。他特別著重父親和兒子的關係，鼓勵母親退開一步，讓父子有機會建立這樣的一種關係。他也教偉文如何遷就父親的習慣和情緒，與父親友好共處。在治療進行期間，偉文想自殺的問題開始消失，但坦普頓斯先生卻無法與兒子發展更親密的關係。此時，尼可發覺令人摸不著頭腦的一點：他發現自己原來對此人所知不多，儘管他在治療的過程中見過他多次了。[74]

可是數月後(其時尼可已經結束了該家庭的治療個案)，坦普頓斯先生一個人來見尼可，因為他感到，在偉文說想死之前的那種明顯的家庭溝通習慣，又再出現，他覺得自己是應該要為此負責的。當他和尼可傾談的時候，他開始講述自己的故事：他還是一個年輕人的時候，怎樣規劃一種勤勞而有認真方向的生活模式，以助他達到其事業目標，同時補償他的羞愧和掩飾他的焦慮。他把生活安排得不讓任何東西成為他成功的障礙；他控制著日程表，就如控制情感那樣。他經驗到孩子們的出生就如同是闖進他嚴密規劃的人生的不速之客；孩子們很快就發現，母親比父親有反應，更容易接觸。尼可指，「一種為家庭治療師所熟悉的模式浮現了：被困的母親與脫節的父親。」他早期的治療工作，就是專門處理這個模式。可是現在，聽著坦普頓斯先生講述他的故事，他第一次聽見，有關「系統」中一個「自我」的事：只有在出於「自由」選擇的情況下，這個自我才能對現時的家庭模式造成巨大改變。然而，這個自我雖然感到內疚，卻無法結束他對其他家人的長遠疏離。

尼可沒再多談坦普頓斯先生的個案。無論怎樣，我在此提到這個故事，目的是要說明一點：自我意識的一個組成部分，就是意識到有一段個人歷史；當人在構想或計劃一個新的、不一樣的未來之時，是不能無視這段歷史的。「我是我的體悟過程」——假如這話是真的，那麼這體悟過程就延伸至過去，而過去雖然(實際上說是)不再存在，它依然有一種不容否認、不容漠視的「現時性」。

以下是我自己的故事，説明以上歷史所構成的問題。更重要的是，它讓我們得以探討狄世沙的「例外問題」和「神蹟問題」在創造一種有利改變的氣氛上，它們的價值，儘管在這個案裏，其中的難題顯明是沒有甚麼長遠的解決方案。

一個電話恐懼症患者的自白

以下故事是關於我的一種恐懼症，它已成了我的自我體悟一個長久存在的層面，是我有的幾種恐懼症之一。這種恐懼症主要是和電話有關的。我傾向迴避在電話上交談，寧可藉書信溝通，儘管那需要多花相當的時間——有的時候，那又是自討苦吃，因為時間上的拖延把我藉書信處理的事情弄糟了。別人看電話是方便(和麻煩)之物，我則以畏懼的心情視之，彷彿它帶著威脅性的(甚而是邪惡的)力量，和它的重量、大小，和看來天真無邪的外表不成比例。我怕的顯然不是它複雜的科技，因為，在今天的眾多電子工具中，電話肯定是最「方便用家」的，按幾下按鈕，等一刻，馬上就有一個聲音應道「你好」、或有幾聲易於辨認的信號，表示另一方的線路正忙著，或者沒有人接電話，但我可以留個信息。

既然電話是我打從小孩子的成長階段就經驗到的少數科技工具之一，我就多次想，我的「電話恐懼症」是否可追溯至童年的因素。我試著這樣回憶，就想起在我大約十或十一歲時發生的一件事。一位鄰居朋友和我有一個共通點，就是我們的父親都在俄馬哈市(Omaha)的同一間公司上班。偶爾我和他會在放學後乘公車到市區與我們的父親會合，然後和他們一同坐車回家。這些旅程讓我們窺見那商業世界的一二，又讓我們有不受打擾的時間各自與父親共聚。我們的父親都任職管理層的位置，因此我們獲准進入該座大廈(以及令人印象深刻的門廊)，坐升降機上他們各自的辦公室。我們的父親通常在其他職員都離開了以後多留數分鐘，於是我們會在辦公室坐坐，等他們工作完畢。有一個下午，我坐在父親的辦公桌附近，電話鈴響了。父親那時出去找檔案；因為那是放工後的時間，我決定接電話，心想那或會是母親打來的，也許是叫父親在回家途中到雜貨店買點甚麼。不料是我的朋友湯姆從樓上(相隔數層)他父親的辦公室打來，我們談了一會兒，他說：「你先掛線，給我回電。」我等了一陣子，給他回電。那邊的聲音以低沉而公式的語調說：「我是彼得。」我以為是湯姆裝作他的父親，就說：「你騙不到我的。」可是那聲音還是說：「我是彼得。有甚麼事嗎？」我才狼狽不堪地發現，原來自己是在和湯姆的父親說話。我不曉得該怎麼辦，只好把電話掛上，我感到自己在顫抖。我怎麼可能把兩個聲音弄錯的？我怎麼可能對一個在他那個位置的人說那麼無禮的話？那當然是一次令人羞愧萬分的經驗。再者，到現在我把故事說出來，原先的羞愧有不少又湧上心頭，我在此刻又「感到」那種羞愧了。某程度上我*就是*我的羞愧，就如狄世沙的案主*就是*她的抑鬱那樣，在許多年前發生的一次經驗，還是「活生生地存在著」，很多童年經驗都沒有——也永遠不可能有——這個效果。

另一次和我的「電話恐懼症」有關的經驗是比較近期的，也離現在很遠了。那時我還是二十出頭，打長途電話給一位女士，我跟她約會有幾年，我們分隔兩地數月，而我們的關係也曾起伏不定，但我在那數月內不斷努力去解決一件事，它一直是我們之間的一個主要妨礙。她接電話的時候，我就跟她說起我的這些努力，滿以為她聽見會很高興。但在我還未弄清楚是甚麼一回事之前，她就打岔說：「現在我生命裏有另一個人，事實上，他正跟我在一塊兒。」她隨即笑著跟這「另一個人」說：「不要，佐治，你搔得我發癢！」我含糊地為我的打擾道歉，掛上電話。我站著，呆了數分鐘，身體在發抖。再次，我完全誤解了形勢，我被她在電話上名副其實地一笑置之，兼可憐地被逐出她的生命之外，為此我感到羞愧受辱。

當我試著要明白，為何我在整個成年人階段對電話有畏懼的反應，上述兩次經驗就隱約呈現。可是這兩次經驗不過是冰山的一角，因為，它們雖然有助我「解釋」我的恐懼症，卻沒有半點顯示它的普遍出現、它的隨處隨在。例如，我對電話在別人生活中所扮演的角色特別敏感。我在大學期間有一個朋友，我跟他有過幾個晚上暢快的交談，但對於那些談話，我只記得一件事：他告訴我，他的岳丈岳母常致電直接和他的妻子談話，免得要和他交談。其實他還告訴了我其他有關他姻親的事，也是同樣地拒斥性的——對他來說，是更可鄙的；可這就是獲得我注意的一件事，是我現在所記得的談話中的惟一一件事了。

讓我們假設，我是案主，我把上述電話恐懼症的歷史告訴了治療師，治療師以狄世沙的理論進行治療，問我這個神蹟問題：假設一天晚上發生了一件神蹟，你早上醒來，你的問題已經一下子消失了。你現在會怎樣描述自己？其他人怎麼會知道發生了神蹟？我會說像以下的話：「神蹟之後的第二天，我不會再把電話看成是對我的生命有著無可解釋的力量的工具，而把它看作是一件有用的科技產品，我可以更有效地運用它，使我生命的某些層面變得不那麼複雜。我能夠隨意拿起電話，想跟誰說話就致電給誰。電話鈴響了，我又能接聽，對進來的信息作出回應，事先沒感到半點焦慮。別人會知道發生了神蹟，因為我會是首先主動打電話的那一個，而不只是在不情願之下慢吞吞地接電話的。拿起電話的會是他們，他們會聽見我說：「你好！我只是想給你一個電話，我們好久沒聯絡了，剛剛想起你。」他們也會注意到其中的轉變，因為，當我打電話的次數增加的時候，我給他們寫的信大概會減少了。」

假使治療師接著問：「你說你對電話有『畏懼』的感覺，有沒有例外的情況呢？」我的答案就會類似這個：「這個問題格外的好，因為我常常問自己這個問題，看看我能不能設法解決我的困難。可惜，這個問題很難答，可能是因為電話有那麼多的方法造成痛苦，正如格拉森的羣鬼狂呼道：『我們是一大羣！』舉個例子，偶然有些例外的日子，我會上班去，看一回我收到的電話的名單，把它們記在便條本上，但一直沒作回覆。後來我決定採取大膽的行動，我很快一個接一個地給他們回電，找著了一些人(有些找不著)。我懷著很大的滿足感，舒了一口氣，把那張沒早早回覆的電話名單丟進廢紙簍。成功了！問題是，下一次來電正像一頭野獸在地平線之外的某處潛伏著，我知道，我的滿足感不過是短暫的。」

回應例外問題的另一種方式是，問自己，在甚麼情況下我經驗的電話交談是愉快可喜的？妻子或兒子打來的電話從來都不帶威脅性，因它們像是我們之間的交談的延續。有幾個好友和我教過的學生打來的電話，情況也是一樣，我和他們有過多次面對面的交談。還有另一個例外是，打電話來的人出奇地結結巴巴、含糊不清，又或，在我的電話答錄機上留下一堆極之混淆不清、聽不明白的信息——很明顯，是我的同類。可是，說來也有趣，即使是好朋友，我也會待上好幾天才動手給他們回電；我雖然喜歡聽到他們的聲音，但在心底裏，我更喜歡收到一封信，不論是多麼短的。

換言之，例外問題似乎會觸發我有這個回應：雖然確實有例外存在，但例外情況對我來說似乎加強了畏懼的力量，使它更難於應付。我贊同狄世沙說的，例外證明了例外本身，而我更在原則上贊同，應該可能找到一些方法，盡量增加這些例外情況——更多的日子，我以驚人的速度連續打出好多個電話；或更多主動打電話給好朋友，只為「保持聯絡」。然而例外的情況，看來的確是以一種不尋常的方式，「證明」了「在現實裏」，電話是無時無刻不在威脅著我的幸福的，因為它可以用*那麼多的方式*引發我的焦慮。那就是說，它的力量是一大羣力量；它們合起來，我可不是對手。

以上事實導致我「選擇」對我的恐懼症「深信不疑」，大抵就如有人會相信一隻他的理性告訴他並無「真實存在」的鬼一般。如此，至少我感到自己獲得了一小片自由的空間，遠離它那股強大無比的力量。假如我表現得它好像是不存在一樣，把它當成是愚蠢的幻象，那麼它要佔上風的威力似乎還要更大。由此看來，說來弔詭，我愈是相信我開始擊敗那恐懼症，把它擊退了，那就正是它似乎要作出報復、要反擊的時候。假如那是結局的話，「神蹟」真是美妙不過，但我怕它那料想不到的反作用，所以我寧願相信我的恐懼症，接受它作為我自己的一部分。我發覺自己在反駁羅斯福總統的名言：「我們要害怕的惟一一件事，是害怕。」我反而要說：「我曉得我的恐懼都是在腦子裏的，但我的腦子有許多個房間，我沒有理由去期望，每個房間都是明亮可愛的。」我不特別喜歡讓我的「恐懼症」在我「家」長久居住，但我逐漸接受「它」並無意離去，我要把它趕出去是沒多大意思的，不如嘗試在「它」旁邊工作。

在此，故事的結局有點兒諷刺：在解釋他的評分問題的時候，狄世沙建議以零分代表案主在**起初致電**尋求治療之時的感覺，而以十分代表神蹟之後的第二天。可是，對於那有「畏電話症」之人，「起初的致電」是神蹟之後的第二天。其他人怎麼會知道發生了神蹟？因為那畏電話之人能夠致電到治療師的診所要求約見！[75]這種反常使「畏電話症」看去是一種不尋常的恐懼症，但基本上它也許無別於亙茲拉威克等人所講述的一個患廣場恐懼症之人的故事：

> 一個中年單身漢，因為患有廣場恐懼症而過著疏離的生活，他害怕處身在開放或公眾的場合。日復一日，讓他不覺焦慮的安全範圍愈來愈窄，最後他不單害怕上班，甚至連隔鄰那一直以來給他供應食物及家居日用品的雜貨店也不敢去。他自暴自棄，決定自殺。他跳上車子，向著離家五十英里的山頂駛去，以為當他經過幾個街區之後，必然會心臟病發，從此一了百了。然而，他卻安全地駛達目的地，在那麼多年來，他第一次嚐到無憂無慮的滋味。讀者可以猜想結局如何：他不但安全到達目的地，而且還是多年以來頭一次發現，自己不受焦慮所困。[76]

亙茲拉威克等人形容那是恐懼症「自動消失」的一個個案。以狄世沙的措詞說，那是名副其實的一個神蹟故事。

假如我發覺自己在表示遲疑，甚至有點兒不相信，那是因為，據我自己的經驗，問題似乎是與過去的經驗有關，這些過去的經驗混進了我現在的自我體悟之中，要阻止它發生的話，似乎我能做的也不多，因為電話在我的生活裏隨處隨在。(假如我畏懼的是蛇，要把這畏懼推到我的生活外圍就會比較容易）。考富門與拉斐爾（Gershen Kaufman and Lev Raphael）在《走出羞愧》（*Coming Out of Shame*）中的解釋——「羞愧的束縛以一幕又一幕的景象存在於記憶中」，並且藉著「心理放大的過程，掀起一大串相關的景象」[77]——固然幫助了我，讓我明白在此發生的是甚麼，但是我為這難題所找到的惟一一個「解決方案」，還是接受該畏懼症成為我的一部分，照它的本相，「樂於接受」它進入我總體的自我意識中。閱讀格拉森那被鬼附之人的個案，細味那受驚的「大羣」逃到豬羣、那人從壓制他的權勢下得釋放的一幕，固然可能會得著啟發，可是，這個故事對那些沒經驗過問題「自動消失」的案主來説，也可能是叫人沮喪的。於他們來説，事情更可能是，偶然有一次成功，隨即或許故態復萌，而日復一日、年復一年地觀看這個周而復始的過程。在我看來，這是狄世沙的評分問題的真正過人之處，及其真正的功課，因為它顯示，事實上並沒有零分，事實上也沒有十分；那就是説：**並沒有絕對標準**。然而，由三分到四分或七分到六分的進程，可以讓我們衡量自己的進步（或退步）。我們滿足於偶然的小小神蹟，滿足於我們至少在零分到十分上的**某一點**——這個零到十分，説到底，是我們的自我的一個重要部分——只是一個部分。

牧者作為小小神蹟的製造者

要從狄世沙的治療進路歸結出它對牧養輔導的意義，一開始我想先聚焦於牧者作為「小小神蹟的製造者」的角色上，然後我才回到我們因詹姆斯的看法而變得可能的自我的議題上。狄蒂斯在其《當人們説不》（*When the People Say No*）的一篇文章〈透視期望，發現事奉〉（"Seeing Through Expectations to Find Ministry"），思想彼得在「美門」所行的神蹟（徒三1～10）。[78]狄蒂斯指，那個瘸腿的人求賙濟之時，是向彼得和約翰禱告的人生說不(禱告是他們上聖殿的目的)，而當彼得指出他沒有金銀可施與的時候，他就向那人求賙濟的行動說不。但是，經文說「彼得定睛」看那人，而那人正期望得著甚麼，「留意看彼得」。彼得沒把視線挪開(那是拒絕乞丐的請求的自然反應)，反而直視他的眼睛，由此識別出他把所能夠施與的禮物送給的這個「你」。如狄蒂斯所言，彼得和約翰「透視」該乞丐的期望，以發現事奉。他續說：

> 事奉在於透視外觀，在於暴露、探討及改變問題，過於提供答案；在於放大所追求之物、其需求，過於滿足對角色的固定的、傳統的期望。事奉是在於透視別人看作是常例、別人盲目接受的事；說到別人對事奉的一貫期望，這話至為真確。[79]

除了定睛看那人之外，彼得還伸手扶他：「在那懷著熱望的瞬間接觸之中，各人都冒險去進行一項陌生而不可能的事奉。他們在犧牲對事奉的慣性期望之時，著手一起發現了——不得不著手一起，不得不犧牲期望——他們的熱望竟以一種新的圓滿的方式，出人意外地地達到了」[80]

牧者甚麼時候成了小小神蹟的製造者？當牧者「透視」自己的期望以及別人的期望，結果就有相當美妙的事情發生了。它之美妙正是由於它是意料之外的，正是由於它違反了一切期望，促使各人為所見的——發生了甚麼事，和正在發生甚麼——而感驚訝、懷疑。神蹟不一定需要被理解為「違反」已知的科學定律，它只要「違反」人們的期望就夠了，就如那個十五歲的男孩的父親，一聽見兒子描述神蹟之後的第二天就說道：「啊，那可真是神蹟了。」

牧者事實上會行神蹟，這是會眾對牧者所懷的期望之一(通常是不言而喻的)。牧者經常謂，他們的會眾期望他們行神蹟，能夠「在水面上走」。對這類期望，牧者的回應固然可以是指出他們的想法多麼不現實——「畢竟我跟你們其餘的人都是一樣，只是人」——但狄世沙的進路則提出有更好的方法，就是牧者並不否定自己有「小小」神蹟製造者的身分，而樂於擔負一個似乎是不可能的角色、一個必敗的結論，這是基於一點：在例外證明了例外的世界，神蹟比我們想的要普遍得多——我們只是沒受過訓練作如是想罷。

狄世沙在《讓工作起變化》(*Putting Difference to Work*)一書指出，據臨床經驗和研究顯示，「切實可行的目標」傾向具備以下特徵：

1. 它們是小目標、不是大目標。
2. 它們有適切性。
3. 它們是以詳細、具體、付諸行為的措詞來描述的。
4. 它們在案主實際的生活處境中是可達到的。
5. 案主看出它們是要求案主自己「用功」的。
6. 它們被描述為「某些事物的開始」，而非「某些事物的結束」。
7. 它們被視為有「新的行為」，而非某些事情的不出現或停止。[81]

狄世沙在提供了上列特徵之後，隨即說明他的「神蹟問題」，由此不說自明，他認為案主講述的「神蹟故事」通常具備這些特徵。這意味著神蹟故事並非天馬行空的想像、並非胡謅的故事，它們其實是頗實際的，儘管偏離傳統大道，諸如一個艾力遜，請某人閉上眼睛，如此助他在雪地上走過而不至跌倒；又例如少年人法蘭茲，因看見公園裏的花朵真的很美而不再沉溺於有關權威的議題。它們尤其考慮個人和處境的因素，並強調一些新事物的開始，不只是下定決心**不去**做個人習慣做的事(艾力遜的「多走一哩路」是與此相關的一個個案)。

狄世沙所列出的「切實可行的目標」，表明了神蹟在以下情況下有更大可能發生：如果我們的目標是小目標、如果它們有適切性、如果它們詳細具體、如果它們是某些事物的開始而非某些事物的結束，以及，如果它們是新的行為而非只是停止現有的行為。當然，我曾以睡眠的方法減去不少體重，製造了一個小小的神蹟；基於這一點，我會願意調整一下這神蹟必須案主用功的想法——原來神蹟經常在我們停止盡力而降服下來的時候發生。不過有人或者可以反駁說，對於一個慣於要主宰自己的問題的人來說，這樣的降服可被視為要求用功的挑戰，與一位將軍遇著的挑戰——在約旦河中浸泡一會兒——不無相似。我還要指出，新的行為可以是一些個人常有的行為，只是未被應用到所要處理的難題上。故此，我有生以來天天都睡覺，睡覺並不構成一種「新的行為」，但是**如何**睡覺，則是一種新的行為。

福音書中的神蹟故事，具備大部分(甚至全部)以上特徵，其中這故事就是一個上佳例子：一個癱子的幾個朋友，在耶穌身處的房子的房頂開了一個洞，把癱子連褥子縋到屋子裏。常常為寧靜的家庭氣氛帶來衝擊的耶穌，則欣賞他們的機靈，以及他們對友人的愛顧，稱讚他們的信心，到祂出現在幕前，醫治的過程已在進行了(路五17～26)。他們的行動是小規模的、適切的、具體、可達到的、要求一點努力、是某些事物的開始、新行為的起頭。在房頂開一個洞，是開始新事物的一個非傳統而有效的方法。其實，「在房頂開一個洞」可被視為一個難得的隱喻，表示神蹟是如何變成意念的；它必定是在正常的期望之外。

所以，雖然事實上牧者不能在水面上走，這卻不否定一個事實：他們與小小神蹟的發生有著一定的關係，比我們所知的更為普遍。如果一個十五歲的男孩可以過著一種不一樣的生活，足以叫父親驚歎道：「啊，那可真是神蹟」，那麼，我們就絕對有理由相信，牧者已在施行神蹟了。我認為，我成功幫助了那個學生克服了其「文思不通」的困難，也可算為一個小小的神蹟。即使那不是神蹟，我們二人也都把它當作是神蹟，為此慶祝一番！然而，狄世沙所提醒我們的是，我們不可以為事前早已知道，對那人來說甚麼會構成一個神蹟，這就是為甚麼他請案主告訴他，他會在他的人生中把甚麼看為神蹟。再者，聰明的牧者都曉得，應把最大的功勞歸與會友本身——是他自己「用功」，使神蹟發生的。在狄世沙轉述的所有有關「神蹟之後第二天」的故事中，案主都假定了他們必須做些甚麼，或至少，開放自己讓其他人或事物在他身上有所作為，致令神蹟發生，儘管狄世沙剛剛才告訴他們，神蹟已發生了，就在他們睡覺的時候發生了，而狄世沙邀請案主做的，只是描述神蹟，好說明其餘的人怎麼能知道，神蹟已經發生。這顯示了我們幾乎沒有人會真的相信，神蹟的發生是不需要我們有意的參與，不需要我們對新的事物作出努力或默然服從的。

這特別意味著，就應該怎樣「處理」目前的困難處境，放棄一些舊有的假設或固著的信念。也許這些假設和信念在過去是行得通的，或者對某些人是行得通的，但它們現在不管用了，即使它們過去真的行得通。另一方面，我們也得欣賞在畢士大池子旁邊那個病人的執著，他三十八年以來全心相信一個對別人來說似乎是管用的方法。可是，這個故事也說明了互茲拉威克在《情況無望卻非嚴重》一書內所表達的觀點：我們經常以為，一個方法要是行不通的話，只要加強執用就行。[82]與此同時，這方法就霸佔了我們的思想行為，迫使其他可能的方法退到一旁，直到我們終於承認，原來的方法是行不通的，也是永遠不管用的。

以上談到牧者是小小神蹟的製造者，言外之意也許意味著人生面對的一切困難都有答案。事實上，福音書中的醫治故事容易給人這個印象，於是，雖然它們對很多人來說是啟發性故事，但是，當所希望的醫治沒有發生，當所渴望的身體或靈性上的健全變成虛空的期望的時候，它們也為一些人造成希望幻滅的情況，甚至帶來絕望。神蹟故事所隱含的危險已得到充分證實(無論是福音書內的，或是像狄世沙等治療師所接觸的案主所構想的故事)，這引領我們返回自我的議題上，特別是這一點：自我是由它記憶中的過去、及它所期待的未來所構成的。無論你喜歡與否，這個記憶中的過去在我們解決目前的難題上，扮演著一個重要角色。我們把許多包袱——過去的經驗——帶到目前的難題解決的過程中；這是其中一個理由，解釋我為何不信，人生所遇見的一切困難都有答案，不管我們多麼「有信心」。

語言系統中的自我

狄世沙對案主帶進語言系統的「自我」，以及自我在這個系統中如何運作，有沒有加以充分注意？狄世沙一如艾力遜和互茲拉威克，對自我只極少注意。然而，正如我已指出的，他了解到把個人經驗與另一個人溝通所牽涉的困難，由此引起他對自我的議題作出反思。我特別在討論狄世沙的部分提出這個議題，原因即在此。而且，我認為從他的進路所引出的自我概念，是最可辯護、最站得住腳的，因為它沒有墮入詹姆斯所提到的兩個極端之中(即提出一個具備某些重要特徵的自我，或認為「我」純粹是隨便虛構出來的)。因為他像亙兹拉威克那樣，很強調我們的世界是由我們「建構」或「發明」的，所以我們或會以為狄世沙會主張，「自我」只是在講述故事的過程中編造出來的產物。[83]他之所以沒有提出這種為人熟悉的後現代主義論調，主要並非因為他沒有一套自我理論，反倒是因為他相信，有些個人經驗是不能被建構出來的，因為它們是無法用種種言語或文字表達的。這意思不是說，他相信結構主義對表層和深層的區分，因為我們已看過，他不再接受這套理論；它的意思倒是，我們都有一些親身經驗，是我們還沒找到(或許永遠找不到)言詞去表達的。它們不是有待探測的深潭，或未為人發現(甚至未為我們發現)的祕密，而是至今還是說不出來的體驗，原來它們是不清晰、不定形的。

評分問題儘管表面上或者瑣屑平常，其實它反映狄世沙無形中承認，我們都有一些別人——甚而是我們自己——所無法看透的體驗。我們有抑鬱的「感覺」，治療師也接受我們所說的有這樣的感覺，但說到抑鬱的感覺如何，我們就只能含糊其詞，而且無論我們如何表達，也總會被人誤讀誤解的。評分問題之所以行得通，不外乎是因為它建基於一個前提：有關我們的經驗，有些東西是他人無法知曉的。假如評分問題只是用來作為一件方便的工具，以代替務求了解他人經驗的努力，那麼它就會是低下的花招。可是，正如狄世沙所表明的，他之所以在治療上開始用它，是因為案主自己用它來嘗試與他溝通，用它來說明一些他們找不著字句去表達的事情。故此，神蹟問題激發案主說出他能說的自我故事，這故事讓治療師知道：「我是這樣看未來的自己的」；而評分問題就接受一個事實：總有一些說不出來的東西，是無法從我講述的個人故事中表達出來的。如果說評分問題激發我們的意向，那麼神蹟問題就邀請我們去建設一個虛構的自我——「這是神蹟之後的我」——而這個虛構的自我證實是有效的工具，可促成治療上的轉變，使虛構的變得更現實、更真實。

擁抱個人寧可不接受的自我

可是，我有一個憂慮：神蹟問題是那麼強調那個實現了的新我，以致它實際上是把記憶中的自我塗抹掉。在那個十五歲的男孩對「神蹟之後的第二天」的描述中，記憶中的自我正是那個神蹟故事所反對的現實，就是那個如果無人督促早上就不起床的自我、那個不肯洗澡的自我、那個把髒碟子留在桌子上的自我，等等。神蹟故事預見了這個記憶中的自我不知怎地被塗抹了，好讓那個實現了的自我能被寫入原本被記憶中的自我所佔據的空間裏。然而，在確定兒子究竟是在那些日子刻意地做他的新我上，父母的看法並不一致，這就表示了記憶中的自我是多麼容易和自然地溜進我們的經驗去，即使是在我們自覺地、刻意地要撇下它的時候。

當我想到我為畏懼症得癒而付出的努力（我知道那是基於無端的恐懼），就更多（不是更少）意識到那個記憶中的自我的力量，也更多意識到那個實現了的自我在掙脫它的力量上，相對地是多麼的無助。狄世沙那個有酗酒問題的案主說得好；當他描述神蹟之後的第二天時，他說：「我大概會覺得沒有甚麼遺留，因為——你知啦——你在夢中有時候永遠沒有機會把夢做完，於是你覺得像遺留甚麼。其餘纏累我的廢物都過去了。……」有沒有誰——這個人、治療師狄世沙，或這故事的讀者——真的相信，他會能夠徹底地脫去「其餘纏累我的廢物」？我想我們知道，而我們知道他知道，是永遠不會如此的。事實上，假如狄世沙真的相信事情會這樣的話，他就不會採用「評分問題」了；「評分問題」正是量度進步（和退步）的工具，它實際上表現了一種不大相信神蹟的態度，至少不大相信這類神蹟：在其中記憶中的自我被說成是無能的。

故此，我會建議以耶穌說的浪子故事（路十五11～32）作為與此情況相關的經文，在其中記憶中的自我表現了顯著的生存技巧，一種力量，能抵擋要抹掉它的一切嘗試。我們固然可以從「家庭系統」的角度去思考這個故事，把它看作是一個有點兒功能失調的家庭（若採取這個進路最終必然引出「失蹤的母親」的問題），但是，我們也可以把它看作是一個關於自我的故事，兩兄弟分別象徵一個人（或者甚至是說故事之人？）的自我意識。我們看見有一個自我是在瞻望一個更美好、更開放的未來（弟弟），又有一個自我是在回顧可預測的過去，寧願選擇它，不選擇那不可預測的未來（哥哥）。當故事發展下去，那個期望有新生活的自我回到家裏，又沮喪又挫敗，他對未來的夢想就如身上穿的衣服那般破爛不堪；而那個對別人的夢想抱著懷疑態度的自我，則表現出一副超然和吝嗇的態度：「讓他承受自己的夢想所帶來的結果，承受他給自己說的謊言罷。」正如我們所領受的，前人傳給我們的這個故事，並不是神蹟故事。不錯，父親一直期盼兒子回來，歡迎他回家，而歡迎他回家的是父親（不是母親）的這一點，當然是一個小小的神蹟。但兄弟二人又如何？神蹟會是，他們有意和睦共處，消除彼此的猜忌和仇怨，手拉手，彼此凝視對方的眼睛，各自擁抱那個他們寧可不接受的自我。這麼一來，自我會被統一起來，它的二元性化解了。除了那醫治我們分裂的自我、使之健全的永生神以外，有誰能使這個神蹟發生呢？除了永生神以外，誰在我們裏頭栽植一種意向：要使我們那不斷競爭而不可靠的自我彼此和好？可是，故事卻不是那樣。

還有，把一份對語言系統中的自我的關注引進狄世沙的治療法中，我們就能從中看見，有的時候，神蹟並非把那個叫我們失去活力的殘障「治癒」，而是以另一副面貌出現，即擁抱那個我們寧可用魔法將它從我們的人生塗抹掉的自我。從這角度看，福音書中的醫治故事可不是騙人的。因為它們沒把耶穌描繪成一位魔術師，而是把他描繪成用不著使出低下花招的醫治者，他醫治的能力在乎兩個自我之間的共同意向。類似的一種共同意向也會在同一個人身上出現；當我們在自己裏頭發現它，擁抱我們所經驗到的那個有缺陷的、低劣的、膽怯的、有過失的、脆弱的、不體面的或醜陋的自我之時，我們應該知道，早已接受了這個自我的神在想：是甚麼叫我們耽延了這麼久才與我們自己和好呢？

會眾的語言系統中的自我

那麼，牧養輔導對教會生活有甚麼益處呢？除了在上文有關艾力遜和亙茲拉威克的討論所提過的益處之外，牧養輔導促使我們把自我帶進會眾的語言系統——談話——之中。正如我們都知道，在教會中出現的不少談話，對「自我」含有強烈的偏見；時下的不少神學思想把自我作為輕蔑語用，更加強了這種偏見。當我們猛烈抨擊時下的「自我中心」之時(一如前人猛烈抨擊「妄自尊大」、「自我放縱」，甚而「自憐」那樣)，我們或會贏得若干道德分數，甚至間中會說了一些真確的話。但這類貶語的更大影響(甚至先前被視為一項顯著美德的「自力更生」，現在也遭人抨擊了)是，我們向我們的會友傳遞一個信息：我們對自我有這類抗拒，彷彿「自我」即魔鬼的化身。據本書的用法，*自我*一詞並不帶這些貶意，它只是說，我們都意識到自己的經驗，所以，從實際的意義來說，我們*就是*自己的經驗。這種自我意識本身是一份寶貴的禮物，我們或者未能覺察它對我們的重要性，直到它受到威脅方才覺悟。正如艾里克森所言，「凡處埋過患自閉症的孩子的，沒有誰會忘記那種恐怖：看著他們如何拼命掙扎著要明白，說『我』與『你』是甚麼意思——對於他們，那是多麼不可能的事——掙扎著要明白一種語言，它假定了有一個統合的『我』的經驗。」[84]我們從一個阿耳茨默症(又稱彌漫性大腦萎縮症，Alzheimer's disease)患者的身上目睹的混亂，是另一個相關的案例。可是，更加重要的是，要是我們只會從負面去想到自我，我們就會發現，連有意地談論神也變得不能了。聖奧古斯丁解釋他為何寫自傳，說假如他向神隱藏自己的話，他也就「會〔讓神〕向自己隱藏了」。[85]或如德國神秘主義者艾哈特(Meister Eckhart)所言：「我們用怎樣的眼睛來察看神，神也用相同的眼睛來察看我們。」[86]這意味著，我們的自我與神那永活的自我是互補存在的。

如果我們在運用自我語言之時主要是帶貶意的話，我們也會跟我們的宗教傳統的一個重要層面脫軌，這重要層面可溯源至聖經的詩篇：前人傾向以隱喻法來講述自我。我在先前發表的一篇文章指出，聖經的詩篇提到心的經文有一百處以上，其中可粗略分為幾類：說及心的「渴想」的、關於心的「意向」的、把心視為「辨識力」之所在的，以及提到心的各種「情緒」的經文。此處的心，顯然是用來暗喻自我，這個用法使詩人得以辨識並探討自我的意義和功能。[87]

農維格先生曾著書論基督教有關心的語言、以及它跟有關自我的神學語言、心理學語言和哲學語言之間的複雜關係，那是一部重要著作。在其中他指出，在傳統的丹麥聖詩集裏，「心」是最常用的惟一一個名詞，它代表著「一個人的內在核心和中心」。他並指出，人們把心視為管理著某種特殊知識（就其特質和我們與神的關係——主要是愛的關係——來說）的「器官」：「聖詩用的有關知識的動詞（感到、得知、感受、嘗到、明白），無不表達一種獲得知識的途徑，它這個足可作為證據的意義，似乎是毋庸爭辯的。」[88]新近被收入該聖詩集的附錄文章，就我們這時代的一百五十首聖詩進行了分析。在其中他進一步指出，據分析顯示，有關心的語言，其突出地位不論就質或量而言，已然有變；儘管當代聖詩有一種正面發展，即趨向把「宗教的內在性」視為明顯與我們對身體活力的體驗有關的，無論如何都令人「不安」的是，「覺察到在描述〔我們〕與神的關係上，以往一向是基本元素的東西，現在好像已經消失了」。[89]當然，「心」只是有關自我的其中一個隱喻，現今有人嘗試把大腦看作是自我的一個隱喻，看作是記憶中的自我所在；由心移到腦袋去，這個隱喻提供了另一個象徵自我的有效途徑。[90]然而我要說的是，當我們陷於這種對自我的偏見之中，把它當作好像是對教會的一個共同觀點加以報復（而事實上，這個自我告訴我們那麼多關於信仰羣體內的相交的事情），那麼，我們就與我們本身的宗教傳統脫軌了。

有人主張自我是編造出來的東西、無非是（根本是）一個故事而已；對於這些人，我的看法則恰好相反：一旦自我把它要談及自己的這種意向貫徹實行，把我之為「我」的意識化為聲音，它就開始講述一個故事。從這角度看，有很多詩篇都是講述自我的故事，從中透露了作者的自我體驗。這個故事的神妙之處在於它的獨一無二；它是一個惟有「我」才說得出來的故事，沒有誰能代替我說的。由此可見，牧養輔導是以自傳的形式開始的。

狄世沙在其《字句本神奇》的序言中承認，該書的「個性」

> 很倚重所引述的作者，他們幫助我把獨唱的聲音變為類似合唱的作品。好多個聲音——活著的、死了的、虛構的——和我的一同說話。我希望我這個用法一點也沒有濫用。當他們說出一些我認為說得好的話，我讓他們自己說。或許有的時候他們說得太長太多，但我覺得要簡述語意是太難了。[91]

除了困難以外，簡述語意 (paraphrase) 是特別的一種誤讀，是尤其有害的一類，因為它假裝不是誤讀，但其實是誤讀。據字典的定義，簡述語意是：「把之前說了或寫了的東西所表達的思想或意義，改說或改寫。」這暗示了簡述語意者可以說得比原來的講者要好，或至少說得要簡潔些。可是，在我而言，把你用你的言詞說了的話用我的言詞說出來，就是把你的故事置放於另一個脈絡，在故事和原本擁有該故事的人之間，造成一度虛假的、無形的界線。比較好的方法是，讓原本的自我說它能夠說的，讓它在說不出來的地方沉靜，並且接受一個事實：無論是這兩個情況之中的哪一個，它都不要求也不邀請我們作中間人。

註釋

1. Steve de Shazer, *Putting Difference to Work* (New York: W. W. Norton, 1991), pp.26～27.
2. De Shazer, *Putting Difference to Work*, p.32.
3. De Shazer, *Putting Difference to Work*, p.33.
4. De Shazer, *Putting Difference to Work*, p.34.
5. De Shazer, *Putting Difference to Work*, p.35.
6. De Shazer, *Putting Difference to Work*, pp.72～73.
7. De Shazer, *Putting Difference to Work*, p.73.
8. De Shazer, *Putting Difference to Work*, p.73.
9. De Shazer, *Putting Difference to Work*, p.74.
10. De Shazer, *Putting Difference to Work*, p.64.
11. De Shazer, *Putting Difference to Work*, p.64.
12. De Shazer, *Putting Difference to Work*, pp.64～65.
13. De Shazer, *Putting Difference to Work*, p.65.
14. De Shazer, *Putting Difference to Work*, p.66.
15. De Shazer, *Putting Difference to Work*, p.66.
16. De Shazer, *Putting Difference to Work*, p.67.
17. De Shazer, *Putting Difference to Work*, pp.63～65.
18. De Shazer, *Putting Difference to Work*, p.66.
19. De Shazer, *Putting Difference to Work*, pp.68～69.
20. De Shazer, *Putting Difference to Work*, p.69.
21. De Shazer, *Putting Difference to Work*, p.91.
22. De Shazer, *Putting Difference to Work*, pp.91～92.
23. Paul Watzlawick, *The Situation is Hopeless but Not Serious* (New York: W. W. Norton, 1983), p.51.
24. De Shazer, *Putting Difference to Work*, p.92.
25. De Shazer, *Putting Difference to Work*, p.93.
26. De Shazer, *Putting Difference to Work*, pp.93～94.
27. Steve de Shazer, *Words Were Originally Magic* (New York: W. W. Norton, 1994), p.13.
28. De Shazer, *Words Were Originally Magic*, p.18。De Shazer此處引文出自

Bandler and Grinder, *The Structure of Magic* (Palo Alto, Calif: Science and Behavior Books, 1975), p.43。

29. De Shazer, *Words Were Originally Magic*, p.18；引文出自Bandler and Grinder, *The Structure of Magic*, p.44。
30. De Shazer, *Words Were Originally Magic*, pp.21～22.
31. De Shazer, *Words Were Originally Magic*, p.29.
32. De Shazer, *Words Were Originally Magic*, p.29.
33. De Shazer, *Words Were Originally Magic*, p.30.
34. De Shazer, *Words Were Originally Magic*, p.31.
35. De Shazer, *Words Were Originally Magic*, p.31.
36. De Shazer, *Words Were Originally Magic*, pp.31～32.
37. De Shazer, *Words Were Originally Magic*, p.32.
38. De Shazer, *Words Were Originally Magic*, p.32.
39. De Shazer, *Words Were Originally Magic*, p.32.
40. De Shazer, *Words Were Originally Magic*, p.32.
41. De Shazer, *Words Were Originally Magic*, p.33.
42. De Shazer, *Words Were Originally Magic*, p.34.
43. De Shazer, *Words Were Originally Magic*, p.34.
44. De Shazer, *Words Were Originally Magic*, p.73.
45. De Shazer, *Words Were Originally Magic*, p.87.
46. De Shazer, *Words Were Originally Magic*, p.90.
47. De Shazer, *Words Were Originally Magic*, p.48.
48. 雖然de Shazer看Wittgenstein是他的哲學導師，值得注意的卻是，Wittgenstein本人深受 William James影響；他這個理論——多元化與分歧是事物的本質——即直接取自James的*The Pluralistic Universe* (New York: Longmans, Green, 1909)。
49. De Shazer, *Words Were Originally Magic*, p.95.
50. De Shazer, *Words Were Originally Magic*, p.95.
51. De Shazer, *Words Were Originally Magic*, p.96.
52. De Shazer, *Putting Difference to Work*, p.113.
53. De Shazer, *Putting Difference to Work*, pp.114～115.
54. De Shazer, *Putting Difference to Work*, p.115.
55. De Shazer, *Words Were Originally Magic*, p.92.

56. De Shazer, *Words Were Originally Magic*, p.92.

57. De Shazer, *Words Were Originally Magic*, p.92.

58. De Shazer, *Words Were Originally Magic*, p.93.

59. De Shazer, *Words Were Originally Magic*, pp.94～95.

60. De Shazer, *Words Were Originally Magic*, p.90.

61. De Shazer, *Words Were Originally Magic*, pp.250～251.

62. De Shazer, *Words Were Originally Magic*, p.272.

63. De Shazer, *Words Were Originally Magic*, p.272。我以睡眠法減肥是相關的一個案例。我不需要人教導或訓練我如何睡覺，因我一生都在做著這件事。還可以指出一點：這個案示範了識別例外的效用，因為我已觀察到，我增重通常是在醒著的時候，我睡著的時候極少增重；一般是，我體重減輕是在睡著的時候。我藉著增加睡著的時數，就把一天之中更多的時間投放在「例外」的情況上，留下較少的時間讓問題出現。再者，這方法不像運動或節食，在「解決方法」和「問題」之間的關係較不明顯。

64. De Shazer, *Words Were Originally Magic*, p.273。

65. De Shazer, *Words Were Originally Magic*, p.273。Carl Rogers提出類似的主張。Rogers為確定在案主為中心的治療進程中有沒有可量度的進展，就採用一套由William Stephenson發明、名為Q技術的技巧，即要求當事人在療程的不同時段把一套卡片排列次序，其中會對那些寫上簡短的自我描述的卡片，進行兩次揀選，一次是為描述他們目前經驗的「自我」，一次是為描述他們想望中的「自我」。結果兩次對自我的描述都隨著治療的進程改變了。於是治療的進展就被定義為，實現「真正」的我與「理想」的我之間的較大程度的和諧一致，而不是定義為實現治療初期當事人的理想「自我」。參其*Client-Centered Therapy* (Boston: Houghton Mifflin, 1951), p.140。

66. De Shazer, *Words Were Originally Magic*, p.273.

67. Paul Watzlawick, John Weakland, and Richard Fisch, *Change: Principles of Problem Formation and Problem Resolution* (New York: W. W. Norton, 1974), p.84.

68. William James, *The Principles of Psychology*, 2 vols. (New York: Dover Publications, 1950), vol 2, p.634.

69. James, *The Principles of Psychology*, vol.1, p.298.

70. James, *The Principles of Psychology*, vol.1, p.299.

71. James, *The Principles of Psychology*, vol.1, p.253。有關James對經驗的看法，是取材自John Capps, "The Bedrock of Experience: An Assessment of James's Proposals for a Critical Science of Religion"，載於Donald Capps

and Janet L. Jacobs, eds., *The Struggle for Life: A Companion to William's James The Varieties of Religious Experience* (West Lafayette, Ind.: Society for the Scientific Study of Religion Monograph Series No. 9, 1995), pp.238～249。

72. James E. Dittes, "The Mitigated Self", 載於*The Endangered Self*, eds. Richard K. Fenn and Donald Capps (Princeton, N. J.: Princeton Theological Seminary Monograph Series No. 2, 1992), pp.79～87.

73. William James, *The Varieties of Religious Experience* (New York: Penguin Books, 1982), pp.478～483.

74. Michael P. Nichols, *The Self in the System: Expanding the Limits of Family Therapy* (New York: Brunner／Mazel, 1987), ch.1.

75. 電話恐懼症並非罕見。Murray B. Stein及其同僚在簡單回答對他們用電話調查法去研究社交恐懼症的一項批評中(批評者將之比若在帝國大廈的頂層進行訪問調查，以評估畏高症的普遍性)承認，他們的社交恐懼症患者有百份之五十是經常避免主動撥電話的，而這其中又有三份之一是同時避免接電話的(載於*American Journal of Psychiatry* 152〔1995〕: 653～654)。這會部分解釋了為甚麼患廣場恐懼症的人有一半尋求專業治療，患社交恐懼症的則只有不到百份之十的人有此行動。參C. A. Pollard, "Help-seeking Patterns of Anxiety-disordered Individuals in the General Population"，載於*Journal of Anxiety Disorders* 3 (1989): 131～138。

76. Watzlawick et al., *Change*, pp.80～81.

77. Gershen Kaufman and Lev Raphael, *Coming Out of Shame: Transforming Gay and Lesbian Lives* (New York: Doubleday, 1996), pp.60～61.

78. James E. Dittes, *When the People Say No: Conflict and the Call to Ministry* (San Francisco: Harper & Row, 1979), ch. 5.

79. Dittes, *When the People Say No,* p.77.

80. Dittes, *When the People Say No,* p.74.

81. De Shazer, *Putting Difference to Work*, p.112.

82. Watzlawick, *The Situation is Hopeless but Not Serious*, pp.31～33.

83. 參，例如*Therapy as Social Construction,* ed. Sheila McNamee and Kenneth J. Gergen (London: Sage Publications, 1992)。Lynn Hoffman在其文引述Kenneth Gergen的「自我的社會建構」，指它反對這個概念：自我是「一種不可以用認知或情緒之類的字眼將之約化的內在現實」(p.10)。William Lax 在其文說：「這故事或自我意識不但是由於與他人的談話而產生；它是我們與他人的談話。沒有隱藏的自我可供詮釋；我們與他人一直維持著的、那不斷進行的故事中的每一刻的互動，都『揭示』了我們自己」(p.72)。

84. Erik H. Erikson, *Identity: Youth and Crisis* (New York: W. W. Norton, 1968).

85. Saint Augustine, *The Confessions*, trans. John K. Ryan (Garden City, N. Y.: Image Books 1960), p.229。粗體字為本人強調者。

86. 於此文中引述：Erik H. Erikson, "The Galilean Sayings and the Sense of 'I' "，載於*The Yale Review* 70 (1981): 361。

87. Donald Capps, "The Discerning Heart: The Psalms as Pastoral Resource in Ministry to Potential Organ Recipients and Their Families"，載於*Journal of Health Care Chaplaincy* 5 (1993): 123～136。

88. Troels Nørager, *Hjerte og Psyke: Studier i den Religiose Oplevens Metapsyologi og Diskurs Forlaget* 〔*Heart and Psyche: The Metaphysicality and Discourse of Religious Experience*〕 (Frederiksberg, Denmark: Forlageer ANIS, 1996), p.361.

89. Nørager, *Hjerte og Psyke*, p.362.

90. 參James B. Ashbrook, *Minding the Soul: Pastoral Counseling as Remembering* (Minneapolis: Fortress Press, 1996)。Ashbrook寫道：「我們現在所知道有關人腦的事情，叫人心裏的渴想更容易為人明白。要講説人心和人心裏的渴想，就是要經驗性地去思想。我們知道，我們是從裏面去認識的，一時之間，就有許多值得注意的方式……心的語言跟那種與教牧輔導尤其一致的語言最接近。驟眼看去，腦的語言似乎和我們的任務不相干，然而那內藏的、不斷活動的心的信息，可以由於腦的知識，變成比較外顯的、肯定的。我們可以想到我們感覺是真的東西；我們可以就我們曉得是真的東西作出反思；我們可以讓我們的客觀性與另一種客觀性結合起來。」(p.xviii)

91. De Shazer, *Words Were Originally Magic*, p.274.

第五章
社交閒談與牧養輔導

在本書，我由始至終論證，牧養輔導在堂會生活佔有一個不可或缺的位置，因它示範了如何在一個建設性的環境下講述故事。在牧養輔導的情境中，會友講的故事被牧者以尊重的方式看待，以負責任的態度處理，並得到牧者有用的回應。我又提出，牧者若留意簡短治療運動之中幾位重要的代表人物(艾力遜、亙茲拉威克、狄世沙)所創作和偏好的故事類型，他們就會認識到，那是一項寶貴的資源，可為會友講的故事提供有用的回應。

我在導論部分稍微提過，但並未詳加討論的一個議題，是有關閒談的問題。人們慣常認為閒談有損教會生活，因它涉及的講故事方式，並非在一個建設性的框架內進行。可是，現在，我倒要進一步探討閒談的問題，不單因為它在所有社羣生活包括教會生活內，都是一個普遍的溝通形式，也因為它有的時候，甚至不少時候，在社羣生活中扮演著一個建設性的角色，與我認為牧養輔導所扮演的角色相同。我們分辨閒談間那些非破壞性而是建設性的層面，就能從中了解到，牧養輔導之所以成為一種建設性的溝通形式，是由於甚麼元素；而且，我們也能得著寶貴的光亮，窺見牧養輔導所暗藏的危險。我們會看見，閒談這種社會互動形式，比我們所知的要複雜得多，並且閒談也不全是壞的。問題是，我們慣常把它貶低成一件十足的惡事(儘管其實我們所有人都參與其中！)，又，因為我們是那麼籠統地將之全盤否定，我們就處於不太好的位置，不足以判斷它在甚麼時候是教會生活的破壞性元素，在甚麼時候可作為有利於教會這個社羣的工具。我在先前論艾力遜的一章中談到播揚了的故事，其中已隱含了一點：我們需要就閒談作出更明智的判斷。這樣把一位牧者如何從牧養輔導的層面給一位會友真誠幫助的故事傳開，是讓閒談可以在教會生活上發揮正面影響的一種方式。

在本章，我會提出社會科學及文學研究圈子中近年有關閒談的討論，把這些研究跟耶穌傳道事奉的社會背景連接起來，探討一番之後，再引出一些結論：牧養輔導如何作為會眾之間溝通的一個模範，並由此發揮它的影響，超過了它原來所出現的、比較受限制的場境。

福音書中出現過閒談的議題，其上下文是一場爭論，爭論點是耶穌拒絕遵守傳統的飲食條例和規定。馬太福音告訴我們，施洗約翰的門徒對耶穌有微言，因為耶穌的門徒並不禁食，跟約翰的門徒和法利賽人都不一樣(太九14～17)。不過，如果跟那些從耶路撒冷來的法利賽人和文士相比，他們的批評就算溫和了；據馬太的記載，這批法利賽人和文士向耶穌投訴，其門徒吃飯時不洗手，違犯了先人的傳統(太十五1～2)。馬太顯示，耶穌的反應不是為門徒的行為辯護，而是嚴斥祂的批評者；據耶穌看來，他們需要為自己說的話作出詳細的解釋，因為這些話明明違反了神的誡命，就例如，「神說：『當孝敬父母』，又說：『咒罵父母的，必治死他』。你們倒說：『無論何人對父母說：我所當奉給你的已經作了供獻，他就可以不孝敬父母。』」(太十五4～5)。接著耶穌叫眾人來，對他們說：「你們要聽，也要明白。入口的不能污穢人，出口的乃能污穢人。」(太十五10～11)。換句話說，把我們定罪的，是我們說的話而不是吃的東西。

馬太告訴我們，門徒進前來對耶穌說：「法利賽人聽見這話不服，你知道嗎？」(即耶穌說，污穢人的不是人吃的東西而是人說的東西這話)。耶穌看出門徒還不相信祂說的正確，就說，「豈不知凡入口的，是運到肚子裏，又落在茅廁裏嗎？惟獨出口的，是從心裏發出來的，這才污穢人。因為從心裏發出來的，有惡念、凶殺、姦淫、苟合、偷盜、妄證、謗讟。這都是污穢人的；至於不洗手吃飯，那卻不污穢人。」(太十五17～20)。還有另一個例子是馬太福音十二章34至37節，再次說明耶穌為「惡言」的破壞性影響尤其感到煩擾：「毒蛇的種類！你們既是惡人，怎能說出好話來呢？因為心裏所充滿的，口裏就說出來。善人從他心裏所存的善就發出善來；惡人從他心裏所存的惡就發出惡來。我又告訴你們，凡人所說的閒話，當審判的日子，必要句句供出來；因為要憑你的話定你為義，也要憑你的話定你有罪。」

以上出自馬太福音的經文，顯示了在馬太的時代閒話很普遍，至少足以和我們這個時代相比。而且很明顯的一點是，馬太描繪的耶穌把帶有惡意的閒話(假見證和謠言)看成是對神更嚴重的冒犯，較之吃甚麼、如何吃法更重要。事實上，如果有人在團體中說一些關乎別人的假話，或向那些處於有利形勢又會造成傷害的人披露密事，這樣做可能造成的害處，遠較因不遵從傳統飲食習慣而造成的害處要大得多。福音書中關乎閒話的警告是必要的，因為當時的巴勒斯坦北部大體上還是農業社會，村子之間的溝通差不多全靠口傳的方式——

克勞生在他那本論歷史耶穌的書內，稱之為「鄉下人不脛而走的謠言」(“the peasant grapevine”)[1]——並沒有甚麼成文傳統，可向這類口頭的主張或聲稱提出質疑，這情況就如今天的教會。

如果說福音書向我們揭示了閒談在巴勒斯坦的社會生活所扮演的角色，那麼，要了解閒談在社會互動上所扮演的角色，我們就需要借助其他資源了。福音書（特別是馬太福音）表現的耶穌，勸人要遠離不負責任和帶惡意的談話。但它們對我們了解閒談在社羣（諸如教會生活）中所扮演的角色，幫助就不大了。在這方面，時下的社會科學就閒談所作的研究，可提供很大幫助。不過，在討論這一切以先，應該就「閒談」(“gossip”)一詞作出思考。“Gossip”是甚麼意思呢？根據字源學，它是指「和神有關」（本來是“god-sib”；直譯作「神一近親」）當用作名詞時，它原來是指教父或教母。[2]隨後它的意思擴大了，把所有親密朋友都包括在內，即是由教父或教母的可能人選所構成的一個小圈子，這個圈子內的人是可以透露個人私隱的對象，因相信他們是不會向他人洩露這些密事的。但是隨著時日遷移，這個字逐漸變得帶有貶意，大概是因為原本給與密友們的信任後來證明是錯置了。到了十八世紀，約翰遜(Samuel Johnson)的字典插入第二個解釋——「酒鬼朋友」——和第三個解釋，這第三個解釋把閒談和女人拉上關係（「到處談論別人的私隱，像產房裏的婦人議論一通」）。第二個解釋只適用於男性，因酒鬼朋友是指在酒館裏相伴喝酒的朋友，那是女性不會做的事。第三個解釋加添了「談論別人私隱」(tattling)的字眼，意味著把本該守口如瓶的資料告知無權知道該事的人；由於這個解釋，女人就被等同於那些帶有負面意義的閒談。而「酒鬼朋友」的解釋，則意味著是「圍內的」談話，所以不管談的是誰，總不會對其本人有損。但如果有人「到處談論別人的私隱，像產房裏的婦人議論一通」，所造成的損害可以很大，因那意味著，談話之間是沒經慎重思考或判斷的。

在一八一一年初版的《韋氏字典》把“gossip”定義為「無聊話、輕率或無根據的傳聞，閒聊」。到了二十世紀後期，閒話已帶有負面含義，再也看不出它「和神有關」這個意思了。至於「圍內話」這方面的意思(例如在「酒鬼朋友」的解釋中)，也沒有獲得重視，大概是因為人們不大相信所談之事會真的限於「圍內」吧。因此，閒談的第三個解釋——「談論別人的私隱」——就成了當今最通行的解釋，而現存的真正區別，就只在於「無聊」成「帶惡意」的閒談了。女性之間的閒談有更大可能是「帶惡意的」，而男性間的閒談的被視為只是「無聊」，所以是無害的，儘管實際上男性有更大可能處於有權有勢的位置上，而他們之間的閒談也因此可能為別人造成不尋常的傷害。

史柏絲女士(Patricia Meyer Spacks)在其論閒談的書裏，給閒談下了一個最起碼的定義：「有關不在場的第三者的無聊話」。*無聊*一語代表著沒有明確的目的，由是，在人事小組裏談論一位正考慮要將之升職的僱員就不算閒談。[3]這個定義把重點由參與閒談的人轉移到一點上，即閒談是任何人都可參與的一類談話。而且，既然閒談是關乎不在場的第三者，那就引出了一個自然的假設：閒談主要是損人的、不厚道的。然而，利溫(Jack Levin)與愛路加(Arnold Arluke)合作進行了一項研究，由一位坐在學生休息室的學生竊聽其他學生的談話，結果發現了學生的所有閒談之中，有百份之二十七明顯是正面，另外百份之二十七明顯是負面的，而其餘的就混合了兩者。二位作者提出一點：「實際上存在的負面閒談，很可能遠較大多數人預計的要少，因為人們是那麼習慣地把閒談當成不外乎是鄙陋的談話。」[4]

近年在社會心理學家、社會學家及人類學家的圈子中就閒談而寫的書，所採取的立場是，閒談看來雖微不足道，但實際上它是社會交換 (social exchange) 的一個重要形式。這不是說閒談一概都是好事，而是說它不像表面看的那麼微不足道。在討論到閒談作為社會交換形式，社會人類學家格呂曼 (Max Gluckman) 提出，閒談主要被團體用來維持其排他性或保障一個已確立的社會體系。他提出有三類這樣的團體。一是專業團體 (例如律師、教育工作者、醫生)，其中的閒談交織著行內術語，外人實際上是聽不懂的。第二類是向外人關起大門，力求保障其排他性的社團：「要做一個真正的局內人，必須認識現時及之前的成員，並就此閒談一番。」[5]第三類是為眾人激烈非議的團體，例如少數民族之類。在此，閒談有助維持該團體在面對廣大社會之時的內部團結，並有助穩定團體內部的階級制度，讓各人得以在社會體制下各安其位，特別是在這一類的情況下：那受分配在低位的成員進入了一個領域，足可讓他在上一輩的人中間取得較高的社會地位。熟悉其他團體成員的生活，是力量來源之一。

勞斯農(Ralph L. Rosnow) 與費恩 (Gary Alan Fine) 在其有關閒談的研究指出，每個社團都有它的閒談規矩，而

> 那不依從規則者被視為違規。在醫學團體裏，有所謂正當和不正當的閒談。正當的閒談是所有醫學博士都熱衷參與的，它維護該專業的地位；不正當的閒談旨在貶損同業，抬高自己。故此我們再次看見，閒談不只是無聊話，而是帶有社會性意義的談話。

就好比競賽時如何使出要取勝而不犯規的小動作，
有關閒談正當與否，自有它嚴格的一套行規。[6]

兩位作者指出，閒談是在印象與現實之間開的一條小路，他們聲言「這類閒談可以成為復仇洩憤的有力武器；談論某君的飲酒習慣或性生活，足可毀其清譽。」[7]

然而，閒談作為社會交換，也並非全是負面或貶損他人的。正如勞斯農與費恩也指出一點，閒談讓人得以消磨時間，而且，這樣的聊天方式有助維持溝通的流動性。閒談也是團體的內部傳聞的貯藏室，因無論是在生或已死去的團體成員，他們的故事都經常被人傳述，而這樣講述有關另一個成員的故事(即使這故事的主人公被人挖苦)往往是一種親切和尊敬的表示。作者又指，閒談有一個用途，它滿足了閒談之人的需要，就是重新肯定他們之間的共同價值觀，因為談論某人被認為是冒犯或錯誤的行為表現，就使我們能以重新肯定我們所擁抱的、被該人違犯了的一套價值觀。

利溫與愛路加又指出，閒談有歡迎新人的作用。部分社團以閒談為排他的手段，但有些社團就以閒談來歡迎新成員。一份以加州矽谷的高科技機構為對象的研究發現，閒談為新僱員提供有關上司作風的資料，有助他們獲知內幕消息，譬如：「他會接近女僱員嗎？」又或：「你犯了錯他會痛罵嚴斥嗎？」新人又從中得知「哪些同事個性令人生厭，或從來借而不還，應避之則吉。反過來說，新人得知有個人疑難時，跟誰傾談最好；又或，當工作趕不上進度時，誰會起來為他們辯護。」[8]該研究又發現，僱員彼此講說有關別人的故事，在這些故事中透露了自己獲升職或被解僱的可能，不論這樣的估計是否正確，故此，閒談「反映了僱員所面對的基本生存議題；這種非正式的『邊學邊做』，跟課堂上與實習期間的正式訓練一樣重要。」[9]

上述作者指，閒談有娛樂和鬆弛的效用；非正式的聚會「不論是打橋牌，為歡迎新鄰居、工作稍事休息，或為與朋友吃飯，都常常是閒談的借口」。聚會的外顯目的典型地讓步給彼此暢談：

> 每個人對閒談是那麼的著迷，結果他們會決定調整一下早擬定好的晚間聚會，好配合他們對閒談的需要。打橋牌變成一場以飲品相伴的生動談話；幾個僱員在下午茶時間聚首一堂，彼此交換新上司的消息；家庭成員在晚飯時談鄰居的性生活。[10]

然而，上述作者承認，即使是讓一位新僱員參與閒談，其作用也很可能是排他性而非包容性的。就連與一位新僱員一起閒談的這個行動，也並非出自更大的容納度，而是為讓這個新人有機會成為大夥兒的一份子。如果他用含糊的態度去回應這個不説自明的邀請，沒為他所收到的內幕消息表示應有的興趣和感激，他就有激怒大夥兒的危險，而很可能成為眾矢之的，更不用說會成為他們閒談的新目標了。故此，正如利溫與愛路加指出的，

> 人們用閒談來定清「局內人」與局外人之間的那條界線。彼此閒談顯示了講的人和接收者之間有一種未必為外人所分享的，某程度的親密接觸。因此，閒談可以是人際間信任的表徵，它可以為全體「局內」成員設定並維持界限。[11]

再者，參與閒談之人必須有一套共同的價值觀：「第一件事，如果要一起閒談的話，大夥兒就要有一套相同的價值觀，並且必須同時認識一位第三者，其行為是表揚或違反這些價值觀的。」[12]

不過，雖然社會科學家們承認，閒談並非一件無關重要的事，它的確在社會交換上扮演著一個重要角色，但他們卻不認為，它是一種很高層次的社會交換方式。部分原因是由於他們之中有很多人把閒談歸入流言(rumor)一類的研究中，而在他們而論，流言所造成的社會影響比閒談大多了，在遇上國家危機之時更是如此。失實的流言可以造成整個城市、鄉鎮，或全國的浩劫，但閒談的影響只及於家庭、教會或工作場所，因此其社會重要性也較低，儘管對涉及的人來說，這些影響會具有同樣的破壞力。再說，有關涉及語言的許多形式的社會交換之中，閒談被視為價值最小；原因正正就是，社會科學家認為它在社會互動之中所發揮的作用，不算入重要之列。就算是那些不帶惡意、不貶損他人的閒談，因其支持排他性、偏向搞小圈子，又是消閒性質的，也就意味著在一個平等社會裏，它是獲得人們的容忍過於珍重。又假如閒談的影響及於圈外人(那就是說，實際上變成了流言，並且／或者實際上傷害了所涉及的人)，它就被視為帶惡意了；而如果它沒有造成這些影響，它就被視為無關重要。閒談既然有這個可能(成為帶惡意的，或只是無關重要)，這可能就壓倒了它的正面效用，譬如維持及肯定參與閒談之人的共同價值觀。故此，儘管社會科學的研究一向避免使用道德家的輕蔑語氣(他們只會猛烈抨擊閒談)，大體上他們還是認為，閒談算是無關重要的一個溝通形式(譬如說，不及他們自己在這題目上的著作那麼「重要」)。

閒談是自由的表現

我們若要為閒談找得強而有力的支持，就要求助於史柏絲女士。史柏絲是一位文學教授，在她那本論閒談的書中，她主要研究真實生活裏出現的閒談，與在文學作品特別是在傳記和小說裏的閒談的關係。在以下有關她怎樣看閒談的討論中，我不會關注她對各種文學作品所作的詮釋，因這會使我們偏離我們的主要興趣，即在教會生活中出現的閒談。從另一方面說，她藉著閱讀文學作品，對閒談產生了一種具欣賞力的慧見，這是明顯可見的。原來文學以社會科學不會用的方法，向我們揭示了一件事：閒談在人際互動中扮演著一個重要，甚至乎是不可或缺的角色，而這個角色不一定是負面的。並且，史柏絲身為一位女性，在寫作之間，有她樂於承認的一個議事日程，就是反駁先前將閒談視為女性特區的論調中，那種對女性的貶抑。既然可以給閒談重新評價，那麼——據她看來——把女性貶為「到處兜售閒談之人」的這個論調，也就要受到質疑了。

史柏絲謂她的書靈感來自兩番個人經驗。其一是維持了多年的一個習慣，是和她的一位密友兼女同事有關的：

> 儘管我們都感到四面受敵，既要照顧家庭，又要維持事業，我們仍在每個清晨有半小時的茶聚，和令人重新振作的談話。偶然會有一位男同事進來，聽見我們講說自己的生活細節，以至議論別人的東西，胡謅一番，又或從談論小說到談論朋友的戀愛事件，就流露出——或者是我們想出來的——他對我們的絮絮不休有一種不屑的神情。當我們的配偶想到我們經常提出要更多時間相聚，他們總是無法明白，

> 為甚麼我們把這些清晨時刻看為神聖：若非為了極緊急的事，我們總是風雨不改的。我和這位朋友嫁的，都是出奇地感覺靈敏、善解人意的丈夫，而我們發現，他們竟無法理解我們這重要的生活環節，我們感到驚奇。但我們無法向他們解釋；我們也從來不曾給自己一個圓滿的解釋。[13]

另一番經驗發生在她到訪中國期間。她和一組專業婦女同行，其中有幾個專門研究青春期的社會工作者和精神病學者。小組與從事精神健康工作的中國人會面並提問問題。他們問的一個問題是有關少年媽媽的。多番詢問之下，得到的答案一概是：那根本不存在。他們覺得奇怪，鍥而不捨地查問，最後有人給她們一個解釋：中國極少有少女懷孕的事，因為鄰近有自願充當探子的人阻止這類事情發生。中國男人五十五歲退休，女人五十歲，而人類的壽數可長達七十五年：「這大量無業人口找著了社會所能接納的各種工作，其中有監視並討論鄰居們的一舉一動，以妨有不可容忍的偏差，並就這些偏差作出批評。」[14]

是次經驗說明閒談可如何用作社會管制的工具：「我想到塞倫 (Salem) 的妖術公審大會」。然而，史柏絲想，那麼究竟那些為她和友人所珍惜的——她們在自我譴責的時候稱之為「閒談」的——每天的談話又是甚麼？

> 如果閒談可以有一些有益的公眾用途，那麼它看來也有一些個人用途。但據我聽來，閒談一詞本身就意味著嚴重的毀損。我翻查字典，發現其正式定義顯示，瑣事是閒談必有的元素，除此以外，並沒有

> 甚麼比這更糟的。那麼，這詞的負面色彩是怎麼來的呢？為甚麼友人和我為每天早上做的事感到絲絲愧疚？我們為甚麼那樣不能自拔？閒談作為公眾工具與它作為個人工具之間有甚麼關係？這類問題觸發了我的研究。我開始在公眾演講的場合以閒談為題，而我發現這個題目引起了普遍的興趣。可是，差不多每當我提出來的時候，聽眾中就有人會提議(是有用的提議)我另找詞語去形容盤據我心的那種談話，即一個不帶負面色彩的字眼。我的任務轉而自我界定為一種救援行動，就是重新確立某個詞語一度所含的正面意思，並表揚一套特別與女性和閒談有關的價值觀和信念。[15]

史柏絲毫不諱言，閒談的內容——所講的故事——是由雞毛蒜皮的小事造成的。但她借用尼布爾(Reinhold Niebuhr)之言謂：「表面並不浮淺」；她指出「不少閒談之令人喜悅，在於表面的美；它強調具體的個人細節。按其定義，佔據閒談之人的心的，是人以及和人相關的事情，但這些事情之所以那麼要緊，是因為人們相信，細節是重要的。」如此一來，既然閒談所假設了的「無關重要」，是人們攻擊它的主要根據，那麼，「無關重要」這個特性，也同樣很可以作為支持閒談的理據：「無中生有是閒談的『特殊創造力』」[16]（會不會是：人們最初之所以把閒談視為「和神有關」，是因為神也是這樣創造世界的——從無到有？）

史柏絲把閒談的這個特徵稱為其「獨立性」（"self-contained"），即是説，它創造出自己的領域；它從世界取材，造出一件口頭的人工製物；而它之所以有特殊的價值，作為受壓制或無依無靠之人的一項資源，部分原因是基於一點：「閒談者把他們的觀察匯合起來並加以詮釋，其間進行的重造表達了一種世界觀」。因閒談關乎的是細節上的交易，牽涉的是狹窄的知識，它所表達的世界觀就不屬於主流文化，而屬於「沉靜的次(圈內)文化的信念」；因閒談棲息於一個空間或親密交往之中，它的基礎、它所表述的，也就是密友們共有的一套價值觀了。[17]

那麼，這存在已久的看法——視閒談為無益及／或帶惡意的——又如何呢？史柏絲引海德格(Heidegger)和祈克果把「無聊話」喻為劍擊比賽的指責，論證二人「無形中闡明了一個可能，即主張閒談有一種道德滲透的特殊力量」。據海德格的看法，瑣事永不可能獲得人們的理解，因為它的講論與真正的事實基礎有一段距離；閒談的動作是不經思索，這所謂「真誠的談話」其實把充分的資料來源所含的意思扭曲了。換句話說，「閒談中的主張只為閒談本身存在，並不關係甚麼深藏在其表面之下的東西；誰都可以閒談一番，人們喜歡這樣做，因為他們藉此獲得不費工夫的一種幻象。」[18]祈克果之反對閒談表達得比海德格的更激烈，他將閒談與「真正的談話」對立起來，在閒談和「滔滔不絕」之間劃上等號；「滔滔不絕」正是「害怕那顯露其空洞的沉默」。他認為閒談撤去「個人之物與公眾之物之間的重大區分」，而把注意力集中在瞬間即逝的事物上。據他說，

> 它總是說到一些零碎瑣事，諸如馬先生訂婚了，送給未婚妻一條波斯圍巾；那個詩人白先生要寫點新作，又或，那個藝人麥高遜昨天晚上拼錯了一個字。假如我們可以用一刻時間想一下，有這麼一條法律，

它不禁止人交談，只規定人要把一切所說的當成是如同五十年前發生的事；假如閒談按此進行，人就要感到失望了。從另一方面說，這卻不會對任何一個懂得真正談話的人構成真正的干擾。[19]

史柏絲提出，對於祈克果，「真正的談話」是關乎「內在生命」，特別是內在的宗教生命的，這是指那和純理性相對的靈性。故此，他像海德格一樣，也是以其無關重要作為反對閒談的理由：「他曉得何謂重要——馬先生送給未婚妻的圍巾，根本談不上重要。」[20]

但是，史柏絲說，祈克果此舉表示：就反省的題材說，**概念比發生的事**優先；就自我認識及與人交往一事來說，偏重以**思想**過於以**情感**為手段。再說，「海德格及祈克果厭惡閒談，這否認了閒談可能是帶有道德意義的。」閒談的存在繫於一個前提：「具揭示力量的具體的個人細節」有其重要性。故此，二人「由於閒談無關重要、並不真實，就給它一個通盤否定，這顯示了他們對談話所可能有的道德層次，以及對著重個人細節是充耳不聞的。」馬先生送給未婚妻的一條圍巾可以告訴我們種種的可能。在送贈禮物一事上，「有著交易所牽涉的一切複雜的道德議題。」[21]

因此，一如社會科學家他們所承認的，閒談是一種社會交換，其道德可能性就在此，但史柏絲更推前一步，論證閒談是社會交換的一種特殊形式：「它比其他形式的談話更強烈要求不只有資料上、並非主要是資料上，也不只是知性上的交換，而是觀點上的交換。」當兩個或幾個人一起閒談，他們說出了一個共同擁有的觀點，這觀點反映了他們在一個與主流文化不同，或甚至與之相反的次文化中的位置：「閒談可以是滔滔不絕的，但它最核心的主張還是始終沒說出口。很少有人把它所造成或加強了的聯繫明說出來。」又，史柏絲指，社會科學家解釋，閒談如何在一個團體內發揮凝聚的力量，如何運用社會力量去影響團體的內部形勢和主張。史柏絲提出，在比較個人的層面上，「閒談藉著假想擁有另一個人的經驗取得支配他人的幻象，從中獲得權力。」[22]閒談者推測另一個人在私下做著的事，藉此進入他人的私人世界，從中獲取控制這人的權力。史柏絲毫不諱言，這樣的支配是「假支配」，因它改變不了真實世界中的社會力量和形勢。但人可以利用它達到好多種目的：製造優越感、作為議論的根據，甚至玩弄對方的名聲。

閒談支配他人名聲這一點，道德家最為注意，他們關注閒談毀人清譽的力量。一方面，史柏絲並不低估閒談者濫害無辜的力量，另一方面，史柏絲也想我們注意一件事：閒談素來是在社會裏無權無勢之人的玩意；它是一種宣洩形式，表明拒絕受掌權的一羣所支配。當參與閒談的兩個（或多個）人有一個共同敵人，例如刻薄的上司或一個小氣的同事，閒談是可以很有益的。正如一位精於心理分析的朋友向史柏絲透露的，閒談是「具醫治作用的談話」，因為醫治來自分享：「實在，在最常見的一類閒談裏——兩個人談論一位第三者——侵略實際上成了分享。閒談者把二人的聯盟建築在別人的虧損之上，把敵意轉移到不在場的第三者身上。侵略下降為手段而非目的，用以達到結盟的效果。」[23]

史柏絲又借兩位心理分析學家艾里克森和溫尼克特（D. W. Winnicott）的著作，去探討閒談的嬉戲本質。作為有創意的遊戲，它使得參與者有自由的感覺，這種自由來自參與一件「為社會和心靈所不容的事」。可是，像所有自由的流露，閒談製造了一些潛在問題：「不論事實上閒談有否造成損害，它也釋放出潛在性的爆炸力量。閒談者會曉得，玩弄這些力量、擁有這些作為侵略用的強大資源，是罪過；又或，他們會體會私通的罪：兩個有意識的人以別人生活的大小事情聯合起來，製造快樂，從二人的共同反應和著手作出裁判，獲取快樂。」[24]總言之，

> 閒談給人好的感覺：類乎親密，類乎權力。閒談又給人不好的感覺：不正當、不忠義的權力，帶有潛在性威脅的依附關係。無論在文學作品或在生活裏，它都意味著模稜兩可。把閒談喻為戲劇，就從多重意義概括了有關閒談的複雜的情感意義。戲劇作為表演節目：一個隱藏的舞臺，有看不見的演員在談話者的吩咐下扮演各個角色，這些談話者在指揮或編寫整個製作。戲劇作為音樂表演：有主題和主題變化、旋律交替、即興形式。戲劇作為遊戲：為競爭而伙合，為伙合而競爭。戲劇作為娛樂：在功利主義之外的選擇，自由、「破格」，不須向早已設定了的程序交賬。戲劇作為模仿物：對已確立的風俗慣例提出顛覆性評論或忠誠的支持，像孩子們的「兒童劇場」，當角色要表現得跟父親一模一樣時，會突然無意中暴露了一項陋習……就如其他種類的戲劇一樣，閒談是侵略和親密的表現，有時候在同一時間出現兩者，有時候在困惑的交替之間。[25]

史柏絲又主張，閒談本質上雖具破壞性，但它畢竟可以有利於整個團體，不論主流文化認識這一點與否；它更可以

超過其排外的特質。故閒談可以不單給人好的感覺，而它實在是好的，因它表現了「團體得以延續的原則」，有助「製造團體的延續感」。成文的紀錄固然能產生持久性，但當事情一而再地被講述的時候，口頭傳統這比較流動的持久性就可以擁有同樣或更大的威力：「那些對所屬的團體中的區區小事多加推測的人，因其重複講述，就加強了細節的意義，這意義是人們已感覺得到的；這樣，他們以言語創造了有關它的傳說，鞏固了它的價值觀。」[26]閒談有利於團體的最大福祉，為支持這個看法，史柏絲引述人類學家赫斯高維斯夫婦(Melville J. Herskovits and Frances S. Herskovits) 在其《千里達村子》(*Trinidad Village*) 一書內的見解：

> 村中無論發生甚麼小事，老老少少都喜歡講，喜歡聽。在外人看來，消息傳播的速度永遠都是一件令人驚奇的事。同樣令人驚奇的是，故事迅速地被賦予一種肌理——由陳腔濫調提煉出來的一套富意義或幽默感的情節——往往回溯至久已離世的親族，又或至少，叫人想起某些堪可比較的事件，其高潮還未為人預見。沒有一個故事瑣屑得不會引起區內人的積極反應，不會發動一輪織造的行動，穿梭於時間之內，講述超自然的作為和有關報應的傳說。杜高恩人 (the Tocoan)〔千里達島東北部的居民〕拒絕日常世界的貧乏，從傳統與機智取材，以真實生活及以外的人物，繪成一幅油畫——其上常展現幽默的細節，怪誕的情景，尖刻的評語。[27]

史柏絲又說，「大多數團體都顯出一種集體能力，就是把老生常談的東西加上『肌理』，將之置放在歷史的脈絡中，不論是真實的歷史或想像出來的歷史——又或，真實而帶想像的。」[28]

這類閒談為團體本身提供有關它的詮釋，它的存在有賴相當穩定的一組談話者，他們感到自己是較大的一個羣體的成員。就這詮釋性的用途說，閒談的影響力是很溫和的：它促進合一、令人安心，常是包容性而非排他性的，間中防衛性但甚少侵略性。這不是說，單就這種形式說，閒談就不會有負面的影響了，倒是，「良性閒談」利多於害，其好處遠遠抵消了負面的影響，因「談話本身以及它所造成的歷久不衰的傳說，把參與其中的人統合起來。」這類閒談既是為個人又是為了團體的目的，因它把個人納入團體的神話之中；而個人的心靈也需要神話，好在社會環境中自我定位。肯定地說，一如千里達的閒談所顯示的，人們「經常把談論別人的活動(有一半是想像出來的)，歸因於微不足道的動機」。但它也可以，「尤其透過經常重複的故事及逐漸擴大的臆測，放大角色的重要性」。[29]

正如在第二次世界大戰期間進行的，有關流言的研究顯示，原來發生的事，有很多重要資料都因為人想不起來的緣故遺失了；但與此同時，人們的臆測或想像則為存留下來的資料添上一種故事的連貫性。[30]史柏絲據其對文學的認識，也提出類似的一點：「個別的人講說關於另一些人的、表面上是真實的故事；而人們由於執著性地要尋找意義，就巧妙地把一件一件的軼事模造成可理解的形式，在講述的過程中產生了由幻想編寫的寫實戲劇。其中的人物比日常生活的更鮮明，他們在性方面或財務上的離奇表現，脫離了個人情感上的推論，而變成與社會意義攸關的事件了。」[31]因此，成為閒談中的主人公也不一定是叫人悲哀的遭遇。正如閒談可以為個人的名聲帶來負面影響，它也可以把一個人變成團體的模範，表現團體最關切的價值觀及它對自身的信念。

史柏絲的結論是，閒談是製造神話，它有別於傳統，傳統著重資料的時間性，閒談處理的是現在，傳統關注的是過去，而「兩者都是對來自經驗的材料以想像加工，兩者都體現言論自由。」[32]在某些人，特別是那些差不多沒法控制團體內的資源分配的一羣，這樣的言論自由會是他們生活裏所擁有的一切自由了。它不僅是表面的自由而已，而是真正的自由，是團體內的有權者拿它沒辦法的；因為哪裏有兩三個人聚集談話，就永遠有閒談的可能。這就是為甚麼那些權力不穩的人使用告密者通報言論，又大力打壓閒談。史柏絲強調，在這等形勢下的閒談無疑對當權者構成破壞，然而，它可以保存該團體的深層價值觀；這價值觀原是有權者正為其自私的目的，大肆宣揚的。

瑣事的重要

當史柏絲宣佈了她在寫一本書，宣揚她的信念——「閒談對你有益」——之後，她收到一名女子的來信，堅稱如果史柏絲採取另一個立場——閒談對你有害——她的書必定會更暢銷（這樣一來，閒談就會——說來弔詭——對史柏絲有益了！）史柏絲曉得自己採取的是一個不受歡迎的立場，但她指出「就連暢銷的報章也都顯示，人們覺察到閒談的正面力量，並為此感到不自在。」有好些出版社，其中有「時代雜誌」(*Time*)、「新聞周刊」(*Newsweek*)、「麥科爾報」(*McCall's*)及「家庭周報」(*Family Weekly*)「刊登文章，以幽默的誇張法、諷喻的手法或經周全考慮的語句宣稱，閒談是樂趣，它提供有用的資料，有助避免出現尷尬情況（你知道上司跟他的祕書上床，就不會在上司面前投訴她），它讓人們互相幫助，它帶來考驗道德力量的機會」。然而，這些文章表明，有可能分別破壞性的閒談與有益的閒談。關於這一點，史柏絲就不肯定了，因為這「否定了閒談本身的含糊性、否定了它其中混雜而經常是無意識的動機」。儘管如此，她為新近刊登的這等視閒談為正當的文章感到好奇，猜想它們為何正好在歷史的這個時刻開始出現。她認為答案在於一個事實：這等文章主張「瑣事是重要的。談話有價值，有樂趣。它們說，人可以從對別人的臆測中發現事情。」[33]

從閒談到福音

我們已經看見，馬太福音所呈現的耶穌，是強烈反對「不負責的談話」的。雖然這句話告訴我們較多關於馬太和他在初期教會的位置的事，較少關於耶穌的事，但它肯定把初期教會置放於一個位置，是反對某類閒談的。另一方面，克勞生既指出「鄉下人不脛而走的謠言」的重要性，就是承認閒談在早期的耶穌運動中，在傳播消息上扮演了一個正面的角色。這閒談無疑有不少是有害的，但如果撇開了一羣閒談之人所扮演的角色，耶穌的名聲之所以傳開，人們得以認識祂是一位教師和醫治者的這一件事，就不可思議了。關於幾卷福音書，值得注意的還有一點：它們將這麼大的重要性賦予看來是瑣屑的事件和談話（這些事件和談話應該是發生在加利利鄉鎮的日常生活中）。在福音書，我們看見一個又一個故事它們的內容與當時的政治大事相比，似乎是頗瑣碎，而又是相當地區性的。然而，說福音書充滿著瑣事，卻不是要貶抑它們，全在乎我們的觀點如何。當別人寧願我們討論一些重大、緊要的事，而我們只談雞毛蒜皮的小事，這本身就是一項顛覆之舉。在某些人眼中，耶穌時代的村民應該在談論國事，談論一些重要的哲學思想。福音書暗示了，這些村民的腦袋裝著別的東西，例如：一個希臘婦人給一位路過的大夫這機靈的回應：「主啊，不錯；但是狗在桌子底下也吃孩子們的碎渣兒」，這反駁非但沒有冒犯了祂，反而贏得祂的欣賞：「因這句話，你回去吧；鬼已經離開你的女兒了。」(可七24～30) 像這些故事，是向那些掌權的，向那些爭取權力的説：*他們*要説的所謂當時的重大議題，其實不值得多想多談，而無論如何，是由*我們*而非*他們*去決定，甚麼構成「真正的」談話或「空洞的」談話。它説，*我們*會決定，哪些題材是值得我們思考的，因為想像力以及運用想像力的自由，是我們有的權力，主流文化不能強迫我們不去用它。

我們是那麼習慣了從這個觀點——將概念看成比發生的大小事情更優先——去思想福音書，我們已經變得對福音書是閒談的產物這個事實無動於衷了。沒有閒談就沒有福音書。我們可以翻開任何一卷福音書的任何一頁，看下去，而我們發現自己正讀著的是一連串事件——全是地方性的——鬆散地連起來。馬可福音第二章開始是：「過了些日子，耶穌又進了迦百農。人聽見他在房子裏」，接著描述一件事，然後我們看到 (13節)：「耶穌又出到海邊去」，接著又描述另一件事，15節開始是：「耶穌坐席的時候⋯⋯」又是另一件事，然後 (23節)：「耶穌當安息日從麥地經過」。這是閒談的形式和話題。事件比概念重要得多，整篇敘事是一連串事件，沒有特別的次序，不過是看上去相連而已。但敘事者藉著講述耶穌人生中一天的「這個那個」，就達到了一些目的。

首先，他確立了「表面並不浮淺」。就如史柏絲所言：「不少閒談之令人喜悅，在於表面的美；它強調具體的個人細節。按其定義，佔據閒談之人的心的，是人以及和人相關的事情，但這些事情之所以那麼要緊，是因為人們相信，細節是重要的。」[34]我相信我們是錯了，我們把這些有關耶穌的故事變得比它們本身更有深度、更重要，又或，如果我們試著要把兩三個這樣的故事綜合起來，以說明一個更重要的論點的話。閒談的操作在於它不像主流文化那樣，想要把眾多特殊細節納入一個更大的意義系統中，原來當這個發生的時候，細節就失去它本身消閒的作用，我們也失去了這個樂趣：我要告訴你的這個故事，跟你剛才說的故事有關連。主流文化瞧不起無結論之人，閒談則從他們得著活力。

其次，福音書像閒談那樣，「藉著假想擁有另一個人的經驗取得支配他人的幻象，從中獲得權力」。閒談藉著猜想別人私下做的事，幻想進入他者的私人世界，由此取得對他者的控制權。在此情況下，這他者就是耶穌，而福音書作者所進入的私人世界是耶穌身處的世界，而不是福音書作者身處的世界，因作者其實是不在場的。作者在敘事中加上現場風格，那是只有在場的人才會知道的，由此表現自己是耶穌的密友，一個局內人，而因此是站在耶穌那邊的。有一個特別值得注意的例子，可以說明說故事之人如何藉著仿如現場的報道，把自己寫成是耶穌的密友。就是有關那個用貴重的油膏耶穌的女人的故事。我們曾討論這個故事，以它為啟發故事的例子。它所以能有啟發的作用，部分在於說故事之人當自己身在現場，把我們也領進故事裏，使我們感到仿如置身於事件發生的房子裏。說故事之人能夠一清二楚地告訴我們，當耶穌容讓那個女人進房子來的時候，家主西門在想甚麼：「這人若是先知，必知道摸他的是誰，是個怎樣的女人；乃是個罪人。」他又詳細告訴我們，耶穌因看穿西門的意念而責備西門的話：「你看見這女人嗎？我進了你的家，你沒有給我水洗腳；但這女人用眼淚濕了我的腳，用頭髮擦乾。你沒有與我親嘴；但這女人從我進來的時候就不住地用嘴親我的腳。你沒有用油抹我的頭；但這女人用香膏抹我的腳。所以我告訴你，她許多的罪都赦免了，因為她的愛多；但那赦免少的，他的愛就少。」

幻想進入他人生活、擁有耶穌的親身經驗、讓自己變成其密友的這種自由，是帶有力量的。福音書裏有關耶穌進一個村民家中吃飯的故事，在這方面尤其值得注意，因為這些故事寫的耶穌身處一個熟絡的環境，展現出一個較多交談的耶穌形像，從中透露了說故事之人的願望，他亟欲成為耶穌的親密伙伴，與他同席吃飯，從知己心腹的身分去認識他。擁有耶穌的經驗，非為矮化耶穌，而是為了獲取伴隨著成為其密友身分而來的那種得力 (empowerment) 的經驗。那個女人以簡單而美麗的方式款待客人，這樣的款待是西門欠奉的，當耶穌提說這一點，靈巧地應付了西門的評語（「這人若是先知……」）的時候，讀者差不多可以感受到說故事之人是怎樣地以耶穌為榮。閒談與福音相差極微。這樣說不是要貶低福音書，而是要提升閒談的位置，特別是有關它的這個信念：親密交往可以發生在生活的表面上。

牧養輔導是高層次的閒談

史柏絲女士努力要為閒談平反，這讓我們得著寶貴的洞見，叫我們反思牧養輔導在教會生活中可能有的示範作用。因牧養輔導相對於閒談來說是比較帶目的性的談話形式，所以我認為它能夠反映閒談的正面特質，且把它的負面特質減到最微(倘若總不完全消除的話)。換句話說，它可以更接近該詞原本的意思：指「和神有關」，或指預期可保守祕密、永不會利用他人的信任的人。故此，雖然我們把牧養輔導等同閒談一類，似乎是貶低了牧養輔導，但其實從這個角度去思想牧養輔導，實際上會有相反的效果，因這說明我們怎樣企圖以牧養輔導作為一個模範，示範一種更高層次、更高潔的閒談，並以這個為會眾的楷模，為衡量教會一切談話的標準。牧養輔導既然有著作為這麼一個標準的潛力(而它也的確經常作為這樣的標準)，就使得間中在牧養輔導處境下出現的濫用權力的狀況，更加可悲可嘆。

牧養輔導的「話題」一如閒談，正是經常被海德格或祈克果之類的人所看不起的，他們只看重「重大」的話題，不管那是複雜的「理性事物」，還是「富深度的屬靈事物」。牧養輔導的話題不像所謂高層次的理性討論，倒是實在如祈克果所言，「一些零碎瑣事，例如馬先生訂婚了，送給未婚妻一條波斯圍巾。」牧者在輔導會友之時沒事先作出判斷，以為波斯圍巾沒有甚麼大不了，不值一談。正如史柏絲指出，就在送贈禮物一事上，「有著交易所牽涉的一切複雜的道德議題。」再者，牧養輔導固然關乎日常生活所發生的大小事情，這一點卻沒有降低它對理性的要求，以致不及，譬如說，研究院的一個神學研討班。儘管有人相信，要想透一個神學問題諸如有關啟示或揀選的教義，才是更難的，可這個信念不過反映了某個重邏輯推論的團體(即神學界)的偏見。事實上，一些困難重重、糾纏不清的問題(因此對理性要求最高的)，是出現在輔導的處境中。

如果說牧養輔導與閒談之間的一個主要相同點，是在於兩者有類同的「話題」，那麼，另一個相同點就是，正因為牧養輔導所面對的是「細節」，它所表達的世界觀，就並非「主流文化」的世界觀，而是屬於「沉靜的次文化的信念」。故此，就像閒談那樣，牧養輔導「棲息於一個親密的空間之中，它的基礎、它所表述的，也就是密友們共有的一套價值觀」。[35] 牧養輔導既然有閒談的這個特色，也就意味著它往往有一個顛覆性的議程，與史柏絲及其友人每早晨的談話不無相似；在她們的議程中，她們討論其學系的政治，譴責其領導素質，並諷刺那些令人生厭的同事。在牧養輔導之間的談話經常帶著同樣的不敬態度，對權力加以批評，常以損人為樂。不過，像史柏絲與其友人的閒談時刻一樣，牧養輔導並不引發以政治行動去推翻主流文化的做法，它是比較靜的顛覆性，特別是因為它協助個人獲得一種不受主流文化管制的自由，並籌劃有效的削減其權力的方法，以及製訂策略，以求在受主流文化控制的大局中取得小小的勝利。在牧養輔導的處境下，會友經常就機構和羣體(譬如他們效力的公司，他們所屬的家族)對自己生活的支配權作出反思，這些機構和羣體影響著他們作抉擇的過程(「巴不得我可以辭職，但我需要錢」；「巴不得我可以離開，但那樣做不對」)，和他們的情緒(「我的工作是那麼叫人沮喪」；「我被當作奴隸一樣」)，他們尋求「那片自由的空間，它使生命有趣味，有往前推進的無限機會」。[36]

牧養輔導與閒談還有另一點相同，就是，它屬於創意遊戲，為當事人(及牧者)提供一種自由，是雙方在生活的其他「語言系統」中無法體會的。它像閒談那樣，藉著語言的運用讓參與者建立一種伙伴關係，這種語言運用是為其他處境所不容或禁止的。會友可以說出一些話，是她為免傷害母親的感受而不會直接對她說的。而牧者也可以說出一些話，是她必定不會在講壇上說的。再一次，在這一點上，牧養輔導與史柏絲及其同僚兼密友的談話不無相似，二人的丈夫雖然不甚明瞭並欣賞這些閒談，但它們明顯在二人身處的險惡的工作環境中，給她們一種自我調節的作用。在二人交談之間，她們可以表達對大家都感到厭惡的同事的挫敗感，可以「幻想擁有」這些人的生活而藉此自娛，譬如說就一位男同事請一位女同事吃飯的事大做文章。正由於其玩笑性質，二人的閒談就發揮了自我調節的作用。這也是牧養輔導的一個重要特徵，因為在牧養輔導之間所發生的不少事情，都牽涉了幻想的遊戲。例如，把我們不大可能會採取的選擇開列出來，無論如何也可以是一個有用的、自我調節的練習，這是對那個讓我們遭遇生活艱難的人「解除能力」。會友在離去之時知道，他是不會辭職不幹的，又或，她是不會撇下丈夫的，但此時各人都獲得了一種幻想的制衡力量，以對抗工作或丈夫貶低他們、讓他們覺得力有不逮的壓力。

牧養輔導和閒談之間雖然有以上和其他的相同點，前者(理想地)和後者之間也有不同的地方。雖然說閒談帶惡意往往是誇張的說法，但閒談有時候的確淪為惡意攻擊，更可以實際地破壞無辜者的名聲。我先前已轉述過一個輔導個案，[37]一個女人知道自己死期臨近，向牧師懺悔說，幾年前她做了「一件可怕的事」。她在教會當婦女組主席將二十年了。有一次，「她們正要考慮由另一人當主席，我就讓她們以為，那個女人……不大好。現在，她走了，可憐的她……而我不斷想起她。那不很像基督徒的做法，那是應受尊敬的嗎？」這明顯是一個用閒談作為惡意攻擊的例子。我們不知道她說了甚麼關於那個女人的事，總之那說服了「她們」沒選那個女人擔任主席一職。

牧養輔導必定離不開談論第三者——一些不常在場的人士，因此無論說了甚麼對他們不利的東西，他們也無法作出答辯。而牧養輔導的一個目標卻是，從帶惡意和報復性的談論往前走（不論那會有多麼大的宣洩作用），務求對所談之人有更深的認識。想一想羅杰斯那個個案，那個女子在治療初期對母親抱著非常負面的感覺，但當治療繼續的時候，這些感覺減輕了，最後她自己作出努力，要照著羅杰斯待她的方式來對待母親。可見，牧養輔導跟閒談之間的一個主要分別是，牧者不與當事人聯手對抗當事人所惱恨的對象。假若當事人遭遇言語或身體上的虐待，牧者固然可自由選擇，甚至有道德的義務，站在當事人的一方，但牧者不與當事人聯手的意思是，她和當事人一同對抗第三者。從這方面看，牧者保持道德上的中立，這一個特色是在閒談之外。牧者的目的是要協助當事人逐步解決問題，又或協助她認識到，問題解決不了，她必須與之共存。這個存心要助人朝向解決問題的動機，使牧者有一個與閒談伙伴不一樣的議程。儘管有的時候，閒談也會使問題得著解決，但閒談還有很多目的和作用，包括互訴對他人的厭惡感。而牧者本人雖然可能認識二人所說的第三者，她個人卻沒有如當事人那樣設定一個對抗這第三者的議程。牧者假如參與這樣一個聯手行動的話，她就要犯越界的危險（在牧者－會眾的關係上，那是太常見了），這越界的情況，常常是始自牧養輔導的處境。

開放的福音

牧養輔導與閒談的另一個分別，在於牧者有較大的自由，甚至間中有這份義務，去引進一種不但不贊同當事人，反而促使他考慮其他因素的價值觀。故此，儘管牧者的角色常常是贊同並支持會眾的價值觀，但遇到這些價值與基本的基督徒價值觀有抵觸的時候，牧者也有責任去向這些價值觀提出質疑。這當然勾起一個既巨大又複雜的問題：甚麼才是基本的基督徒價值觀呢？在這一點上，基督徒之間也幾乎沒有共識。事實上，會眾帶到牧養輔導來的問題，有很多正是關於這類議題的：離婚、性取向、墮胎、安樂死，當公認的立場一旦產生(就如以往基督徒圈中有關喝酒、自瀆，或不同宗教信仰者通婚諸事的爭論)，它們成為牧養輔導個案的可能性就較低。

雖然如此，在牧養輔導而言，尤其重要、難得的是開放的態度。在這一點上，有一個特別發人深省的故事，我在上文已提過：有一個女人趁耶穌在法利賽人西門家中坐席的時候，用貴重的香膏抹祂(路七36～50)。有關這個故事，值得注意的，除了是耶穌向那個女人開放、沒拒絕她之外，還有一點：耶穌是法利賽人家中的座上賓。這麼一來，故事就意味著，耶穌能夠融合各種來自很不同的社會背景和文化背景的人，向社會階級的傳統區分和界限發出挑戰，把西門的家變成了一個化解社會界限的場所。在別的處境下受保護要堅持的社會區分，在此處境下被耶穌打破而一貫地違反了。

由此可見，當耶穌走遍加利利，在別人家裏吃飯的時候，他所特別展現和體現的一面，是一種開放的態度。據福音書所呈現的耶穌，就種族、性別、年齡、階級來說，他是極其自由，不受限於墨守傳統的社會特權的。他又是一個能開放情感的人，曾為一位朋友之死表現哀傷，又，作為四海為家的傳道者，他說過自己也有孤寂甚至失望的時刻。克勞生指出，當耶穌親訪農村，或差派門徒出去的時候，他們並非像討飯者一般向人求賙濟、求食物、衣裳或甚麼別的東西；他們身懷一物，人們為求交換就饗以一餐，並提供一個住宿的地方。如他所言：「他們與人分享一件神蹟、一個國度，而他們就得到一頓飯、一晚住宿作為報酬。我想這一點正是最初的耶穌運動的核心：在屬靈資源和物質資源上互惠的平等主義。」[38]克勞生稱這設計為「共生狀態」(“commensality”)這字義意思是「同席吃飯」)，將之有別於施捨賙濟，又有別於索價收費。(有趣的是，**共生**一詞，也適用於動物或植物，牠／它依賴另一種動物或植物生存、寄存，或共存，分享食物，卻非寄生其上或受其所害者。)據克勞生的看法，這種設計的關鍵在於它確立了屬靈與物質的不可分割性；耶穌及其門徒不能單靠神蹟而活，而那些與耶穌及其門徒分享食物的人，也不能單靠麵包而活。克勞生叫我們注意馬太福音十章5至9節，經文記述耶穌給門徒的吩咐，他差遣他們兩個兩個地出去，醫治病人，叫死人復活，潔淨長大痲瘋的，驅趕污鬼；他們不可帶甚麼東西——不要帶錢，不要帶口袋勸捐，「因為工人得飲食是應當的」(十10)。克勞生說，這不是施捨而是共生。我跟你分享我的能力，使你痊癒，你呢，跟我分享你的食物，第二天我再上路，你用不著賙濟我，也用不著付賬。

克勞生繼而談到，在耶穌以後的日子，隨人之中逐漸以長駐某地的做法取代了遊行佈道，以工價和捐輸取代了共生的原則，但是在耶穌那個時代，祂的吃飯交際就反映了這個原則，那也是祂的傳道事工在百姓中間的突出標記。遊行佈道者有一個慣例，他們可以選擇喜歡跟誰一起用飯，所以當耶穌不為前來吃飯的人設限的時候，祂受到許多批評，並且，正如那用貴重香膏抹他的女人的事件所顯示的，這常常令主人家感到尷尬而狼狽。假如耶穌留在迦百農，在彼得家接待病人的話(正如彼得假定了耶穌在醫治其岳母之後會做的)，就不會有這類問題。果真如此，耶穌就只會讓那些在身體和經濟上都有能力前來求醫的人接觸到祂。所以，共生原則的意思是，他會開放自己去面對沒可能控制的處境，由此促進他與其他人之間親切的個人接觸，不分種族、性別、年齡或社會階級。

福音書有一個典型故事，描寫耶穌坐席，和身邊圍攏的人交談，不久，有人會來打斷祂的談話，這人發現耶穌要在那裏過夜，就請求耶穌去醫治他家裏的一個人。馬太記載，當耶穌正和一些批評者談話的時候(他們沒有被拒諸門外)，有一個管會堂的來到祂的桌子前，跪下求祂：「我的女兒剛才死了，求你去按手在她身上，她就必活了。」馬太說：「耶穌便起來跟著他去。」(九18～19) 其中的含義是明顯的：耶穌坐席的時間，凡在場的人都可以跟祂談話，除此以外，那些前來求助的人都可接觸到祂。需要祂的人知道在哪裏可找到祂，誰要見祂都行，即使實際上祂是在別人家裏吃飯。因此，關於耶穌吃飯交誼，其中存著一種非排他性；這向我們發出一個很清晰的信息：祂不需要製造一度屏障，讓思想接近的人圍繞著祂。家，本來作為防避外人的堡壘，變成了收容所，任誰進來都歡迎。耶穌自己既是無家之人，也就不分個人公眾，更無形中削減了二者之間備受著重的區分。

我認為，牧者在牧養輔導的處境下表現的最核心價值，是開放性。這價值從牧養輔導的角色本身，以及從牧者對會眾生命中的難題所採取的觀點表現出來。正是由於其開放性，牧養輔導才得以成為*福音性*的閒談。牧養輔導的話題依然以零碎瑣事為主，一如別類閒談，但在輔導過程的各方面，雙方營造一種開放的氣氛，無論對哪一方都不構成寄生或傷害的情況。它不是施捨，也不是經紀佣金，而是在一種平等分享屬靈與物質資源的精神下進行的；雙方匯合其資源——見識、洞察力、想法，為完成一項任務，使其中一方得以解決一個個人問題。同一道理，牧者採取的立場是，基督徒生命的核心價值是「開放性」，這個應該在牧者與會友共同就問題作出思考的方式顯示出來。會友鼓勵去覺察，她可在人生的哪些處境，更多表現她從輔導處境所見的開放性。正如在羅杰斯的個案中，那個女子漸明白到，她是有可能採取一種比較開放、不那麼防衛性的態度對待母親的，而當她這樣做的時候，母親也以較開放的態度去回應，不那麼防衛性，結果二人之間有較好的氣氛；由於家中的氣氛改善了，變得較開放，案主的女兒也成了受惠者。

當然，有的時候，會友對自我調節的需要會壓倒為求開放的理想；在那些時候，為求開放的理想對他來說是很具威脅性的。我曾稱為「記憶中的自我」(“the remembered self”) 可能會因為被過度要求開放而受到威脅，牧者對此要有觸覺。法利賽人西門顯然正為一事掙扎：耶穌歡迎一個「有罪的女人」進入他的家，而對於耶穌的邏輯(「她得到最多赦免，她的愛最多」)，他充其量也只是勉強接受。很清楚，這個新形勢對西門多年來所建立的自我是一種威脅，這個自我不如耶穌本人的那麼自由釋放。儘管如此，耶穌卻沒有放棄自己的價值觀(開放性)，以求在西門面前表現恭謹，他藉行動，向西門發出無聲的挑戰：要採取較開放的觀點——它已成為耶穌傳道事工的標記、成為福音的核心。至於耶穌對自己的價值觀的那份堅持，有沒有打動西門，導致他重新檢視自己的價值觀，這個問題的答案我們只能猜測。既然這樣的開放性是真基督徒的標記，是從耶穌本身的生命所反映的，牧者就會期望，會友著手解決問題的方式會表現這種價值觀，他期望會友愈來愈開放，把自己可以分享的與人分享，包括在情感上更容易為對方接近，較少自衞，較少提防，較少抑制自己的心靈以及予人快樂歡愉的能力。

我本來可以指出閒談和牧養輔導之間的其他分別，但我首要的關注、我提出的一點是：就話題而論，牧養輔導可視為與閒談相仿；但就其所致力要建立並保持的開放氣氛而論，牧養輔導就跟其他比較有問題的閒談形式很不一樣。閒談常常被用來鞏固小羣主義、排他主義，被用來醜化或否定別人，視之為道德次等，而維護自己的一套價值。而牧養輔導則務求展示一種較寬容開放的精神，有助於解決個人問題，而不只是宣洩宣洩而已。這不是說，不作出針對人的判斷，在愉快樂觀的精神底下，令人髮指的行徑的嚴重性被降低，或給予它最輕描淡寫的評語。這也不是說，牧者為遊戲公平的緣故，一定要站在受當事人批評的對象的那邊。「你有沒有想過費迪對這有甚麼感覺？」這句話，在當事人聽來，通常即(確實也是)採納費迪的角度，而懷疑她本人的觀點。在牧養輔導處境下所表現的開放性，沒把當事人對另一個人的真正不滿盡量淡化，相反(事實上)，它激發當事人更多分享這類不滿。因為在這個場境下是鼓勵表白的，目的是促成生命改變，使有問題的處境得著校正、改變甚至完全消除。

因牧養輔導示範了一種比典型的閒談較開放及較福音性的閒談形式，它對教會生活就有相當貢獻了。它所以使到這一點，是因它呈現一種比較有方向、有目的的談論問題和解決問題的方式；這些問題正是我們日常閒談的一個重要部分。它維持高水平的保密度；它採取的立場是：見識和判斷力比敵意和抹黑更有助解決問題。它對化解社會障礙及情感障礙有促進的作用；這些障礙常常是問題存在的因由。可見，牧養輔導肯定「閒話」在維持會眾的共同價值上，在教會的自我調節上，有它的重要性，但牧養輔導與閒談那些較具破壞性的特性就全無關係，這些特性有例如容易傾向惡意攻擊，傾向為一己之利聯手對抗第三者，並傾向不健康的小羣主義。假如牧養輔導開始反映這些比較具破壞性的特性，那就是一信號：牧養輔導本身無法表現那叫它成為「福音性閒談」的開放性。大概牧養輔導面對的最大威脅（因它最難叫人覺察）是：牧者與會友為一己之利聯手對抗第三者。這類聯盟中最突出的例子是，牧者與會友聯手對抗會友的配偶，而其他例子則有聯手對抗會友在少年期的子女，對抗會友的父母或另一個會友。

總言之，牧養輔導是「福音—閒談」，表明我們相信「細節有其重要性」，而且我們堅信作為牧者的一方，永不可利用「取得別人經驗」的這個邀請。[39]牧養輔導的當前目標是協助個人解決他們的問題，而長遠目標則是使別人（和自己）更深領會耶穌的經驗，和祂一同坐席，分享生命；這生命是與人坐席的遊行佈道者及行神蹟的工人往後還要帶給人的，凡邀請耶穌進到他那裏或尋求耶穌之人，都可得到。

註釋

1. John Dominic Crossan, *The Historical Jesus: The Life of a Mediterranean Jewish Peasant* (San Francisco: HarperSanFrancisco, 1991).
2. Patricia Meyer Spacks, *Gossip* (Chicago: University of Chicago Press, 1985), p.25.
3. Spacks, *Gossip*, p.26.
4. Jack Levin and Arnold Arluke, *Gossip: The Inside Scoop* (New York: Plenum Press, 1987), p.19.

5. 出自Max Gluckman，被引述於Ralph L. Rosnow and Gary Alan Fine, *Rumor and Gossip: The Social Psychology of Hearsay* (New York: Elsevier Press, 1976), p.90。
6. Rosnow and Fine, *Rumor and Gossip*, p.91.
7. Rosnow and Fine, *Rumor and Gossip*, p.91.
8. Levin and Arluke, *Gossip*, p.24.
9. Levin and Arluke, *Gossip*, p.24.
10. Levin and Arluke, *Gossip*, p.27.
11. Levin and Arluke, *Gossip*, p.24.
12. Levin and Arluke, *Gossip*, p.24.
13. Spacks, *Gossip*, p.ix.
14. Spacks, *Gossip*, p.x.
15. Spacks, *Gossip*, p.x.
16. Spacks, *Gossip*, p.15.
17. Spacks, *Gossip*, p.15.
18. Spacks, *Gossip*, pp.16～17.
19. 出自Kierkegaard，被引述於Spacks, *Gossip*, p.18.
20. Spacks, *Gossip*, p.29.
21. Spacks, *Gossip*, pp.19～20.
22. Spacks, *Gossip*, p.22.
23. Spacks, *Gossip*, p.57.
24. Spacks, *Gossip*, p.63.
25. Spacks, *Gossip*, pp.63～64.
26. Spacks, *Gossip*, p.231.
27. Spacks, *Gossip*, p.231.
28. Spacks, *Gossip*, p.231.
29. Spacks, *Gossip*, pp.231～232.
30. Gordon W. Allport and Leo Postman, *The Psychology of Rumor* (New York: Holt, 1847).
31. Spacks, *Gossip*, p.232.
32. Spacks, *Gossip*, p.248.
33. Spacks, *Gossip*, pp.258～259.
34. Spacks, *Gossip*, p.15.

35. Spacks, *Gossip*, p.15.

36. David Riesman, *Individualism Reconsidered* (New York: The Free Press, 1954), p.27.

37. 參Donald Capps, *Life Cycle Theory and Pastoral Care*, *Theology and Pastoral Care* (Philadelphia: Fortress Press, 1983), pp.94～96.

38. Crossan, *The Historical Jesus*, p.341.

39. Spacks, *Gossip*, pp.15, 22.

補篇

保持距離的技巧

我已論證，教牧輔導於堂會生活是不可或缺的，因為有一個基本需要，即我們需要有人對我們講說個人故事的方式加以一貫地關注，從而引發我們對自身的處境有新的領悟。在第二至第四章，我說明了其中三種讓我們透視人生而有所領悟的方法——啟發故事、弔詭故事和神蹟故事，並強調這幾類故事分別叫我們認識到，聆聽者可如何協助講者獲得新的領悟：一是運用暗示力量的技巧，一是解開癥結的技巧，一是識別例外的技巧。在第五章我探討一個觀念，即教牧輔導與閒談相仿，因其著眼於生活的「細節」。

在這簡短的補篇中，我想說明一個觀念：這三種「技巧」反映了有關牧者權力的一個事實，是我們容易忽略的。那就是，牧者的權力與俗世權力不同，它本質上是帶矛盾性的。意思是，當牧者的權力看來是最不顯眼的時候，它才是最大的；由是，我在前文指出的「技巧」，其實是很有力的資源，假如適當使用，會帶來重大益處，但如果使用不當，就會帶來嚴重的後果。這裏有一個相關的矛盾：教牧輔導雖是著眼於生活的「細節」，這卻不意味著它真正的影響只是微不足道，相反，它的影響正正由於這一點而被強化，甚至被放大了。

短期療法是根據一個前提——小量輔導會比大量輔導帶來更大改變；同理，由教牧輔導處境下的零碎談話而帶來的改變，會比由教會生活的其他處境下的通盤思考及長遠計劃所帶來的改變更大。人類歷史充滿著一個又一個如何由「細節」造成重大改變的故事。

牧者權力的矛盾性

所謂「牧者權力的矛盾性」，是指甚麼呢？利百克(Karen Lebacqz)與巴郎 (Ronald G. Barron) 在《性在教區》(*Sex in the Parish*) 一書內指出，牧者也許並不感到自己擁有大權，但實際上他們是擁有權力的，而且，他們有的權力更是其專業所獨有的。牧者有**行使自主的權力**，就是因其不在他人的恆常指導或監管下而有的權力。牧者又擁有**主動去接觸人和被人接觸的權力**，就是可接觸到會友個人生活的一份特權，因其專業長久以來都是和關顧有關的。[1]這些權力也許會讓人感到不是權利，但它們肯定是權力。在這兩項權力之外，我還要加上一項，是由第二項引申出來的，就是**知情的權力**。牧者逐漸對堂會中的個別會友或家庭有許多認識。他們知道的事情，往往是需要輔導員或治療師花上幾個禮拜才能從當事人身上認識到的。牧者或者不會有意識地利用這種知識，但有時候他會不自覺地這樣做。例如，一個男牧者看出某會友的丈夫在智力和社交技巧上不及她——和那牧者，那麼牧者就會不自覺地要「勝過」該會友的丈夫，去作為她一個聰明而善解人意的交談對象(她需要這樣的一個人)。

很多牧者刻意去努力消滅彼此之間的權力差距，就是說，要改善他們與前來尋求輔導者之間的權力不等的現象。這正是那些不願意擺出牧者架子的人，他們反而是要努力消滅彼此之間的權力差距：「請不要叫我史牧師，叫我鮑比好了。」可是，人們需要認識——但又很少認識——一點，這樣要消減差距的做法，其實是擴大差距。何解？因為牧養事奉的權力，正正就是行使自主的權力、接觸人和被人接觸的權力，和知情的權力。因此，當會友向牧者透露她的私隱，讓他觸及自己的個人生活的時候，彼此間的權力差距其實是擴大了，而不是消減了，即使表面看來並非如是。又，假設牧者進一步向該位會友透露自己的私隱，這對已經擴大了的權力差距也起不了制衡的力量，因為，這種自我披露使得牧者對會友的接觸和被接觸之權，變得比前更大了。牧者愈是在表面上成功地消減了權力差距，那權力差距就變得愈大，這就是牧者權力的矛盾所在。

身處牧養關顧與牧養輔導圈子的我們要為此負責，因我們未能在鼓勵一種較「親切」的牧者作風的同時，加以提醒及警告，說明這種較親切的作風，是會擴大而不是消減牧者與會眾之間的權力差距的。再者，我們中間那些提倡「授權」予平信徒的牧者，試圖藉此消減或甚至抹掉牧者與信徒之間事奉的分別的——那些向所謂「神職人員模式」挑戰的人——也要為此負上責任，因為這些主張有份營造一種假象，讓人以為可以實質地消減——若非全然消除——牧者和會眾之間的權力差距。

我在第二至第四章述說的「技巧」，反映了牧者權力的這種矛盾性。一方面，運用暗示力量、解開癥結、以及識別例外情況等技巧，看來都不像是引起或產生改變的靈驗方法；對比俗世中所見的「真正」權力——金錢、權勢、尊榮——它們都不大相似。可是，它們的確是能夠使生活變好的，但如果用得不當，也能使生活變壞。暗示的技巧如果用得明智，且經過深思地運用，會在會友的心中播種一個能生產真正果效的意念，但要是粗心大意地妄用的話，就會促使會友（特別是易於接受暗示，行動不負責任的）讓自己和別人都陷入危險之中。藉著鼓勵會友去做一件她一直努力避免去做的事，或提出她還沒考慮過的第三個選擇，解開癥結的技巧可以產生強大的釋放效果，但也可以產生意想不到的負面後果。這些後果包括了把之前要避免的行動成功地予以合法化，又或，從看來有益的第三項選擇產生了預期之外的後果。至於識別例外情況的技巧，也是一樣。此法固然可以幫助會眾看出，改變的可能性實際在於甚麼，看出事情並不如起初所見的那樣黑白分別，但它也可以過分突出例外的情況，叫會眾過分樂觀，以為改變必會發生。此外，如果使用不當，譬如向一個受虐的婦人指出，她的丈夫並非常常虐待她，牧者就可能是在鼓勵她繼續陷於一個有損她的處境，而沒有採取正確的措施，叫她把自己解救出來了。

既然這些「技巧」附帶著那麼大的權力，我建議牧者還要多用一種技巧，就是「保持距離的技巧」。身為牧者，我們經常發現自己不足以對事情的發展構成重大影響。我的一位牧師朋友說：「我設法要弄清信徒往哪邊走，然後我就拼命趕在他們的前頭。」在大多數時候，情況就是這樣，我們會發現自己在別處無力構成影響，於是要在教牧輔導之間作出補償，因為我們相信，在這裏我們有一個好機會，發揮真正的影響力，帶來真正的改變。然而一旦有了這些技巧（運用暗示的力量、解開癥結、識別例外情況），我們就會發現，我們可能背負著不必要的責任，為故事的開展方式採取了過分主動，大約就如一位編輯，為一篇寫得極差的文稿負上重寫之責。我們接收了故事的操控權，以為故事要有快樂或美好的結局，就少不得要有我們的份兒。這不是因為我們追求個人的權力——假如我們真的如是，我們大概不會選上牧會作為職業——而是因為我們是那麼渴望當事人感覺得著力量。我們的動機雖是善良高潔的，卻不一定是情勢所需。

所以，我勸喻從事輔導的牧者需培養保持距離的技巧，讓當事人有很多自由去活動，去自己思考、想像並感覺：活在一個不同的故事裏會是怎麼樣的？狄世沙這樣結束與一位案主的初次談話：

> 治療師：好。那麼你意下如何？我們甚麼時候再見面詳談？你意下如何——一個星期、兩個星期、三個星期，怎麼樣？
>
> 案主　：兩個星期。
>
> 治療師：好。我們就這樣去，看怎麼樣最好。[2]

上述時間表的訂定過程看來好像很隨便，這不是由於狄世沙手上有太多輔導個案而感到難於應付，而是由於要切合他的信念：輔導的宗旨是要幫助當事人「逐漸明白他們自己的路」，並「建立自信，讓他們能以找著自己的出路」。[3]我認為當會友要求牧者接管其人生故事的某個段落之時，牧者應採取相若的一種自由進路。可是牧者常常傾向有一種感覺，以為他們花在一個項目上的精力與其最終果效之間存在著一種直接關係，這個想法很容易影響了他們對教牧輔導的觀念，他們傾向認為，勞力愈多，收穫愈大。

在《工作的人》(*Men at Work*) 一書裏，狄蒂斯在其題為〈歸正與釋放〉(“Conversion and Liberation”) 的一篇內，以這個故事開始：

把中間打結的一條繩子給兩個學生，二人拿著繩子的兩頭，在二人面前的地上分別畫界，告訴他們：「每次你把繩子拉到自己的那邊，繩結過界你就可得到一塊錢。」你我和大部分的男孩子都知道，這其實就是拔河比賽。我們假設了只有不多塊錢，我們假設了，如果我要得到我的錢，我就一定要阻止你去得到你的那一份。於是我們竭盡全力競爭。我們在工作。我可能有幾次壓倒了你最大的努力，把繩結拉到自己的那邊；反過來說，你也是一樣。過了十分鐘，也許其中的一個男孩得了五塊錢，感覺勝利了，而另外的一個就得了四塊錢，感到挫敗。工作就是這樣子。

把同一條繩子和相同數量的錢給另外兩個男孩子，同樣在他們面前畫界。這兩個孩子可能是來自紐約市西班牙哈林區街頭或是其他地區的拉丁美洲人。他們不是「工作」，而是遊戲，很可能邊唱邊跳，讓繩子在兩條界之內有節奏地悠悠擺動。不消十分鐘，他們就可以每人賺得二十五塊錢。他們沒用詭計待你，無意對你取巧，雖然你與他們之間會因不同文化的碰撞容易有猜疑或受騙的感覺。他們是以他們認為是最合理的方式，老老實實地按規矩辦事的。只是他們自然地以另一種眼光來看形勢。他們假設有許多塊錢，假設是一份輕鬆的功課，又假設了彼此的合作與互惠。他們從沒想到你我都會馬上想到的前設：假設了是一場比賽；假設了我們必須為求獲得一些個人認為有價值的東西，而勉強應付一份不喜歡的工作；我假設了你會阻止我，而我必

> 須先去阻止你，一種先發制人的想法；在巔峯之處來一次武力解決，正是蓋世英雄的精神，是自以為了不起的人的狂妄之言，他視一切為競賽，而他的資本總是不夠。他們用繩子來「工作」，並非出於一時之念。[4]

狄蒂斯的比喻尤其適於用堂會處境下的教牧輔導，因這處境需要的是一種互助合作的精神，不應假設牧者須角力競爭(像雅各與夜間的神祕人角力)，而在過程中受傷。牧者的地位和他的專才，不在乎這個或那個輔導處境。一切並非競賽，牧者的資本夠不夠，實在並非問題所在。只要動用適量的個人資源和時間，在此條件限制下盡力而為，就已足夠。

解開癥結的技巧，本身就說明了保持距離的技巧。如果我們想要解開纏在繩子上或軟水管上的結，用力拉是不行的，那只會把事情弄得更糟。相反地，要做的是在打結的地方鬆開繩子或是軟水管，然後，在那樣的情況下，我們才可理好繩子或軟水管。大象也可作為一個說明例子，牠們一個跟一個，把鼻子輕輕放在前面一個的尾巴上，牠們不是拴繫一起的，而牠們也從沒想到會需要鏈子把牠們拴在一起(用鏈子把犯人拴成串是人類想出來的)，可牠們就是在黑暗之中也不會迷路。在這方面，我們從大象身上學的不少，牠們遠比人類活得長久。

解決問題抑或關係主導：兩種輔導模式

說到「保持距離的技巧」，還有另一種談論方式。就是把我在這裏提倡的、堂會處境下的教牧輔導進路，跟一九六〇、七〇年代的教牧輔導模式作一個對照；那時正是教牧輔導運動的全盛時期。當時相當強調教牧輔導中的關係，因人們普遍認為，改變是在輔導員與當事人所建立的關係之內產生，並透過這關係產生的。

這觀點得到案主為中心治療法的支持；這種治療法強調，治療師與案主的關係對案主的成長和改變起著關鍵性的作用。正如羅杰斯之言，治療師所關注的議題是：「我可以怎樣提供一種關係，讓這人用在他的個人成長上？」為甚麼是這個議題呢？因為「改變看來是透過關係中的經驗而產生的」。[5]就如羅杰斯及其同僚也都承認，建立一種輔導關係需要時間，因此案主為中心治療法不免需要二十五次或三十次面談，那是尋常事。

教牧輔導運動致力為這種主張(即強調關係是成長與改變的關鍵)提供神學理據。這類神學論證的一個例子是歐理斯本(William B. Oglesby)的《有關教牧輔導的聖經主題》(*Biblical Themes for Pastoral Care*)，一九八○年出版。[6]他看教牧關懷的「基本目的」是「重建破損的關係、醫治孤單和哀傷的創傷、在真理與恩慈的氣氛下愛和饒恕」。因為「人永遠比問題重要，關係比解決方法重要」，教牧關懷的主要焦點是在「相遇，在關係，在復和」。教牧輔導與教牧關懷之間的不同不是在本質上，只是在程度上：「教牧輔導是牧者與會友(眾)之間的一項事工，它以高度集中而不尋常的方式，專注於後者的處境，為提供支援系統和關係上的相遇過程，好讓這人能再次從人生進程中獲得滋養。」[7]

歐理斯本把這在牧者與會眾之間的「關係上的相遇」，看作是發生於神人之間那種「關係上的相遇」的表現。比方說，聖經充滿了例子，有人拒絕被神「遇上」或「找著」，照樣，會友經常抗拒與他人有真誠的關係，於是牧者的角色就是作為一個「他者」，邀請會友進入關係之內。據歐理斯本的說法：「牧者知道，如果這相遇無法在與會友之間的關係內發生，它很可能根本就不會發生。除非會友在『這裏面』領略它，不然的話，它大概也不會在『那外面』發生。」因此，「在與牧者相遇的過程中，會友有機會以新的方式建立關係，並且更坦誠地作出回應，不但是對牧者，也是對那些構成其本人世界的『他者』。」[8]

不消說，這看法相當著重牧者與會眾的關係，視之為促成改變的工具。這看法預見一件事：這種關係甚或可能成為(至少短暫成為)會友生命中最主要的一份關係。正如歐理斯本所言：「個人問題通常是關係的問題，而主要的關係必定是家庭。雖然如此，在牧者與會眾的關係之內，每個人都可以取得相當程度的自由，儘管其他家庭成員並無參與在此過程中……用聖經的措詞就是，那人一旦嚐到愛的滋味，就能夠去愛人，於是也就成為一個工具，與其生命中最親密的人復和。」[9]

我的意見是，這種教牧輔導觀製造了一項出軌的必要條件；這出軌的情況在富傳恩女士(Marie M. Fortune)的《無所謂神聖》(*Is Nothing Sacred*)，及富傳恩與保靈(Poling)合著的《教會危機：神職人員的性侵犯事件》(*Sexual Abuse by Clergy: A Crisis for the Church*)等書中都察覺到。[10]固然有部分牧者在性方面是貪得無饜，事實上是既自我中心又自戀的，但其餘很多牧者之所以陷入麻煩，是因為他們真心相信關係模式的教牧輔導，認為他們的任務是要以極其親切的方式傳遞或者示範神的愛和接納。最近，一位男牧者在電話談話中安慰一位已婚的女會友，說她並非沒有人愛，因為身為牧者的他，是愛她的。會友的丈夫瞞著二人，竊聽了他們的電話談話，並憑著這句出於善意、出於牧者愛的話，就斷言該牧者對他的太太存有非分之想。雖然該位牧者並無此意，但關係模式的輔導既然著重關係上的相遇，以及牧者作為向當事人表達神愛的中間人，也就容易造成出軌的氛圍了。

為這個模式賦予神學上的理據，更使這種從關係入手的輔導觀加增相當程度的危險性。當它落在如羅杰斯及追隨他的「俗世」治療師手中，就更容易被人濫用——原來這個模式的神學理據，是加增了要冒的風險。其神學理據其實等如是說：牧者如不與會友建立深厚的關係，她就沒有正確地傳遞或示範神的愛和神復和之恩。

我在本書裏，提出我已在之前我寫的每一本有關教牧輔導的書內所提倡的，從「解決問題」入手的輔導進路。[11]有人認為這個模式膚淺。他們的看法還沒考慮到一個矛盾：看來比較有深度的東西並不一定如此。畫家必須學會在二維的平面作畫，他們深明一個道理：深度可以是創造出來的假象。[12]耶穌鮮有被人指為膚淺，然而，不論祂還有甚麼別的身分，祂也必定是一個「解決問題者」。人們為身體的問題、精神的問題或靈性的問題(或)來到祂那裏，祂就幫助他們解決問題。有人為彼此間的紛爭來到祂那裏，祂就幫助他們平息紛爭。以人為本的輔導，比以問題為本的輔導更有深度嗎？不一定。再說，這樣子把人跟問題分開，本身就是錯誤。一位會友如有問題，促使她去跟牧者聯絡，這問題就是她當下所體驗的自我，因她主要經驗的自我，正是「一個為某某問題所困擾的人」。

雖然在教牧神學的著作中，經常把耶穌寫成是十分著重關係的，並提出祂在井旁與婦人相遇(「他將我素來所行的一切事都給我說出來了」)，和祂與馬利亞的談話(「馬利亞已經選擇那上好的福分」)二例，來支持這個看法，但這無損一個事實：福音書所描繪的耶穌，也是全然關注那在祂面前跪著坐著或站著之人的問題的。祂沒有視所提出的問題為太世俗，不需要祂的全副關注，也沒有把問題看成是別的更深入的甚麼東西的偽裝。祂聚焦於那困擾著對方的問題。會眾處境下的教牧輔導也是一樣。會友帶著一份掛慮，一份擔憂，一個難題，一個困局，一個似乎需要人幫助才能解決的問題；牧者聆聽他的故事，集中在有問題的地方，盡她的能力幫助他解決。像耶穌那樣，她有時候成功；像耶穌那樣，她有時候失敗。而她也像耶穌那樣，認真看待問題本身，不需要更高層次的理由來取得她的全副關注。

這好像是最低綱領派對教牧輔導的看法，它似乎削弱了我的主張(如前文所說，我的主張是，教牧輔導於教會生活是不可或缺的，它可能提供的經驗，是教會生活的其他層面無法提供的)，但我相信它反而是加強了我的論調。為甚麼？會眾還在教會生活的哪個層面，體會有人對她生活的一份擔憂、一個難題、一個困局或一個問題給予專注、集中的聆聽和回應呢？那會在會議後自由聚談的時間發生嗎？通常不會。因牧者掛念著別的事務，注意別的事情。那會在常務會議、集體崇拜，在課堂上或討論小組之內發生嗎？不。因這些場合有其他目的、其他議題，充其量只可提到該難題、困局、問題或憂慮，但沒法得到教牧輔導所能給予的全副關注。就是在禱告會中，會眾雖然可以相當詳細地述說她的問題，但她也沒法得到在教牧輔導的氛圍下所給予的更實際、更具體的回應。當然，禱告是有幫助的；耶穌自己在主禱文中為我們提供了一個為自己禱告，為別人禱告的模範。但更多時候，祂是應付人們向祂提出的令人苦惱的問題——他們自己解決不了的問題，或直接(把那人治好)或間接地(重新界定問題)運用祂的力量來改善狀況。

本書內我自己的那個輔導個案(第三章)可以說明這一點。有個學生為一個難題來找我。我教的科目要求學生交一篇專文，他在寫專文方面有困難。他為甚麼找我？最可能的原因是，我是該科的教師，他來找我是很合理的。不過，如果他選擇找另一個人，譬如一位專修教育的宗教教育老師，或一位實際教導「如何提高寫作能力」的傳理系教授，也會是同樣合理的。但他選擇了我，也許是因為他覺得可能需要提出延期交專文，又或是因為，他認為至少我會知道他要寫的題目的資料；又或者是因為，他希望這件事只有我們兩個人知道，如果他去找別人，就會牽涉第三者。

無論如何我總不相信，他的問題會因著我和他之間的牧養關係而得到改善，我也沒有這個想法，以為我或可憑著一己之力，向他傳遞或示範神的大愛和祂復和之恩。因我傾向相信這個學生天資過人——並因其文化背景而有其優勢——要向我以外的其他人傳遞神的愛和接納，我要這樣做的這個意念(如果真會的話)本身，對他來說可會是最無禮的，而且，無論怎樣，這樣做也不會給他的問題帶來甚麼幫助。

我們也沒談他的疑惑：他想自己才結婚不久，這會不會和他的問題有關。如他自己所言：「結婚之前，我有許多自己的時間。現在，太太期望我花時間和她一起，我無法在學業上投放那麼多的時間。」那幫助我了解問題的背景，也似乎解釋了(至少解釋了部分原因)，為甚麼之前不成問題的，怎麼一下子成了問題。假如我是歐理斯本的門人，我大概會將此看成是隱藏在他寫不成專文的問題下的那個更根本的問題。既然有這麼一個更根本的問題，那麼，我單注意表面寫文章的問題，是不是錯誤的做法？我認為不是。他來找我，是因為文章寫不出來，他找我不是為談新婚的事。與此同時，我也間接幫助了他舒緩「關係」方面的問題，因我給他解釋，他是可以花較少的時間寫好論文的；這樣一來，他就可以在沒有多大反感之下，迎合妻子的需要了。據我看，從那個最容易得到改善的問題（寫文章）著手，這要比處理一個不知困難多少倍的問題（所謂關係方面的問題）更上算。再者，説到他妻子對他的期望這個問題，在他可以利用的許多場景之中，為甚麼假設了教牧輔導是解決問題的最佳場景呢？

至於我們兩個人本身的關係，不論是從我或是從他那方面看，都談不上甚麼深入的個人接觸。事後我們在路上碰頭，彼此親切問候，但那種經驗沒把我們改變成靈友，連近乎靈友之類也談不上。不過，我們的確一起吃過飯，主要是為慶祝他成功完成專文，這（正如第五章討論過的）也是耶穌經常作的。

據我的看法，當教牧輔導尊重它本身的界限，在這個條件之下，它才是對教會生活不可或缺的。假如它要取代教會生活的其他重要層面，它就看不見自己本身在教會生活中所擔當的與別不同的角色，和它所具有的獨特功能；這角色和功能就是，幫助會眾在一個建設性的環境下講述自己的故事。他們要説甚麼故事是由他們來決定，不過，牧者們的豐富經驗告訴我們，會眾們講述的故事都是有關難題的，或是有關生活上有問題的地方，即或他們是來談信仰的事，通常也是因為他們在信仰方面也出了問題。既然如此，作為輔導員的牧者就可以把問題當作一般問題來處理（譬如寫不出專文的問題）；她會用哪套「技巧」來幫助會友應付一個似乎是較世俗的問題，就用那套「技巧」。如果只因問題可會是「神學」或「屬靈」方面的，也並不意味著輔導員需要另一種著手解決的方法，或需要一種比處理一個「今世」的問題更認真的態度。

正如維根斯坦所言：「問題的格式是這樣的：『我看不見出路。』」[13]姑勿論問題是信仰掙扎或是撰寫文章，牧者的角色都是要幫助當事人找著出路。

我已在本書論證，教牧輔導對教會生活是不可或缺的，因為每間教會都需要表現一種建設性的講故事模式。遺憾的是，很多教會的教牧輔導反倒變成了具破壞性的場所，不但沒有以建設性的方式去應付這類故事，更慫生出破壞性的故事來。(不過)，在那些以尊重的態度去處理會友的個人故事，以負責任的態度去聆聽，並以有益的方式去回應的教會中，牧者的這個做法會逐漸為人所知，而會友也會逐漸以這個方式作為彼此之間聆聽故事的榜樣。這話看似對教牧輔導無足輕重，無關重要，但它其實不是無關重要，並非無足輕重，因為最近有很多有關堂會分析的報導指出，人們對教會的認識，是在乎它們如何講述自己的故事。[14]並且，就如艾里克森指出的一點：任何羣體所面對的一大危機是，它裝成不是它自己。它玩弄「冒充他人」的手段，在自己的身分和所表現的形像之間，造成了極大的出入。[15]藉著示範一種建設性的講故事方式，教牧輔導可以成為教會生活的一條管道，通過它，各人開始坦誠地説出自己的故事，就像艾里克森筆下的路德：「他的文筆顯示，他深信，説得樸素些而表達更深的誠意，才是更好的作品，也是更好的溝通技巧。」[16]但願教牧輔導在我們堂會中，為一份「更好的作品」、一種「更好的溝通技巧」豎立楷模。但願在此場所，會友放棄要做一個非他本身的人的意願，而接受真正的自己。又願在此場所，牧者會善用保持距離的技巧，好讓那些前來面談的人，能在社會上找著自己的出路。

註釋

1. Karen Lebacqz and Ronald G. Barton, *Sex in the Parish* (Louisville: Westminster/John Knox, 1991), pp.98～102.
2. Steve de Shazer, *Words Were Originally Magic* (New York: W. W. Norton, 1994), p.155.
3. De Shazer, *Words Were Originally Magic*, p.272.
4. James E. Dittes, *Men at Work: Life Beyond the Office* (Louisville: Westminster/ John Knox Press, 1996), pp.83～84.
5. Carl R. Rogers, *On Becoming a Person: A Therapist's View of Psychotherapy* (Boston: Houghton Mifflin, 1961), pp.3233.
6. William B. Oglesby Jr., *Biblical Themes for Pastoral Care* (Nashville: Abingdon Press, 1980).
7. Oglesby, *Biblical Themes for Pastoral Care*, pp.41～42。粗體字為本人強調者。
8. Oglesby, *Biblical Themes for Pastoral Care*, p.87.
9. Oglesby, *Biblical Themes for Pastoral Care*, p.88.
10. Marie M. Fortune, *Is Nothing Sacred? When Sex Invades the Pastoral Relationship* (San Francisco: HarperSanFrancisco, 1989)；Marie M. Fortune and James N. Poling, *Sexual Abuse by Clergy: A Crisis for the Church* (Decatur, Ga.: Journal of Pastoral Care Publications, 1994).
11. 參Donald Capps, *Pastoral Care: A Thematic Approach* (Philadelphia: The Westminster Press, 1979), ch.3；*Pastoral Counseling and Preaching: A Quest for an Integrated Ministry* (Philadelphia: The Westminster Press, 1980), ch.2；*Reframing: A New Method in Pastoral Care* (Minneapolis: Fortress, 1980), ch.8。中譯本《易構》，由基道出版社於2005年出版。
12. 如前所述，據謂，Reinhold Niebuhr說過「表面並不浮淺」，Erik H. Erikson在此文提出的也約略相同："The Dream Specimen of Psychoanalysis"，收於Erik H. Erikson, *A Way of Looking at Things: Selected Papers from 1930 to 1980*, ed. Stephen Schlein (New York: W. W. Norton, 1987), pp.237～279。文中說：「在看一個心理現象的表面的時候，心理分析師常常要克服一種畏縮感：在其專業內，有那麼多人把表面錯誤地當作是浮淺，以為注意形式上的事等於缺乏深度。可是，我們追隨弗洛依德，用眼睛去發掘深度一事（我們不得不逐漸習慣這種觀察），卻沒讓我們無視於在明亮的日光下所看見的一切；像優秀的測量師，無論在平地的表面或是在傾斜的深谷，我們仍必須感到安適自在……可以說，心理分析為表面賦予前所未有的深度。」(pp.246～247)

13. 被引述於de Shazer, *Words Were Originally Magic*, p.272。

14. 參James F. Hopewell, *Congregation: Stories and Structures*, ed. Barbara G. Wheeler (Philadelphia: Fortress Press, 1987)。

15. Erikson在此書討論「冒充他人」(impersonation)：*Toys and Reasons: Stages in the Ritualization of Experience* (New York: W. W. Norton, 1977), pp.102～103。本人在拙作中的一章也討論這個議題："The Ritual Coordinator", in *Life Cycle Theory and Pastoral Care, Theology and Pastoral Care* (Philadelphia: Fortress, 1983)，我在該文借用Erikson 的儀式論 (theory of ritual) 去區分「健康」和「不健康」的會眾 (pp.55～80)。

16. Erik H. Erikson, *Young Man Luther: A Study in Psychoanalysis and History* (New York: W. W. Norton, 1958), p.220.

主題索引

九劃

十劃

十一劃

十二劃

十三劃

十四劃

十五劃

十六劃

十七劃

十八劃

十九劃

二十劃

二十一劃

二十二劃

二十三劃

人名索引

J

K

L

M

N

O

P

R

S

T

W

讀者意見表

緊扣時代 服事教會

以文字傳揚基督真道

衷心多謝你購買本社書籍。本社一直致力以出版事工服事教會，幫助信徒扎根於神的話語，促進靈命增長。為使我們的出版更能滿足你的需要，請填寫下列各項資料，並寄回或傳真予本社。

所購書籍：______

本書最吸引你的地方：
☐作者　☐適切性　☐文筆　☐設計　☐實用性
☐其他：______

購買本書地點：
☐基道書樓　☐基督教書店　☐非基督教書店

性別：☐男　☐女　職業：______

信仰：☐基督徒　☐非基督徒

年齡：☐ 16 歲或以下　☐ 17～25 歲　☐ 26～35 歲
☐ 36～55 歲　☐ 56 歲或以上

學歷：☐中三或以下　☐中五　☐預科
☐大學　☐研究院

☐我欲更多了解基道出版社的事工及考慮支持，請寄給我下列資料：
☐機構簡介　☐新書資料　☐基道會員通訊
☐《基道文字事工通訊》

姓名：______電話：______

地址：______

______

傳真：______　電子郵件：______

其他意見：______

______

多謝賜教！

基道出版社

意見表可以傳真（2687-0281）或直接郵寄以下地址：
香港沙田火炭坳背灣街26號富騰工業中心1011室
基道出版社編輯部收